金融時事用語集

2019年版（第30版）

金融ジャーナル社

刊行にあたって

　金融を巡る環境は目まぐるしく変化しており、目が離せません。時代や潮流の変遷に伴い新用語も次々と誕生しています。それらを理解する一助として、「2019年版金融時事用語集」では200項目の用語を厳選し、学者、実務家、研究機関などの専門家にご協力いただき、時事的に解説しました。

　本書は1990年版の創刊以来30版目となりますが、今年も項目の大幅な入れ替えと内容の充実を図りました。200項目の用語に加え、冒頭の「2019年のトピックス10」では「多様化する店舗戦略」「働き方改革と業務効率化」などをテーマに、マクロの視点から解説しています。2019年の金融・経済を理解するためのお役に立てればと思います。

　旧版の内容を見直した結果、重要な項目にもかかわらず、やむを得ず削除・統合した項目もありますので、巻末の「整理・削除項目」をご参照いただき、過年度版も合わせてご利用いただければ幸いです。

2018年12月

　　　　　　　　　　　　　　　　　金融ジャーナル社

●執筆陣

本書は、下記の機関などで活躍されている第一線の皆様のご協力をいただき、弊社編集部の責任でまとめました。

全国銀行協会、日本損害保険協会、日本政策投資銀行、みずほ証券、モルガン・スタンレーMUFG証券、新日本有限責任監査法人、太陽有限責任監査法人、有限責任あずさ監査法人、EY税理士法人、PwCあらた有限責任監査法人、青山財産ネットワークス、アビームコンサルティング、コーポレイトディレクション、大和総研、ちばぎん総合研究所、ニッセイ基礎研究所、日本リサーチ総合研究所、農林中金総合研究所、野村資本市場研究所、野村総合研究所、マリブジャパン、みずほ総合研究所、三菱アセット・ブレインズ、三菱総合研究所、三菱UFJリサーチ＆コンサルティング、A.T.カーニー、NTTデータ経営研究所、PwC Strategy&、日本グリーフケア協会、江澤雅彦(早稲田大学)、遠藤正之(静岡大学)、大槻奈那(名古屋商科大学)、栗原裕(愛知大学)、小谷野俊夫(静岡県立大学)、円谷昭一(一橋大学)、鶴田大輔(日本大学)、永野護(成蹊大学)、中野瑞彦(桃山学院大学)、播磨谷浩三(立命館大学)、平田英明(法政大学)、保田隆明(神戸大学)、堀江康熙(関西外国語大学)、益田安良(東洋大学)、三村聡(岡山大学)、村本孜(成城大学)、森保洋(長崎大学)、家森信善(神戸大学)

(順不同、敬称略)

●キーワード索引

〈凡例〉

①索引配列は、五十音順、アルファベット順。

②索引の→印は、同義語もしくは関連項目、参照項目を示す。

③用語解説本文中の**ゴシック文字**は、他ページに解説、関連項目が
あるもの。

2019年のトピックス10

デジタル化する銀行	20
銀行再編の選択肢	22
金融庁改革のインパクト	24
多様化する店舗戦略	26
広がるQRコード決済	28
地域銀行の有価証券運用	30
働き方改革と業務効率化	32
持続可能な開発目標（SDGs）と金融	34
求められるマネロン対策	36
改正相続法への対応	38

あ行

アカウントアグリゲーション	46
アクセラレーター	**66**
アジア開発銀行	**224**
アジア債券市場育成イニシアティブ →ABMI	
アセットアロケーション	106
跡継ぎ遺贈型受益者連続信託	89
粗利経費率→OHR	
アリペイ	20,28
安定調達比率	201,203,217
イールド・カーブ・コントロール	**154**,157
異次元緩和	30,**152**,153,155
一般データ保護規則→GDPR	
イニシャル・コイン・オファリング →ICO	
インキュベーター	66

インサイダー取引	119,120,227,**241**,251
インストアブランチ	26
ウェルスマネジメント	**112**
疑わしい取引	36,67,133,232
エクエーター原則	**145**
欧州銀行監督機構	176
欧州銀行同盟	**214**
欧州中央銀行→ECB	
大口融資規制	**170**
オープンデータ	43
オープンバンキング	20
オープンAPI	46,48,**49**,50,64,226
オプション取引	108
オペレーショナルリスク	119,**120**,201
オムニチャネル	**135**
親子ローン	81

か行

外国為替証拠金取引→FX	
外国口座税務コンプライアンス法	**218**
外国人持株比率	**128**
会社法	138,139,235
確定拠出年金	105,107
家計簿アプリ	**48**,50,59
火災保険	91,93
貸金業法	262
仮想通貨	48,52,**53**,54,55,56,238,261
家族信託→民事信託	
株価純資産倍率→PBR	
株主資本配当率→DOE	
環境格付け融資	**79**

監査等委員会設置会社	**139**
監査法人	**253**
官民ファンド	194,**246**
企業型DC	105
企業再生ファンド	**98**
疑似資本→短期継続融資	
期待インフレ率	**155**
キャッシュアウト	**85**,86
キャッシュレス決済比率	85
休眠預金	**190**
共通報告基準→CRS	
共同店舗	26,**125**,126,148
業務改善命令	53,**168**,171
銀行勘定の金利リスク→IRRBB	
銀行法改正	46,49,50,85,170,**226**
銀証連携	**122**
金融安定理事会→FSB	
金融規制改革法（米）	205,**213**
金融機能強化法	**228**
金融行政方針	162,222,247
金融検査マニュアル	24,65,73,78,186
金融商品取引法	62,164,**227**,241,245
金融審議会	50,117,164,166,170,221,**248**
金融仲介機能のベンチマーク	
	71,**160**,175,177
金融庁	**247**
金融派生商品→デリバティブ	
金融包摂	**222**
金融モニタリング	70,**161**,247
金融EDI	**116**
金融ISAC	**64**,65
金融ISO→ISO20022	
金利スワップ	109,169,173
空中店舗	26,126
クラウド会計→家計簿アプリ	

クラウドファンディング	**58**,60
グリーフケア	**257**
グリーンボンド	**142**
クレジット・デフォルト・スワップ →CDS	
クロスボーダーローン	**81**
経営革新等支援機関	**178**,229
経営者保証	185,**244**,254
経営力向上計画	229
軽量型店舗	26,126,**127**
健康増進型保険	**95**
現在予想信用損失	**219**
現地貸し付け→クロスボーダーローン	
コア資本	31,171,200
後見支援預金	**84**,189
公正取引委員会	22
コーポレートガバナンス・コード	138,139,143,**166**
顧客生涯価値	47
顧客本位の業務運営 →フィデューシャリー・デューティー	
小口決済システム	56
ココ債	197
個人型DC→iDeCo	
個人保証	78,230,244
コベナンツ条項付き融資	**75**
雇用保険法	**231**
コンセッション方式	237
コンダクトリスク	**119**
コンピテンシー評価	141

さ行

債権法	**230**
財政ファイナンス	137
サイバーセキュリティー	43,63,64,65,**260**
財務省	**250**
先物取引	108,227
指し値オペ	152,153,154
サステナブル投資	99
サブプライムローン	82
サブリース	**83**
三角合併	235
産業革新投資機構	**194**,246
産業データ	43
シェアリングエコノミー	**266**
事業再生ADR制度	**185**
事業承継	88,112,123,175,180,184,229,234,**236**
事業性評価	**70**,73,141,160,162,175,254
事業引継ぎ支援センター	**184**
資金決済法	53
資金洗浄→マネーロンダリング	
自己資本比率規制	24,72,128,134,196,200,205
資産担保証券→ABS	
地震保険	**91**
システミックリスク	197
次世代型店舗	26
自然災害債務整理ガイドライン	**191**
持続可能な開発目標→SDGs	
実質実効為替相場	**147**
実質支配力基準	170

時点ネット決済	56	
シナリオ分析	199	
資本性借入金	**186**	
社会的責任投資（SRI）	99,143	
就業不能保険	**96**	
住宅ローン担保証券→MBS		
集団的エンゲージメント	**130**	
ジュニアNISA	104	
少額短期保険	**92**	
少額投資非課税制度→NISA		
証券取引等監視委員会	**247,251**	
証券モニタリング	251	
証拠金規制	172	
商事信託	89	
上場投資信託→ETF		
譲渡制限特約	230	
情報銀行	**258**	
職域営業	**90**	
震災時元本免除特約付き融資	**76**	
人生100年時代	**94**,264	
新長期プライムレート	233	
信用保証	77,134,182	
信用リスクデータベース	**134**	
水平的レビュー	161	
ストレステスト	67,**176**,199,213,238	
スペシャルティ保険→特殊保険		
スワップ取引	108,173	
政策金融機関	100,250,**252**	
政策保有株	111,167	
生前贈与	**187**	
制度共済	92	
成年後見制度	84,88,**189**	
赤道原則→エクエーター原則		
節税保険	**97**	
早期警戒制度	25,**171**	

相続時精算課税制度	187,**188**	
相続法	38	
総損失吸収能力→TLAC		
総量規制	262	
ソーシャルリスニング	**136**	
ソーシャルレンディング	**60**	

た行

ダイバーシティー経営	**256**	
第2次金融商品市場指令→MiFIDⅡ		
多重債務問題	**262**	
短期継続融資	**73**	
短コロ→短期継続融資		
地域経済活性化支援機構	**98**,254	
地域経済分析システム→RESAS		
地域通貨	29,**259**	
知財ビジネス評価書	74	
知的財産担保融資	**74**	
地方創生	58,141,**174**,181,182	
地方版総合戦略	174,181	
中小企業基盤整備機構	178,180,184	
中小企業再生支援協議会	**179**	
中小企業等経営強化法	**177**,229	
長期リファイナンスオペ→LTRO		
超高速取引→HFT		
賃貸住宅管理業者登録制度	83	
つみたてNISA	104,107	
定型約款	230	
データレンディング		
→トランザクションレンディング		
テーパリング	156,**157**	

デジタルトランスフォーメーション	
	124
デビットカード	28,85,**86**
デリバティブ	
108,113,114,118,169,170,172,196,200,	
	213,216,227
テレマティクス保険	42
電子記録債権担保融資	**77**
電子決済等代行業者	49,**50**,226
電子債権記録機関	77,**146**
店頭デリバティブ規制	**172**
店舗内店舗	26,**126**
東京国際金融都市構想	**192**
動産・債権担保融資→ABL	
投資一任契約	106
トータル・エクスペンス・レシオ	**107**
特殊詐欺	**149**
特殊保険	**93**
特定認証紛争解決事業者	185
独立社外取締役	**138**
ドッド・フランク法→金融規制改革法	
トランザクション認証	**63**
トランザクションレンディング	
	42,**59**,61
取引情報蓄積機関	172
トンチン保険	**94**

な行

内閣サイバーセキュリティセンター	64
内部統制報告制度	227
なでしこ銘柄	**110**

二経路承認	260
日銀トレード	**137**,153
日本型金融排除	**162**,222
日本銀行	**249**
日本再興戦略	70,85,165,166
日本シーサート協議会	65
日本証券クリアリング機構	114
日本版スチュワードシップ・コード	
	130,143,**165**
農協改革	**265**
ノンリコースローン	80,**82**

は行

バーゼル銀行監督委員会	
	200,202,203,211,**217**,219
バーゼル3	**200**,217
パーソナルデータ	43
配偶者居住権	38
働き方改革	32,124,141
バンクローンファンド	**101**
犯罪収益移転防止法	**232**
反社情報照会システム	132,**133**
ビッグデータ	43,67,181,239,240
ビットコイン	53,56
ファイアウォール規制	122,**245**
ファンド・オブ・ファンズ	107
ファンドラップ	106
フィデューシャリー・デューティー	
	107,**163**
フェア・ディスクロージャー・ルール	
	164

フォワードガイダンス	152,**156**
不招請勧誘	227
不動産投資信託→REIT	
ギャップ分析	118
プライベートエクイティー	**111**
プライベートバンキング	112
プライマリーバランス	**193**
プライムレート	**233**
ブランチ・イン・ブランチ	
→店舗内店舗	
プリペイメントリスク	**121**
ブレグジット	228
プロジェクトファイナンス	72,82,145
プロセス評価	**141**
ブロックチェーン	51,**52**,56,259
ベイルイン	**220**
ヘッジファンド規制	**205**
包括的業務提携	22
法定デジタル通貨	**54**
暴力団排除条項	**132**
ポジティブ・インパクト・ファイナンス原則	**144**
ボルカー・ルール	111,213
ボンドコネクト（債券通）	**209**

ま行

マーケットメイク制度	103
マイナス金利	
33,81,93,137,152,**153**,155,234,263	
マネーロンダリング	36,53,67,133,232
マネタイゼーション	**158**

マネタリーベース	152
ミニ保険→少額短期保険	
民事信託	**88**,189
民法改正	230,244
無期転換ルール	**140**
メザニンファンド	**100**
メンタル疾患特約	96
モアタイムシステム	**57**
モバイル決済	28,**51**

や行

遺言信託	39
遺言代用信託	89
ユーロシステム	215
預貸ギャップ	30
よろず支援拠点	178,**180**

ら行

ラダー分析	118
ラップ口座	**106**
リート→REIT	
リスクアペタイト・フレームワーク	**198**
リバーサルレート	**159**
リバースモーゲージ	**80**
流動性カバレッジ比率→LCR	
量的・質的金融緩和	137,152,153,154

利用分量配当制度	131
リンカーン条項	213
レグテック	**67**,232
レバレッジ比率規制	196,201
連邦準備制度理事会→FRB	
ローカルベンチマーク	71,**177**
ローソン銀行	**148**
ロー・バリュー送金	**56**
ロボアドバイザー	**45**,106

英数

ABL	42,**78**
ABMI	**208**
ABS	113
ADB→アジア開発銀行	
AEC→ASEAN経済共同体	
AIIB	224
AIスコアレンディング	**61**
ALM	**118**
AMBIF	208
APN	56
ASEAN経済共同体	**207**
BankPay	29
BEI	155
BPO	44
BPR	32,**124**
CBO	113,208
CDO	**113**,172
CDS	109,**114**,173
CECL→現在予想信用損失	
CLO	113

CRM	**239**
CRS	**204**
CSIRT	**65**
CSR	99,**255**
CSV	255
DOE	**129**
EBITDA	177
EBM	**240**
ECB	210,214,**215**
ESG投資	35,99,**143**,256
ETF	**103**,104,137,152,156
FATCA	
→外国口座税務コンプライアンス法	
FATF	36
FRB	157,176,210,**212**
FSB	196,197,198,**211**
FX	**238**
G20	166,172,197,200,205,211,222,**223**
GDPR	**206**
GPIF	99,111,143,256
G-SIFIs	**197**
HFT	62,216
ICO	53,**55**
iDeCo	104,**105**,107
IoT	**42**,43,180
IPFA	56
IRRBB	171,**202**
ISO20022	**221**
JOBS法	58
LBO	**235**
LCR	201,**203**,217
LTRO	**210**
M&A	100,122,170,184,229,**234**,235,236
MBO	98,111
MBS	157

MiFID II	**216**
MITB攻撃	63
NISA	90,**104**,107
O&Dビジネス	**72**
OHR	**243**
P2P	52
PBR	**242**
PER	242
PFI	**237**,246
PFM	**46**,48,50
PPIF→ポジティブ・インパクト・ファイナンス原則	
QRコード	28,51
RAF →リスクアペタイト・フレームワーク	
REIT	**102**,103,104,113
RESAS	**181**
ROE	110,129,166
RPA	32,**44**,67,124
SDGs	34,144
SRIファンド	**99**
TLAC	**196**,197
VaR	176
XML電文	117,221
ZEDI	117,221
6次産業化	**182**

2019年のトピックス10

大手行などが店舗形態の見直しや店舗削減を進めている。りそな銀行は、原則年中無休の相談特化型店舗「セブンデイズプラザ」を展開する

国際連合は持続可能な社会を実現するため、17の目標、169のターゲットからなる「持続可能な開発目標(SDGs)」を策定した。胸バッジはSDGsへの取り組み姿勢を示す

デジタル化する銀行

フィンテックの登場から数年、銀行の保有する顧客情報が外部と共有される「オープンバンキング」の動きが顕著になってきた。銀行は外部連携を前提とするデジタルプラットフォームへの進化を余儀なくされている。

金融の垣根が崩れていく中で、銀行を支えてきた店舗、オペレーション、ITシステムなどのインフラのあり方が変わろうとしている。その流れをけん引するのが、顧客情報のオープン化の流れである。中国では、アリペイが5億人以上の個人顧客情報を元に、独自の信用スコアの仕組みを作り、今では政府のネットワークと連携し、新たな信用情報基盤として活用が広がっている。またインドでも、アドハーという国民IDシステムが銀行開設など様々な経済活動に必要とされている。このように各国でフィンテックなどの外部テクノロジー企業と銀行システムを連結するオープン化、すなわち、オープンバンキングの動きが広がりつつある。銀行ビジネスはデジタル企業などとの外部連携を元にした新たな価値提供モデルであるプラットフォーム型ビジネスへと進化してきている。

プラットフォームとは従来の伝統的なバリューチェーンモデルとは異なり、参加者(ユーザー・企業)が価値を創出し、消費するという双方向で継続的な価値提供サイクルを経てさらに進化していく特性を持つ。プラットフォーム型ビジネスを前提とした銀行ビジネスモデルは以下の点において、従来とは異なるものになると考えられる。

1. 顧客接点

金融活動の前後では、適切な事業者への問い合わせや数多くの書類手続きを含め、様々な負担が発生する。双方向型のプラットフォームビジネスでは、こうした顧客側の負担や困りごとを解決するという視点でのサービス設計が、差別化の観点からも重要になる。

2. エコシステムにおける役割

銀行は長年、規制に従って運営してきた歴史と信頼の実績がある。今後オープン化の場合には自社のみならず、外部連携のエコシステム全体（フィンテックや事業者と連携したオープンプラットフォーム）に対する顧客データ解析、規制対応、セキュリティー（サイバー攻撃への対応など）、共同での商品・サービス開発、マーケティングなど、様々な価値を発揮するための主導役となることが期待される。

3. 収益源

従来の伝統的な銀行商品（ATM、預金、為替、各種ローンや企業向け融資、クレジットカード等）による利息や手数料は、キャッシュレスの進展に加え、フィンテックや異業種などが提供する代替的なサービスの浸透により、徐々に減少し、その代わりにプラットフォーム利用料、セキュリティーサービス、送客手数料、広告収入などの割合が高くなるものと考えられる。

4. インフラ・オペレーション

従来の銀行システムは、商品・サービスごとに構築・運営されてきたが、外部連携を実現する上では、従来のシステムと外部事業者のシステムをつなぐための中間的な接続機能が必要となり、その結果、銀行システムの構成は大きく変わらざるを得ない。より具体的には、商品志向のサイロ型オペレーションから顧客志向の統合されたオペレーションへの進化が必要になる。

すでにグローバルバンクにおいては、社員の1/3以上がエンジニアであり、年間IT投資額の4割以上がフィンテック関連に振り向けられているなど、人材構成や投資領域から見れば、伝統的な銀行からテクノロジー企業へと進化していることが分かる。PwCの2017年世界CEO調査に基づくと、フィンテックに関して、欧米金融機関が売上増強の機会と捉えているのに対して、日本の金融機関はコスト削減の方策と捉える傾向が顕著だった。また日本の金融機関は、イノベーションが不得意であるという認識も強い。オープンバンキングの流れに乗り、世界と伍していくためにも、邦銀は意識改革も含めた抜本的な取り組みが求められる。

銀行再編の選択肢

地域銀行の経営環境が厳しくなる中で、多くの銀行が経営統合や包括的業務提携（アライアンス）に踏み切るようになった。しかし、こうした再編策が効果を生むためには乗り越えるべき課題も多く、経営陣の責任は重い。

■地域銀行での再編の広がり

2015年の鹿児島銀行と肥後銀行による九州フィナンシャルグループ（FG）、2016年の横浜銀行と東日本銀行によるコンコルディアFG、足利銀行と常陽銀行によるめぶきFG、2018年の近畿大阪銀行、関西アーバン銀行、みなと銀行による関西みらいFGの設立など、広域型の経営統合が増えている。

さらに、2016年以降、第四銀行と北越銀行（新潟県）、三重銀行と第三銀行（三重県）、十八銀行と親和銀行（長崎県）など、同一県内の競合行の間での経営統合の動きも見られる。

■地銀アライアンスの広がり

経営統合には非常に大きなコストがかかる上、広域型の経営統合の場合には地元との関係が希薄化する心配がある。逆に同一地域内での経営統合の場合に

は、地域内での独占の弊害への心配から、公正取引委員会の承認が得られないケースもあり得る。実際、十八銀と親和銀の経営統合は2016年に基本合意しながら2018年まで公取委の承認が得られなかった。こうしたことから、経営統合といった組織再編を伴わないで、経営統合と同等のメリットを享受する方策として、包括的業務提携（アライアンス）を模索する動きも盛んである。

経営統合に比べて、重複店舗の整理などのコスト削減効果は小さいが、組織上の摩擦は少なく、経営の自由度を維持できることに加え、単独では難しかったサービスの提供が可能になるなど、メリットも多い。代表的なものが、2016年に千葉銀行と武蔵野銀行の間で締結された千葉・武蔵野アライアンスである。

このアライアンスは資本提携に加え、証券ビジネスでの協力、中小企業向けの協調融資の拡大、ファンドの共同設立、共同ATMの運営などの多面的な取り組みを含んでいる。

また、2016年11月に四国の4地銀（伊予銀行、百十四銀行、四国銀行、阿波銀行）が四国アライアンスを結成した。伊予銀行の子会社であるいよぎん証券を四国アライアンス証券に改名して、4行で共同活用するなどの取り組みが進んでいる。

さらに、特定の分野についての業務提携を実施している銀行も多い。例えば、複数の地銀が共同で資産運用会社を設立するなどの例がある。提携相手も地銀同士に限られず、メガバンクやフィンテック企業との提携も行われている。

■地銀再編の課題

経営統合やアライアンスは有力な対応策であるので、今後も広がる可能性が高い。しかし、再編が成功するためには、様々な課題がある。

第一に、経営統合は**金融庁**や公正取引委員会の承認を得る必要があり、その観点で乗り越えるべき課題がある。前述の十八銀と親和銀の統合では、問題解消措置として、貸出債権の他行への譲渡が必要になった。そうしたコストを払っても実現できるメリットがあるのかを明確にしておかねばならない。

第二に、再編による成果を早期に実現することである。これまでの金融機関の再編では、双方の"メンツ"を立てるために不必要な業務が残されたり、内部調整に大きなエネルギーが取られてしまい、再編のメリットが十分に得られなかったりした例が多い。また、業務提携の場合には、単に協定書を締結しただけで現場には何も変化が起こらないままに終わる心配もある。

第三に、再編によって生み出された余裕を、顧客の支援にうまく活用していくことで、持続可能で競争力のあるビジネスモデルを構築することである。

再編はあくまでも良いサービスを提供するための手段であって、それ自身が目的ではない。再編を成功させるためには再編後の経営陣の責任は重い。

金融庁改革のインパクト

金融庁は、不良債権問題に対応し金融システムの不安を取り除くことに主眼を置いた金融行政から脱却する。ルールベースからプリンシプル（原則）重視に本格的に転換するのが特徴で、象徴的なのは検査・監督改革だ。

金融機関経営に最も影響するのが検査・監督改革。この背景には**金融庁**の前身、金融監督庁が誕生した経緯にある。当時、バブル崩壊後に生じた不良債権問題が深刻化し、1997年に都市銀行の北海道拓殖銀行が破たんするなど金融システム不安が高まっていた。

1998年に発足した金融監督庁が最重要課題に据えたのは金融システムの安定と利用者保護、市場の公正性・透明性の確保だった。1999年7月には検査官の手引書として金融検査マニュアルを策定し、金融機関に厳格な自己査定を求め、不良債権処理を急いだことが金融危機の終息につながった。

だが、平時に戻っても金融危機時の手法を続けたため、副作用が目立ち始めた。これが改革の問題意識で、金融システムの安定と企業の成長につながる金融仲介機能の発揮が両立できるように見直す。

最初に着手したのが検査部門と監督部門の一体運営だ。欧米主要国では主流の考え方で、正常な態勢になりつつある。ここ数年は実質的に進めてきたが、2018年7月には検査局を廃止し、名実ともに一体化させた。金融機関の融資姿勢を実質的にしばっていた金融検査マニュアルも2019年度以降になくす。

検査マニュアル廃止後の検査・監督の枠組みは①最低基準の検証②将来の環境やビジネスモデルに合わせた動的な監督③ベストプラクティス（好事例）に向けた探究的な対話——の3本柱で構成する。

象徴的なのは動的な監督で、持続的に自己資本比率規制などの最低基準をクリアできるよう

早期の対応を求める手法だ。最低基準に抵触する段階では取りうる改善策の選択肢が限られるためで、金融庁幹部は「持続可能なビジネスモデルの問題を抱える場合には予防的に早い段階から改善するよう対話する」という。足元では人口減少や低金利環境の長期化で収益力が低下する地域銀行を念頭に置く。この考え方に合わせた**早期警戒制度**の見直しも検討している。

検査マニュアルの廃止後に金融庁の問題意識が示されるのは「考え方と進め方」という文書になる。業界など関係者と対話しながらブラッシュアップする「ディスカッション・ペーパー」で、随時、分野別に公表する。

現在までに示したのは金融機関の健全性評価に対する考え方やコンプライアンス・リスク管理基本方針。以降も必要なテーマで示していく。また、貸出債権の自己査定や償却・引き当てを定めた「別表」を廃止するのに伴い、関連ルールも見直す。抜本的な改正は想定しておらず、現状の実務に沿って検討中。引き当てにはビジネスモデルや与信方針などを反映できる仕組みを目指している。

金融庁による各分野の問題意識はプリンシプル（原則）形式で示される。だが、抽象的な記述が多くなり、金融界では「過剰介入や当局の仮説を押し付けられる」との懸念も大きい。金融庁は正確な実態把握と対話を重視するとともに、外部からの批判が行政に反映される仕組みを構築したい考え。問題点があれば改善を重ね、不断の見直しを行う。こうした当局の姿勢は対話路線を主軸とする新たな検査・監督のカギになる。

金融庁幹部は「当局が相手（金融機関）の立場に身を置き、当事者意識で議論しなければ対話は成り立たない」としている。

数年来、進めてきた検査・監督改革は総仕上げの段階にあるが、課題も残る。2018年は金融機関の法令順守上の課題が表面化するケースが相次ぎ、改革の効果に疑問の声が出始めたためだ。金融庁幹部は「重箱のすみをつつくと指摘されたかつての姿に戻るつもりはない」とし、必要な改善を進める考え。

多様化する店舗戦略

メ ガバンクや地域金融機関が、店舗機能見直しや店舗削減を進めている。銀行と証券の「共同店舗」、複数店舗を一つの店舗内に併設する「店舗内店舗」、個人相談業務に特化した「軽量型店舗」など多様化が進んでいる。

金融のデジタル化の加速や人口減少、少子高齢化や低金利環境の長期化を受けて、メガバンクや地域金融機関が、店舗機能の見直しや店舗削減を急いでいる。従来型のフルバンキング店舗を基本としながら、銀行と証券の「**共同店舗**」、個人相談業務に特化した「**軽量型店舗**」、複数の支店を一つの店舗内に併設する「**店舗内店舗**」、1階ではなくビルの2階以上に構える「空中店舗」、商業施設内に相談窓口を設ける「インストアブランチ」など、店舗の多様化を進めている。

店舗活用策として、富裕層など個人の資産運用ニーズの高まりを受けて、提案・相談型拠点を店舗内に設けたり、新設したりする動きもある。

インターネット支店やスマートフォン（スマホ）のアプリでの店舗機能の提供も急速に広がっ

ている。さらに、生産性向上と顧客利便性確保を両立する次世代型店舗の導入も増えている。次世代型店舗では、ペーパーレス化、印鑑レス化、タブレットによるローンや金融商品契約、テレビ電話による専門知識を持つ行職員との面談——などが導入されている。

三井住友銀行は、2019年度までの3年間で全国430店舗をペーパーレス化などのデジタル技術を導入した次世代型店舗へ切り替える。2017年度に103カ店で実施、2018年度は177カ店を切り替える。三井住友フィナンシャルグループ（FG）では、一連の店舗改革により年間200億円のコスト削減効果を見込んでいる。

三菱UFJ銀行では、個人向けインターネットバンキングを拡大させる一方、2023年度までに既存店舗を半減し、自動化を導入した

次世代型店舗や、相談機能に特化したコンサルティングオフィス、グループ共同店舗を増やすことで店舗の多様化を図る予定だ。

みずほFGでは、2024年度までに、傘下の銀行・信託・証券で約100拠点削減する一方、店舗のデジタル化を全拠点で実施し、銀行・信託・証券の共同店舗も2017年9月末時点から30拠点増やし220拠点とする計画だ。

地域金融機関でも、店舗の統廃合や多様化が進んでいる。過疎化や人口減少などによる来店客の減少が進む中、人件費を含め店舗運営コストを削減しながらも、店舗ネットワークを維持するため、平日に有人店舗の窓口業務を一時休止とする「昼休み」導入や、平日を丸一日休業とする動きも広がっている。

銀行は、顧客ニーズに応えるために、全ての業務を取り扱うフルバンキング店舗を基本とし、夕方の営業時間の延長、土日営業、証券子会社との共同店舗化などを進めてきた。

しかし、上述した店舗の多様化や、昼休み導入・平日休業といった施策は、店舗ネットワークの維持という大義名分はあるものの、コスト削減や人材活用という点で、金融機関側の都合優先の施策とも言える。

店舗は、多くの顧客にとって「できれば行きたくない場所」であり、現在の金融機関には「欲しい商品やサービスがない」という指摘もある。こうした根本的な問題があるが故に、ネットバンキングやスマホアプリ、ネット銀行・スマホ証券やコンビニATMへのシフトがあり、既存の金融機関の有人店舗の来店客数は減少している。

金融のデジタル化により、個人・法人顧客ともに、例えばスマホで送金、預金、融資など全ての業務を完結できるようになり、また現金の取り扱いに関してもキャッシュレス化の進展も見込まれることから、有人店舗の役割は縮小していく可能性がある。

店舗の多様化や平日休業・昼休み導入などの動きは、しばらく続くとみられる。金融機関は根本的な顧客のニーズに応えなければ、スマホ化や店舗統廃合の動きを止めることは出来ないだろう。

広がるQRコード決済

銀行界やフィンテック系企業が、QRコード決済の普及に向けた動きを本格化させつつある。2018年7月には経済産業省主導で「キャッシュレス推進協議会」が発足し、規格統一に向けた動きも始まった。

カードの磁気やICチップ情報を読み取る代わりに、モバイル機器を用い、QRコードの読み取りにより決済する方式は、スマートフォンの普及を背景に、世界的に利用が拡大している。

とりわけ広範な普及が進展したのが、中国である。2011年末にアリペイ（Alipay）がQRコード決済を導入し、2013年8月にスタートしたWeChat Paymentも同方式を採用した。この2大**モバイル決済**のユーザーは、2017年末までには、それぞれ5億人を突破している。

中国ではクレジットカードや**デビットカード**がいまだ普及途上にあるなか、これらのQRコード決済サービスは、平均0.6％程度という低廉な加盟店手数料を武器に、利用可能な店舗を急拡大させた。

QRコード決済は、磁気やICチップを用いた決済と異なり、専用の決済端末やネットワーク回線を導入する必要がないことから、相対的に低コストでの導入・運用が可能となる。スマホの機種に関わらず、利用できる点もメリットである。

決済方法としては、支払い側がQRコードを表示し、店舗側がこれを読み取る方式と、店舗側が表示したQRコードを支払い側が読み取る方式がある。特に後者の場合、店舗側はQRコードをプリントアウトして掲示するだけでも良い。

シェアサイクルの車体にQRコードを貼付することで、利用料金の決済が可能になるなど、様々な利用シーンに対応できるメリットもある。ただし偽造コードにすり替えられるリスクがあるため、セキュリティーを重

視する場合には一定時間ごとに異なるQRコードを表示する方式が選択される。

先進国においても、QRコード決済のメリットに着目し採用する事例は少なくない。米国で最も普及している**モバイル決済**、Walmart PayもQRコード決済である。

利便性という点では、QRコードを表示し読み取るという手間がかかる点で、非接触決済には劣る面もある。従ってQRコード決済は、従来型のキャッシュレス決済を導入しにくい場合に適した方式と言えよう。

わが国においては、増加する中国人観光客のニーズへの対応を目的として、Alipay、WeChat Payment決済を導入する動きが進んでいる。

国内利用者向けのQRコード決済サービスは、2016年にスタートした楽天Payや、フィンテック系ベンチャーのOrigami Payが草分けである。その後、2017年1月にLINE PayがQRコード決済に対応し、2018年4月には、NTTドコモが「d払い」というQRコード決済を導入した。

銀行界では、2017年7月に横浜銀行とGMOペイメントゲートウェイが「はまPay」を導入、2018年5月にはメガバンク3行が新たな共通決済サービス「BankPay」（仮称）の導入で合意した。この他、飛騨信用組合が主導する「さるぼぼコイン」など、**地域通貨**における利用例もある。

2018年6月末、LINEが3年間手数料無料となるQRコード決済の加盟店向けアプリの導入を発表した。その数日後には、ヤフーも加盟店手数料などを無料とする新たなQRコード決済の導入を発表、8月にはアマゾンジャパンがAmazon PayにQRコード決済を導入し実店舗での展開を開始するなど、競争が活発化している。

多数のQRコード決済サービスが併存する場合、加盟店においてそれぞれ異なるQRコードの表示・読み取り対応が必要となるなど煩雑である。

そこで、経済産業省主導で2018年7月に発足した「キャッシュレス推進協議会」において、仕様の統一に向けた検討がスタートしている。

地域銀行の有価証券運用

地域銀行の預貸ギャップは拡大傾向にあり、100兆円を超える規模となっている。これを有価証券などで運用しているが、必ずしも地域銀行の本業ではないため、リスク管理などで様々な問題を抱えている。

金融機関では、預金が貸し出しを大幅に上回る傾向が続いている。特に地域銀行では、大手行とは異なり、海外向けの貸し出しが制約を受けることから、預金と貸し出しの差、すなわち預貸ギャップは大きくなっており、2018年3月で103兆円に達している。

地域銀行は、この余剰資金のうち86兆円を、様々な有価証券で運用している（2018年3月末）。それ以外の資金は**日本銀行**の当座預金に置いているが、その金利は、ほぼ0〜0.1％と極めて低利なことから、貸し出しに回し切れない資金は、日銀当座預金ではなく有価証券で運用する必要がある。

かつては、地域銀行の有価証券運用の主力は日本国債だった。しかし、2013年の日銀の**異次元緩和**以降の国債購入増加で利回りが大幅に低下したことから、国債保有額は大幅に減少している。

このため近年では、地域銀行も運用先を外国債券やファンド運用などに振り向けている。しかし、ここには大きな課題がある。

第一の課題として、外貨流動性の問題が挙げられる。大手行では、外貨建てのバランスシート上、顧客性預金が3分の1程度を占めているが、地域銀行では顧客預金は2割を切っている。中長期の円投という比較的安定的な調達源を加味しても、地域銀行の場合、外貨調達額の約7割が市場リスクにさらされる手法で賄われている。第二に、運用資産の規模の問題がある。国債の利回りが先進国のほとんどで低下している中、平均運用利回りを押し上げるには、何らかのリスクを取るしかない。そのためにはリスク分散が重要になるが、地域銀行がそれぞれ独立して運用しているため、一つひとつの資産ク

ラスに対する投資金額は少額になる。結果、リスク管理のための投資が割に合わなくなり、目が行き届かなくなる可能性がある。

　第三の課題として、人材と情報の不足が挙げられる。地域銀行に入社する人々の中で、有価証券運用に従事する目的の人材はごくわずかであろう。人材不足を補完するため外部から採用するにしても、なかなか地域銀行が運用のプロを惹きつけるのは、容易ではないだろう。従って、多様な有価証券運用を行うには人材が不足しがちである。加えて、経営の中枢が、東京など情報の中心から距離があることや、投資規模が比較的小さいことなどから、どうしても地域銀行は、国際的な投資に関連する情報が遅れがちになる。

　足元では、一部の新興国の通貨が下落し、通貨防衛のために政策金利が引き上げられる動きがある。これに伴い、これらの国々の債券価格は下落するものもみられる。こうした海外市場のボラティリティーの上昇は、地域銀行の資本を毀損する。

　これは、ほとんどの銀行が有価証券運用を会計上「その他有価証券」に区分しているためである。この勘定の含み損益は、「売買目的有価証券」とは異なり、期間利益には影響しないが、含み損が生じれば資本の部を低下させてしまう。この回避のため、第三の勘定科目である「満期保有有価証券」に振り分けることも可能だが、一旦振り分けた有価証券は売却で益出しをすることができない。その場合、収益を上げる機会を逃してしまう上、機動的な売却ができないことからリスク管理も難しくなる。

　従って地域銀行としては、有価証券運用は「その他有価証券」の勘定で保有することが多く、仮に金利が上昇すれば、保有債券の含み損が資本比率を低下させることにつながる。

　現在、地域金融機関の平均コア資本比率は10％程度と規制水準を上回っており、当面、有価証券運用の失敗で地域銀行の財務状況が大きく揺らぐことはなさそうだ。しかし、預金が貸し出し以上のスピードで増え続けており、地域銀行の経営における有価証券運用とそのリスク管理の重要性は、今後一層高まるだろう。

働き方改革と業務効率化

金融機関における働き方改革では、AI（人工知能）やRPAなどの活用を通して、店舗や本部のデジタル化による業務効率化を進め、労働生産性の向上とワーク・ライフ・バランスの推進によるメリハリある働き方の実現を目指している。

働き方改革とは、政府が掲げる労働政策の見直しの総称である。2016年9月に働き方改革担当大臣が新設され、2017年3月には、働き方改革実行計画が策定された。同計画では①同一労働同一賃金など非正規雇用の処遇改善②賃金引き上げ③残業上限の設定など長時間労働の是正④転職・再就職支援⑤テレワーク、副業・兼業などの柔軟な働き方⑥女性・若者の活躍⑦高齢者の就業促進⑧子育て・介護と仕事の両立⑨外国人材の受け入れ——の9項目で改革の方向性が明示されている。

働き方改革は、多様な人材の活躍とワーク・ライフ・バランスの推進を両輪に、労働生産性を高める社会の実現を目指していると言える。

こうした働き方改革の取り組みは金融機関にも広がっている。金融機関においては、人事・福利厚生の改善だけでなく、業務改革（BPR）や業務効率化によって、より効率的な経営による労働生産性の向上と長時間労働の是正によるメリハリある働き方が求められている。

金融機関にとっても、人材は重要な経営資源であり、介護や出産・育児など生活環境の変化による社員の離職は、貴重な人材の損失となる。社員の仕事と家庭の両立をサポートできる、柔軟で選択肢の多い職場環境の構築が不可欠となってきている。

実際、多くの金融機関では、業務効率化を伴う、多様な人材の活躍（ダイバーシティー）並びに仕事と家庭の両立（ワーク・ライフ・バランス）の推進を経営戦略上の重要課題として位置づけている。専門部署の新設、育児・介護制度の充実、保育所の設置、地域

限定職の新設、女性・シニアの活躍、朝型勤務導入、会議の見直しや残業の削減など、様々な働き方改革に積極的に取り組んでいる。

従業員の就業満足度の向上、残業時間の削減や会議の減少などといった具体的な成果も出始めており、働いた時間ではなく生産性の高い労働力を求める姿勢は、今後も各金融機関のスタンダードとなろう。

一方で、金融機関にとって業務効率化も急務である。金融のデジタル化による異業種の金融業務参入や**日本銀行**の**マイナス金利**政策などで銀行など金融機関の稼ぐ力が低下傾向にある中、特にメガバンクや地域銀行は、店舗や人員の削減を含めコスト削減を進めている。しかし、店舗や人員削減にも限界があり、また、今後は逆に人口減による人手不足も想定されうる。そのため、例えば、定型業務が多い事務の作業内容を見直し、ロボットやAI導入による自動化やデジタル化を進めることは、金融機関が生き残りを図るための必須事項と言えよう。

働き方改革実現のカギを握る業務効率化には、AIや**RPA**を始めとする技術の進展を受け、多くの金融機関が収益力強化や生産性向上のために取り組んでいる。例えば、店舗の統廃合や、店舗における印鑑レス、ペーパーレス化、後方事務の本部集中、テレビモニターやタブレットの導入などを行う。本部においては、部署の統廃合、審査業務の自動化、事務集中部門の再編、外部委託の活用などが実施されている。

今後は、これら取り組みが実際に従業員の満足度と生産性の向上を伴いながら、継続的に実行されるのか、活用しやすい職場の雰囲気・環境作りがなされるかが課題となる。取り組み好事例の発信や情報共有化も有効な対策となろう。

現在ほとんどの金融機関が働き方改革と業務効率化に積極的に取り組んでいる。しかし、そもそもそれを数値化し公表している時点で取り組みは緒に着いたばかりとも言える。特に、女性の活躍支援を始め、働き方改革の取り組みや成果をわざわざ公表する必要がない状況こそが目指すべき姿だろう。

持続可能な開発目標(SDGs)と金融

SDGs は、国際連合が策定した世界共通目標。貧困など17項目の地球規模の課題を設定し、2030年までに各課題の解決を通じて持続可能な社会の構築を目指す。金融界でもESG／SDGs金融の動きが拡大していくであろう。

2015年9月、ニューヨーク国連本部において「国連持続可能な開発サミット」が開催され、193の加盟国によって「我々の世界を変革する:持続可能な開発のための2030アジェンダ」が全会一致で採択された。アジェンダは、人間、地球及び繁栄のための行動計画として、宣言及び目標を掲げている。「誰一人取り残さない－No one will be left behind」の理念の下、国際社会が2030年までに、持続可能な社会を実現するための重要な指針として、17の目標と169のターゲットからなる「持続可能な開発目標(SDGs)」が設定された。

SDGsは、2001年に策定されたミレニアム開発目標(MDGs: Millennium Development Goals)の後継とされており、MDGsの残された課題、この15年間に顕在化した都市・気候変動・貧困・格差などの地球規模の課題解決を目指すものと位置づけられている。

SDGs達成のためには、地球市民一人ひとりに焦点を当てることに加え、民間企業や市民社会の役割が重視され、あらゆるステークホルダーが連携することが求められている。日本では、政府・民間・研究機関・非営利団体など様々な主体が、SDGsを踏まえた意欲的な活動を始めている。とりわけ民間セクターでは、SDGsに取り組むことによって新たなモノやサービスを生みだすアイデアを獲得したり、さらなる成長の機会があると捉えたりして、中長期の経営計画を立案する事例が増えてきた。

例えば、最後のフロンティアである途上国のBoP(Base of the Pyramid)層を対象にしてSDGsに取り組むことで、新たな市場の創出と同時に雇用の拡大も目

指すような場合だ。重要なのは、寄付行為や慈善行為により達成を目指すのではなく、事業活動によりSDGs達成を目指すことである。企業においては、自社の事業特性や長期事業戦略及び事業地域における社会課題等を踏まえ、リスクと機会を分析した上で、取り組むべき課題及び目標を設定することが求められる。

金融界でも、2018年に日本証券業協会が「SDGs宣言」を公表したほか、全国銀行協会がSDGsや**ESG投資**の重要性を踏まえ「行動憲章」を改定するとともに、SDGsの推進体制及び主な取り組み項目を定め、業界全体として後押しする動きが始まっている。

具体的には、直接金融市場においてインパクト投資や**グリーンボンド**、サステナビリティーボンド等、SDGs達成に向けた資金の流れを形成する投資商品が多く開発・提供されているほか、SDGsの目標に照らして企業の取り組み状況を評価しESG投資を行う投資家も増えている。間接金融においても、SDGsに貢献する事業・企業を支援する融資や私募債制度の導入、ファンドを設立する事例がみられる。環境省が主催するESG金融懇談会の提言(2018年7月公表)において、ESG／SDGs金融の重要性及び取り組み強化が掲げられており、今後こうした動きはさらに拡大していくであろう。

SDGsという21世紀の国際的な大義のもと、人類の幸福(well-being)を目指し、政策の制度再考、企業経営の高度化、個人のライフスタイルの変容を通じて、地球規模での持続性の構築が始まっている。

求められるマネロン対策

2019年に第4次FATF対日相互審査を控え、金融庁ならびに各金融機関は、マネーロンダリング（資金洗浄、マネロン）やテロ資金供与の防止に向けた管理態勢の構築・強化を迫られている。

2019年に、マネロン対策などの国際協力を推進する政府間会合「金融活動作業部会（FATF）」による第4次対日相互審査が予定されている。

2008年に公表された、前回のFATF第3次対日審査においては、日本は「テロ資金供与の犯罪化が不完全」「金融機関、非金融機関に対するマネーロンダリングの予防措置や顧客管理に関する要件や義務の欠如」など49項目中25項目で「要改善」という厳しい評価を受けた。その後、2014年6月には指摘事項に対する対応の遅れから、FATFより迅速な立法措置等を促す異例の声明を受けた経緯もあり、**金融庁を含む関係当局は強い危機意識を抱いている。**

こうした背景から、金融庁は2018年2月、地域金融機関も含め同庁が所管する全ての金融事業者を対象として、マネロン対策のガイドラインを作成した。リスクベースアプローチによるリスクの特定・評価・低減のステップ、並びに対応が求められる事項、必要な仕組み・内部管理態勢を示し、各金融機関に取り組みの徹底を求めている。

しかしながら、ガイドラインは概念的な内容も多く、地域金融機関を中心に「具体的にどのような取引を当局に通報するべきか」の判断が難しいといった声も上がっていた。加えて、マネロンに係る体制が十分とはいえない地域金融機関では、多面的に疑わしい取引をチェックするのが難しく、標的になりやすいという懸念もある。

こういった状況を受け、2018年4月に、マネーロンダリング・テロ資金供与防止対策の徹底を図るため、金融庁は地域銀行、信

用金庫、信用組合などの地域金融機関に対して、「緊急チェックシート」を配布した。送金業務などにおける確認業務を列挙し、具体例を示しているのが特徴。これまでは各金融機関の判断に任されてきたが、第4次対日相互審査まで時間的猶予が限られることから、具体例の提示に踏み切った。

緊急チェックシートでは、営業店等の職員が送金取引を受け付けるに当たって、個々の顧客及び取引に関し確認・調査すべき具体的・基本的な検証点を明らかにしている（短期間のうちに頻繁に行われる送金取引に当たらないか、など）。また、こうした検証点に該当する場合には、営業店等の職員が顧客に聞き取りを行い、信頼に足る証跡を求めることなどにより、追加で顧客・取引に関する実態確認・調査し、また、当該確認・調査結果を営業店長や本部の所管部門長らに報告し、個別に取引の承認を得ることなどを求めている。

他方、低金利や人口減少で収益悪化に苦しむ地域金融機関にとっては、収益に直接的には結びつかないマネロン対策は重荷となっているのが実情である。こうした状況のなかで、セブン銀行では、他行の口座における不正取引を監視するサービスの提供を開始した。

同行は、主力であるATM運営ビジネスにおいて、2009年より不正取引を監視する専門部署を設け、取引履歴から不審な取引を特定している。そのノウハウを生かし、地域銀から匿名化された口座の取引データを取り寄せ、独自のプログラムで分析、短時間で同じ口座へ何度も振り込まれたり、複数の口座から一つの口座へ集中的に送金があったりする「疑わしい取引」を見つけた場合に、顧客である地銀に知らせる。連絡を受けた地銀は口座凍結や当局への通報などの必要性を判断する。

既に、荘内銀行（山形県）と北都銀行（秋田県）を傘下に持つフィデアホールディングスなど、複数の地銀から委託を受けている。複数行が共同で対策を行えば、コスト削減にもつながることから、今後さらに加速する可能性がある。

改正相続法への対応

2018年7月6日、約40年ぶりの大改正となる改正相続法が成立した。預貯金の仮払い制度や配偶者居住権の創設など、金融機関にとっても重要な改正が盛り込まれている。

高齢化社会の進展に伴う老々相続の増加や、高齢配偶者保護の必要性の高まりを受け、相続に関する民法等の規定（いわゆる相続法）について、約40年ぶりの大改正が実現した。

預金業務に関しては、預貯金の仮払い制度が導入される。金融機関は口座名義人が死亡すると遺産分割まで口座を凍結し、各相続人からの遺産分割前の払い戻し請求には原則応じない現行の取り扱いのもと、葬儀費用など緊急の払い戻し需要への制度的な対応が要請された。この制度では、遺産分割前において各相続人が金融機関の窓口で直接一定額までの払い戻しを請求する方法と、裁判所の判断を経て請求する方法が設けられた。施行日前に発生した相続にも利用できる。

また相続人が法定相続分を超える財産を取得した場合、その取得を対抗要件（登記や通知など）なしに主張できるかどうかは、現行では取得方法により異なるが、改正後はすべて対抗要件が必要になる。ただし共同相続人が預貯金の取得を銀行に主張するには、その1人からの通知で足りる。

遺留分が主張されると、現行では遺産自体が遺留分権利者のものとなるが、改正後は遺留分相当額の金銭請求に変わる。金融機関にとっては、預貯金・金融商品や担保不動産について遺留分権利者との共有関係が生じるなど、払い戻し対応や権利行使が複雑となるような事態が生じなくなり、権利処理が容易になることが期待できる。

融資業務に関しては、新たな権利「配偶者居住権」が重要である。相続開始時に被相続人の持ち家に住んでいる配偶者が、原則亡くなるまでの間、住み続けることが

できる権利である。所有権より評価額が低いため、住む場所を確保しつつ他の財産（預貯金など）も相続しやすくすることで、高齢配偶者を保護する制度である。不動産を担保とする融資審査の際の評価方法について社内基準を設定しておくことや、先に登記を備えた長期居住権に担保権が劣後する点に留意すべきである。遺産分割や税制における財産評価方法は、今後検討される。

借入金などの相続債務については、債権者は実際の相続分に関係なく法定相続分に従って各相続人に請求できることが明文化され、金融機関にとっては実際上請求しやすくなると思われる。

遺言信託業務に関しては、遺言の内容を実現する遺言執行者の権限の見直しが重要である。遺言内容の相続人への通知義務、不動産の登記申請や預貯金の払い戻し・解約などの権限が明文化されたほか、原則として復任（再委任）が可能になる。また遺言執行者がいるにもかかわらず相続人が勝手に処分した遺産について、改正後は取り戻せない場合がある点に留意が求められる。

相続アドバイス業務などにおいて留意すべき改正内容では、全文自筆が必要な自筆証書遺言の作成方法が緩和され、別紙で添付する財産目録の自筆が不要となる。また、相続開始後の遺言の有効性などを巡るトラブルの減少が期待できる、法務局での遺言書の保管制度が重要である。新制度を利用した、遺言書に基づく相続手続きへの対応整備も必要となろう。遺産分割については、遺産の一部のみの分割（一部分割）の明文化により預貯金などの迅速な権利処理が期待される。一方で、現行で遺産分割対象外である分割前に処分された財産も相続人全員の同意を条件に遺産分割対象とすることができ、遺産の範囲を巡って分割手続きが長期化することも懸念される。現行の寄与分制度が利用できない相続人以外の者（相続人の配偶者等）が介護などをした場合、相続人に対して「特別寄与料」の請求ができることも把握しておきたい。

2020年7月12日までに完全施行の予定であり、施行までに内容の正確な理解が求められる。

I フィンテック・IT

日本生命保険は、2019年3月末までに約220の業務をRPAに任せ、年間8万6,600時間の業務量を効率化する。「日生ロボ美」の愛称で呼ばれる"ロボット"は部署内の一員として稼働している

仮想通貨を巡っては、これまでに複数の交換業者で不正アクセスによる外部流失が起きており、金融庁は規制の厳格化に乗り出した

IoT

「Internet of Things（モノのインターネット）」の略。あらゆるモノがインターネットに接続され、情報が相互に交換される仕組みや、そのことより実現されるサービスを指す。

あらゆるモノの動きをセンサーで計測し、得られたデータを分析することにより実現が可能となったIoTの代表的な事例としては、製造業における生産ラインの円滑な連携や不良品の選別の自動化などが挙げられる。

IoTの金融分野における実用化例としては、テレマティクス保険がある。これは、被保険者のクルマに取り付けた機器からドライバーの運転行動の特性や走行距離などのデータを取得し、活用する自動車保険である。すでに、ドライバーの運転の「やさしさ」を評価し、その度合いに応じて保険料が割り引かれる保険や、基本保険料に走行距離に応じた保険料を加算することによってクルマをあまり運転しない人にとって有利な保険料が適用される保険商品が登場している。

今後、金融分野ではIoTを利用した様々なサービスが実現すると予想される。融資分野では、IoTを担保の管理に活用した動産担保融資（**ABL**）や、製品の出荷や原材料の仕入れ等のリアルタイムデータを活用した**トランザクションレンディング**が実現する可能性がある。動産担保融資に関しては、これまでネックとなっていた担保品の在庫管理に関わる手間やコストの問題が解決され、普及が進むことが期待できよう。

決済分野でもIoTを活用した新サービスが登場する可能性がある。具体的には、冷蔵庫で保管している牛乳や卵がなくなったことをセンサーが検知すると、自動的に発注が行われ、それに付随した資金の決済も自動処理されるようなサービスが登場する可能性がある。

ビッグデータ

既存の社会で扱われているデータよりも、大量・高更新頻度・高多様性（多様な種類）の特性を有し、電子的に処理が可能なデータのこと。

近年、ICTの発達やネットワークの高度化の実現などによって、センサーなどのIoTデバイスが急速に発達したことで、現実世界の様々な物理的事象を電子的に処理できるデータとして、利用することが可能になってきている。

総務省によると、ビッグデータは「オープンデータ」（政府や地方公共団体などが保有するデータ）、「産業データ」（主に企業の暗黙知をデジタル化・構造化したデータ）、「パーソナルデータ」（個人と関係性が見いだされる広範囲のデータ）に分類される。

多種多様な社会問題の解決や革新的なサービス・ビジネスモデルの創出を図るなどの目的の下、ビッグデータの積極的な分析・活用が国際的にも注目されている。

日本でも、官民データ活用推進基本法の制定や、改正個人情報保護法の施行などの法整備が進められており、ビッグデータの利活用の環境が整いつつある。

その一方で、課題としては、「ビッグデータの整備・標準化」や「ビッグデータの分析技術の確立」「AI（人工知能）・データ分析の人材確保」「**サイバーセキュリティー対策**」などを挙げることができる。

IHS Technologyの調査結果によると、全世界のIoTの数は、2020年には約300億まで拡大する見通しであり、取得できるビッグデータが爆発的に増加することが予測される。

日本全体の生産性の向上・国民生活の質の向上を実現するために解決すべき課題は山積しており、官民のビッグデータの分析・活用の実現に向けた取り組みの必要性が指摘されている。

RPA

「Robotic Process Automation」の略。ルールエンジンや機械学習、人工知能（AI）などの認知技術を活用したソフトウェアで、照会、調査分析、顧客へのメール送信などを自動化・効率化すること。

RPAは、これまで人間にしかできないと想定されていた定型的なパソコン作業や、IT化するには費用対効果が見合わず手作業として残っていた業務を、ソフトウェアで効率化・自動化する取り組みである。人間の業務を代替できることから「仮想知的労働者」（Digital Labor）とも呼ばれる。RPA導入のメリットとして①メールや表計算ソフト操作などの自動化で人的資源を有効活用できる②既存システムを変更しなくても導入できる③作業速度を大幅に向上④作業ミスを減らせる（作業品質の向上）⑤それらを通じた顧客満足度の向上──が挙げられる。

近年、日本を含めRPAの導入が増えている一因として、従来の人件費の地域格差などを利用したBPO（ビジネス・プロセス・アウトソーシング）では15〜30%のコスト削減が限界であったのに対し、RPAでは40〜75%の削減が見込めることがある。また、近年のRPAはプログラミングを要しないため、ユーザー部門で開発ができることに特徴がある。業務担当者のパソコン上での操作をシナリオとして記録することで、人が行っていた煩雑な操作、大量データを扱う業務等が再現可能になった。

今後は、現在の主な代替元業務である定型業務のみならず、人間の判断が必要な非定型業務の自動化も実現されると考えられており、日本RPA協会によると2025年までに世界で1億人以上の知識労働者、もしくは3分の1の仕事がソフトウェアに置き換わると予測されている。少子高齢化で労働人口の減少が進む日本にとっては、人手不足の解消策としても活用が期待される。

ロボアドバイザー

ロボアドバイザーとは、いくつかの問いに答えると投資ポートフォリオの提案を自動で行ってくれるサービスであり、投資に対する心理的障壁が高い顧客を開拓するツールとして活用されつつある。

ロボアドバイザーとは、一般的に、顧客らがオンライン上でいくつかの設問に答え、そこから読み取れる投資に関わる嗜好性から、投資のポートフォリオを提案するサービスを指す。当初は独立系のサービスとして登場したが、徐々に金融機関自身によるサービスとして取り込まれ、日本でも多くの金融機関が導入している。日本でのサービスは、基本無料でポートフォリオを提案するものだが、そこから踏み込んで自動で資産の組み換えなどを行うサービスもある。

現状ロボアドバイザーは、人によるサービスではカバーしきれなかった少額投資層への付加サービス提供を、低コストで実現するのに役立っている。投資未経験層が持つ投資への抵抗感の緩和にも寄与しており、投資を行う層の裾野を広げている。

また、直接顧客にではなく、営業担当者にアドバイスすることで、顧客への提案内容の品質向上に役立てる取り組みもなされている。

「ロボ」という言葉から先進的なイメージを持たれがちだが、実態は簡易な設問に基づくおおまかな提案に過ぎず、従来はセールスプロモーション上のスパイスにとどまることが多かった。しかし、資産運用プロセスのEnd to Endを自動化するとうたうサービスを提供する企業が台頭し、従来は投資信託や積み立てのみを行っていた層に、利便性と分かりやすさで新たに訴求しつつある。一方、高度化への寄与は限定的であり、より投資への関心が高い層には人と連携しつついかに付加価値のあるアドバイスを提供できるかが競争上のポイントとなっていく。

フィンテック・IT

PFM

「Personal Financial Management」の略。家計に関わる情報を統合するサービスであり、そのプラットフォームは、将来的にはあらゆる金融サービスの起点となるポテンシャルを持つ。

パーソナル・ファイナンシャル・マネジメント（PFM）とは、複数の金融サービスに関わる口座情報を一つのプラットフォーム上で管理できるようにしたサービス及びそこから派生する各種付帯サービスの総称である。具体的には、銀行口座、証券取引口座、クレジットカードの利用履歴などのデータを1カ所に集約し、それまでは口座単位でしか集計できなかったお金の出入りを統合し、スマートフォンのアプリなどの使いやすいインターフェースを通じて閲覧・管理が可能となる。

従前より、特に米国では様々な出自の企業が複数口座の統合閲覧・管理のサービスをアカウントアグリゲーションサービスとして提供してきたが、スマートフォン向けのアプリを通じたサービスとして展開されること

で大きく成長を遂げ、フィンテックの中の一つの主要な動きとして注目されるに至る。

日本においては、マネーフォワード、Moneytreeなどのサービスが主なプレーヤーとして知られており、いずれも家計管理の省力化・自動化を売りとしている。

マネーフォワードを例にとると、銀行、証券、クレジットカードの取引履歴を統合した上で、レシートを撮影することによるデータへの反映機能、日々の支出に関する入力支援機能、ネットショッピングの履歴取得などを行い、まとめたデータを分かりやすいインターフェースで提供している。

上記のように、元々は家計管理の自動化といった位置づけであったが、現在は**銀行法改正**に伴う**オープンAPI**の流れとともに、そこから一歩踏み出して、フ

ァイナンシャルアドバイザーのサービスとの組み合わせや、積み立てた資金を運用に回す、といったサービスなどが出てきている。プラットフォームとして顧客の金融サービスに関わる活動を囲い込む手段としての活用が視野に入りつつある。

以上のような観点から、金融機関にとって、PFMは以下の二つの可能性を持っている。①顧客にとっての利便性を高めつつ、企業側のコストを下げるWin-winの効果②プラットフォーム統合により顧客を囲い込み、顧客生涯価値を最大化する効果——。

①については、現在の店舗中心での顧客とのやり取りがオンライン中心となることにより、一つひとつの取引や口座維持に関わるコストの低減が期待できる。特に、若年層を中心とした、現時点では収益に結びつかないものの将来はコアの顧客となりうる層については、なるべくコストはかけずに関係を持ちたいという企業側のニーズがある。一方、そのような顧客は、店舗での待ち時間の長さや営業時間の制約に縛られないオンラインで

のサービスにむしろメリットを感じることも多く、プラットフォームを通じワンストップのサービスを提供すれば、その利便性はさらに高まる。

②は、特に人口が縮小局面を迎えるような市場における個人顧客向けの金融サービスでは、今後、いかに顧客を囲い込んで、その生涯価値を最大化するかが競争上のポイントとなる。その競争に勝つためには、業態をまたいだ総合的な金融サービスの提供、一つひとつの顧客と企業との接点、いわゆるカスタマーエクスペリエンスの強化が必要となり、PFMはそのために必須のパーツと位置付けられる。

これらの観点から、金融機関はそれぞれのカスタマーセグメントに対し、PFMを自前／サードパーティーいずれで行うか、クローズ／オープンのどちらのプラットフォーム形態をとるのか、リアルとの連携をどこまで取るのかなど、どのような形で提供していくかが顧客とのやり取りのデザイン、ひいては顧客戦略上の大きな論点となっていくと想定される。

フィンテック・IT

47

家計簿アプリ(クラウド会計)

銀行や証券取引の口座情報のほか、クレジットカード、電子マネーなどの情報を登録することで、口座残高や利用明細を自動的に取得し、家計簿などが作成されるアプリケーションの総称。

家計簿アプリは、個人資産管理（**PFM**：Personal Financial Management）の支援ツールであり、個人が保有する金融機関の口座情報を自動的に取得することで、お金の情報をスマートフォンで一元管理できるようにしたサービスである。

銀行や証券口座（個人・法人口座）のほか、クレジットカード、電子マネー、マイレージカードなどのポイントカードにかかる情報登録を行うと、口座残高や利用明細が自動的に取得・集約され、家計簿や資産一覧が作成される。近年連携する業態が拡大しており、マンション売買仲介サービスによるマンション資産価値評価、ECサイトの購買履歴の連携、**仮想通貨**の保有残高、取引履歴などの管理機能が拡充されている。またレシートを撮影することで、項目や店舗名が自動で家計簿に反映される機能もある。2018年9月末時点で、マネーフォワードが2,672、Moneytreeが2,599のサービスをAPI連携により統合している。

PFMサービスは**オープンAPI**の活用により、顧客からの意思確認が完了すれば、ログインに必要な情報を預からなくとも、正確なデータを金融機関側などから直接取得することができるようになった。金融機関は従来、提供サービスの性質上、外部事業者に対して積極的に顧客との取引情報を公開してこなかった。しかし、フィンテックに多くの注目や投資が集まり、付加価値の高いサービスが登場したことで、APIを開放する銀行が相次いでいる。銀行APIの開放が追い風となり、家計簿アプリとして統合されるサービスは一層増加すると見込まれている。

オープンAPI

金融機関の提供するサービスを、あらかじめ定めた範囲に基づき、外部のサービス提供者へシステム連携させるための接続方式のこと。「Application Programming Interface」の略。

オープンAPIの利用により、金融機関外部のサービス提供者は、自身のサービスに金融機関のサービスを組み込んだ形で、利用者に提供できる。

オープンAPIにより、①金融機関②サービス提供者③サービス利用者——は、下記のようなメリットを享受できる。

①金融機関

APIを公開することにより、オンラインサービスの新たなチャネルを創出できる。チャネルが増加することにより、顧客の増加及び顧客の囲い込みにつなげることが可能となる。

②サービス提供者

オープンAPIを利用することにより、自身ですべての金融サービスを開発するよりも簡易に、金融サービスを開発・提供することが可能となる。

③サービス利用者

金融機関の提供するサービスのほかに、サービス提供者のサービスを利用することで、様々な金融サービスを利用できる。

オープンAPI普及の背景には、規制当局によるAPI公開の要請が挙げられる。

具体的には、2017年5月26日に成立した**銀行法改正**において、「金融機関における**電子決済等代行業者**との連携及び共同に係る方針の公表」及び「オープンAPI導入に係る努力義務」が課せられた。そのため金融機関は、オープンAPI対応の有無を公表した上で、提供に向けた態勢整備に取り組んでいる。各金融機関が公表した方針において、9割程度の金融機関がオープンAPIに「対応する」としている。

今後、オープンAPIを利用した新たな金融サービスの多様化が想定されている。

フィンテック・IT

電子決済等代行業者

電子決済等代行業者とは、銀行預金者の委託を受け、電子的な手段を用い、当該銀行に対して決済指図の伝達、あるいは当該預金者の口座利用情報を取得、提供を行う事業者のこと。

2018年6月1日施行の「銀行法等の一部を改正する法律（**銀行法改正**）」により、新たに「電子決済等代行業」という業種が設けられ、これを行う事業者に対して登録が義務付けられた。

登録義務化の背景としては、近年、国内の金融サービスにおけるイノベーションが、IT企業などのノンバンクプレーヤーによりけん引されている中、金融機関と顧客との間で「顧客から委託を受け金融サービスの仲介を行う事業者」について、制度的な枠組み（賠償責任、安全管理などを含む）が整備されていないという問題意識があった。その解決に向け**金融審議会**「金融制度ワーキング・グループ」での検討・審議を経て、法改正が行われた。

定義されている電子決済等代行業の類型は、大きく1号（更新系）と2号（参照系）の二つに分けることができる。更新系は個人間の電子送金サービス、参照系は**家計簿アプリ**などの**PFM**（Personal Financial Management）サービスが、その代表的なものとして挙げられる。

電子決済等代行業者が決済指図の伝達を行う際、主にAPI（Application Programming Interface）を用いて、金融機関に接続することが想定されている。そのため、各金融機関は2018年3月1日までに、電子決済等代行業者との連携及び協働にかかる方針を策定し、公表している。

2018年9月1日時点で、国内全体の87％の金融機関がAPIへ対応（**オープンAPI**）することを表明しており、金融機関とフィンテックスタートアップ企業との間で、さらなるイノベーションの促進が期待されている。

モバイル決済

モバイル決済とは、携帯端末を用いた決済サービスの総称で、日本ではおサイフケータイのサービスがすでに普及している中、2016年10月にiPhoneが対応したことから改めて注目を集めている。

モバイル決済とは、スマートフォンを始めとする携帯端末を用いて、電子マネー、クレジットカードなどによる支払いを行うサービスのこと。日本においては従来から「おサイフケータイ」のサービスが広く普及していた。最近日本で注目を浴びている背景としては、iPhone向けのサービス「apple pay」が2016年10月より国内で利用可能となり、スマートフォンを使用したサービスが本格化したことが挙げられる（Android携帯向けには従前よりサービスあり）。

上記のような、携帯端末を店舗等の読み取り機にかざす「非接触決済」のほか、QRコード等を表示したり読み取ったりして行う決済手法も広がっている。

より広い意味でのモバイル決済としては、スマートフォン・タブレット端末にカードリーダーを装着することで、カード決済端末として利用できるサービスがあり、導入店舗側にとっては、初期費用の安さ、入金までの時間の短さといった点が魅力となっている。

ただ、日本のキャッシュレス決済手段の多くは、新しい技術が応用されているわけではなく、そのため本来の基盤としての脆弱性を受け継いでいる。これについて各社による対策は行われているものの、不正アクセス、パスワード盗難、不正購入等の事故・被害は引き続き起こりうるため、継続しての対応が必須となる。脆弱性への対応策として、生体認証や分散型台帳技術（**ブロックチェーン**）の応用等の取り組みが進められており、近い将来には究極のキャッシュレスである「手ぶら決済」が実現する可能性がある。

ブロックチェーン

P2P（peer to peer）通信と暗号処理による、ネットワーク共有型の
データベース。信頼性と堅牢性を持ったシステムを低コストで構
築できる点で、幅広い領域での活用が期待されている。

　取引データを一定量ごとにま
とめた「ブロック」として扱い、
それぞれのブロックに直前ブロ
ックとの関連を暗号化して記録
することで、データがチェーン
状に連結された構造をとる。取
引データは、ネットワークに参
加しているすべてのコンピュー
ターで、同一のものが管理・保存
される仕組みとなっており、デ
ータを更新するためには、各コ
ンピューター間におけるデータ
の正しさに対する「合意」が必要
となる。データの改ざんは、暗号
すべての再計算と、参加コンピ
ューターの「合意」を得るための
条件を満たす必要があるため、
事実上、不可能である。

　金融に代表される従来の取引
システムの多くは、信頼を確立
した主体が一元的に管理するこ
とで取引の正当性を確保してい
る。ブロックチェーンの革新性
は、ネットワーク参加者が取引
の正しさを相互確認することに
よって、そうした管理主体が不
要となることにある。

　例えば、海外送金のように多数
の仲介者が必要となる場合、それ
ぞれが独自のシステムを用いて
取引の整合性や勘定の照合を行
うため、多額のコストが発生して
いる。ブロックチェーンによって
直接的な取引が実現されれば、
これらの取引コストを削減する
ことが可能になると言われている。

　最近では、多くの企業がブロ
ックチェーンの応用に関わる実
証実験に乗り出している。**仮想
通貨**の送金、貿易金融、証券取引
の管理、不動産登記などの金融
分野に留まらず、ダイヤモンド
のトラッキング、電力、食品トレ
ーサビリティーなどの非金融分
野に及んでおり、幅広い領域で
の実用化が期待されている。

仮想通貨

法定通貨と異なる単位により表示され、電子情報処理組織を用いてその価値を移転することができ、不特定多数の者を対象とした対価の弁済手段として用いることができるものである。

仮想通貨は数多くの種類が存在すると言われ、全体の時価総額は約23兆円である。その中でも代表格として挙げられるのが、流通量首位のビットコインであり、時価総額は約12兆円（2018年9月時点）、次いで第2位のイーサリアムが2.5兆円（同）となっている。仮想通貨はわが国の大手量販店などで使用が可能となったほか、企業がデジタル通貨の形でトークンを発行することにより資金調達を行う、ICOが注目されている。こうした状況下、マネーロンダリング防止の国際的要請や利用者保護の観点から、政府は仮想通貨がより安全に取引されるための法整備として、2016年に資金決済法改正を行い、仮想通貨及び仮想通貨交換業にかかる規定を設けた。

一方、2018年1月にはみなし仮想通貨交換業者コインチェックで、仮想通貨「NEM」が不正に外部へ送信され、5億2,300万XEM（580億円相当）が流出、リスク管理体制が問題となった。金融庁は、同事件を受けてコインチェックに2度の業務改善命令を出したほか、登録申請中の全みなし業者に立ち入り検査を行うなど、規制の厳格化にかじを切った。2018年4月現在、財務局の登録を受けた仮想通貨交換業登録者は16社である。

金融庁が規制の厳格化を図るなか、民間でも仮想通貨交換業者が遵守すべきルールの策定を目指す動きがみられる。2018年3月に設立された、日本仮想通貨交換業協会（JVCEA）は同協会会員の自主規制ルールなどの検討を行っている。このように、2018年に入り仮想通貨交換業者は顧客の利便性と安全対策強化を両立する必要性に迫られている。

フィンテック・IT

法定デジタル通貨

中央銀行が法定通貨として発行するデジタル通貨。多くの国で導入構想が進んでいる。資金決済の利便性が高まる一方、民間銀行の役割を含めた金融システムのあり方の再定義が必要になるとみられる。

既存の現金や資金決済システムによらずに価値の移転を通じた資金決済を可能にする**仮想通貨**の台頭を受けて、世界の中央銀行の多くは、自らデジタル通貨で法定通貨を発行する「法定デジタル通貨」の検討を進めている。CBCC（central bank cryptocurrencies）と呼ばれることもある。例えば、既に多くの店舗が現金を受け付けないほどキャッシュレス化が進んだスウェーデンでは、法定デジタル通貨「eクローナ」を広く一般に供給することについて2018年末までに是非を判断する予定としている。

既存の法定通貨と比べて法定デジタル通貨は、①偽造防止に係るコストを含めた発行コストの削減②現金、特に高額紙幣がなくなることによる脱税その他非合法経済取引の縮小③迅速かつ低コストの資金決済の実現——といった特長を持つ。

法定デジタル通貨の発行には、中央銀行が直接国民に口座を開設する直接型と、銀行に対してのみ発行する間接型がある。前者は民間銀行における預金の縮小と資金決済における役割の縮小を伴うことから、銀行を通じて金融政策の有効性を確保する仕組みや資金決済の利便性を確保するモデルからの脱却が必要となる。後者は、資金決済に係る銀行口座の必要性と利用者利便のバランスをどう確保するかなどについて検討が必要になる。

なお、法定デジタル通貨と言えども発行すれば必ず普及するというものではなく、先行する仮想通貨に対して安定した高い利便性を示すなど、利用者に選択される通貨となる必要がある。

ICO

「Initial Coin Offering（イニシャル・コイン・オファリング）」の略で、新規仮想通貨公開のこと。企業や個人がトークンと呼ばれるデジタル権利証を投資家に発行し、資金調達を行う。

トークン（コイン）の発行主体は、事業計画や資金使途を示した上で、当該事業に賛同あるいは出資する投資家に対してトークンを発行し、その対価として**仮想通貨**を払い込んでもらう。これを仮想通貨取引所でドルやユーロ、日本円などに換金することで必要な資金を調達する仕組みとなっている。募集は主に、インターネットなどのデジタル空間で行われる。2018年に募集が終了したTelegram ICOのように、世界では10億米ドル以上を調達する事業者も現れている。

ICOを行う事業者にとってのメリットとしては、伝統的な株式公開に比べて手間がかからないことや、インターネットを利用することで世界中から資金調達ができること、配当や利払い負担、議決権付与等の義務を負わないことなどが挙げられる。

投資家は、発行されたトークンを利用することで、発行主体が提供している様々なサービスを受けられるなどのメリットがある。また、世界中のスタートアップに投資できる点も魅力である。その他、トークンが将来的に仮想通貨となり、取引所で売買されることによる価格上昇を目的とした投資も行われている。

その一方で、発行体側の開示する情報が不十分かつ難解であることが多く、関連の法規制が未整備であることから投資家保護が進んでおらず、事業の実態がない詐欺まがいのICOも散見されている。このような事態を受け、中国などICOを禁止する国も出始めている。日本では全面禁止はされていないが、法規制上、不明瞭な点も多く、投資家保護や会計処理を含めた今後の制度整備が求められている。

ロー・バリュー送金

語源はLow Value Payment。コルレス銀行を通じた都度決済が中心の国際送金分野で、時点ネット決済による小口決済システムを通じた割安な「小口で急がない送金」手段が登場している。

日本国内における小口送金（Low Value Payment）は、不履行発生時の損失額が少額で決済リスクが低いこと、また件数が膨大なことから、一定期間の取引をまとめて参加銀行ごとにネッティング（相殺）して差額を決済する「時点ネット決済」が利用されている。1件ごとに決済処理するよりも割安に送金出来るメリットもある。

これに対して小口の国際送金については、一般的に送金先の国の銀行とコルレス契約を締結している銀行を経由して送金しており、決済処理の事務手続きなどが個別の契約ごとに異なったり、1件ごとに決済処理したりするため手数料が割高となる。

近年、国際的に各国・地域の小口決済システムの相互接続や制度の共通化を図る動きが強まっている。例えば、欧米が主導して国際送金に係るフォーマットの共通化などを図るIPFA（International Payments Framework Association）や東南アジア諸国連合（ASEAN）にて共通決済制度の構築を目指すAPN（Asian Payment Network）などがある。

日本は、金融機関らで構成される「ロー・バリュー送金検討会」（事務局：NTTデータ）などを通じて、フィリピン・タイ・韓国等と決済通貨を含む資金決済方法について協議している。実際の接続に当たっては、コスト等を総合的に判断して、ロー・バリュー送金の提供に係る方針を判断するとしている。

一方、今後は送金コストがほぼ無料で、着金までの時間差もほとんどないビットコインを始めとする**仮想通貨**や**ブロックチェーン**技術を活用した送金手段との競合が予想される。

モアタイムシステム

全銀システムの稼働時間拡大を図り、他行宛て振り込みの24時間365日対応を可能とするための新プラットフォーム。2018年10月9日からサービス提供を開始した。

銀行間の振り込み情報の通信を行う「全銀システム」の稼働時間は「平日8時30分〜15時30分（月末営業日は7時30分〜16時30分）に限定されていた。そのため「ネットショッピングやネットオークションでの即時決済」「冠婚葬祭など、急な事態での送金」に対応できていなかった。

このため2015年12月、世界最先端の決済サービス提供を目指して、全銀システムの24時間365日稼働を実現させることを全国銀行協会理事会が決定した。2018年10月9日からサービス提供を開始し、準備が整った金融機関から順次参加している。

具体的には、現行の稼働時間帯に加え「平日夕方から朝」「土日祝日」など、これまで未対応の時間帯をカバーするための新プラットフォーム（モアタイムシステム）を本体システムとは別に構築し、トータルで24時間365日、他行宛て振り込みのリアルタイム着金が可能なシステム環境を整備。ただし、同一銀行の口座間における振り込みは全銀システムの取り扱い対象外のため除外されるほか、あらかじめ入金日を指定した振り込み（先日付扱いの振り込み）や複数の振り込みを一括して依頼する振り込み（総合振り込みや給与・賞与の振り込み）は対象外となっており、主にインターネットバンキングやATMなどを利用した振り込みを想定している。

モアタイムシステムへの参加は各行の任意だが、2018年8月末時点で約75％の銀行と信用金庫・信用組合の合計504金融機関がサービス開始当初からの参加を希望しており、他の金融機関も準備が整い次第、参加可能な仕組みになっている。

フィンテック・IT

クラウドファンディング

資金を必要とする個人や法人が、インターネット上のプラットフォームで事業や理念に賛同する不特定多数の投資家を募り、資金を調達する仕組み。

クラウドファンディング（CF）は、資金提供者へのリターンの形態によって、①対価を伴わない「寄付型」②対価として商品・サービスなどが提供される「購入型」③分配金などの金銭的な対価が提供される「投資型」——に分類される。さらに、「投資型」には、「貸付型」「ファンド型」「株式型」という3タイプが存在する。

日本では、投資型、とりわけ貸付型を中心に市場が拡大傾向にあり、すでにその規模は1,000億円を大きく超えている。超低金利の金融環境の中、貸付型CFは相対的に高い利回りを見込めること、オンラインで取引が完結し手軽に投資可能であることなどを背景として利用が拡大していると考えられる。

投資型CFに関しては、国内外で制度面の整備が進められており、米国では2012年4月に新興成長企業の資金調達環境の改善を通じた雇用創出や経済成長等を目的とするJOBS法が成立、投資型CFのうち一定の要件を満たすものについては、企業の株式募集に係る規制が一部緩和された。日本でも、2014年5月に少額の投資型CF仲介業者の参入要件の緩和、2016年6月には投資型CFにおけるクレジットカード決済の一部解禁などの制度整備が行われている。しかしながら、日本証券業協会によれば、株式型CFの2017年度における募集実績は17件、総額約5億円と件数・金額ともに少なく、普及が進んでいるとは言い難い状況にある。

リスクマネー供給や**地方創生**等の観点から、CFの利用拡大が期待されており、今後の動向が注目される。

トランザクションレンディング

売り上げや予約受注、利用者の評価、クラウド会計の入力データなどを活用し、審査や実行を自動処理する貸し出し。既存銀行は、クラウド会計を活用した融資の実用化に注力している。

伝統的な融資では、財務諸表の定量的データと面談で得た定性的データを用いて行職員が審査し、実行してきた。これに対し、近年登場した、ネット上のデータを自動処理で審査、実行する新たな貸し出しがトランザクションレンディング（データレンディング）である。

分析対象とされるデータとしては、①ネット通販の売上履歴②予約サイトの受注履歴③利用者がネットに投稿した評価④クラウド会計ソフトや**家計簿アプリ**に入力されたデータ——などがある。

EC（電子商取引）サイト大手のアマゾンは、2014年から米英日の3カ国で出品業者向けに商流データを活用したローンを開始した。国内では、ECサイトやECサイトと提携したネット専業銀行が出品業者向けに融資を行っている。出品事業者がローンを申し込むと、リアルタイムの商流データが統計的に審査され、融資が実行される。

既存銀行は、クラウド会計ソフトを利用した中小企業向けのトランザクションレンディングの開発を進めており、すでに一部の銀行が提供を開始している。中小企業は、インターネットバンキングと連動したクラウド会計ソフトを利用することにより、経理業務を合理化することができる。一方、銀行はクラウド会計に入力された膨大な会計データをAI（人工知能）で分析することにより、迅速で精度の高い与信判断が行えるようになる。銀行界のクラウド会計を利用した融資に対する期待は高く、メガバンクや大手地銀とクラウド会計事業者が提携関係を結ぶ動きが活発化している。

ソーシャルレンディング

クラウドファンディングを活用した貸し付け事業。金融機関を通さず、インターネット上で借り手と貸し手を結びつける金融仲介サービスで、近年世界的に成長している。

ソーシャルレンディングは、2001年に英国で始まったと言われている。2008年のリーマン・ショック以降、世界的に資金調達環境が悪化する中で急速に規模を拡大してきた。

日本では、2008年に日本初のソーシャルレンディング運営会社（運営会社）としてmaneoがサービスを開始した。投資家が直接貸し付けを行うのではなく、運営会社が間に入り、投資家から融資資金を集めて貸し付けまでを行う。

具体的には、投資家が運営会社と匿名組合契約を結んで出資し、運営会社が借り手に融資するスキームとなる。運営会社は貸し付け業務を行うと同時に、匿名組合の出資者として投資家を募集する。このため、運営会社には貸金業者としての登録以外に、第二種金融商品取引業者の登録が求められる。

銀行を通じた貸し付けの場合、自己の預金がどこに貸し出され、どう役立っているかを知ることは難しい。これに対し、ソーシャルレンディングは「借り手の顔が見える投資」と言われるように、金融を通じて人と人のつながりを生み出している点に特徴がある。運営会社のホームページには事業内容や募集金額に加え、借り手のあいさつやメッセージを伝える動画が掲載されることも多い。

投資家は借り手の事業を深く理解し共感することで金銭的リターン以外の満足度を得ることができ、借り手も自己の事業に共感者がいることが励みとなり、より一層の努力を傾ける。共感を通じてお金の好循環を生み出すのがソーシャルレンディングの大きな特徴である。

AIスコアレンディング

人工知能（AI）を活用し、幅広い情報（人脈、嗜好等）を基に、顧客の信用力、将来の可能性をスコア化し、融資可能額・金利を提示する個人向け消費性融資サービスのこと。

中国では、検索履歴・SNSの言動・ECの購買行動など数万項目をAIが分析して、個人の信用スコアを算出し、スコアが高い人は企業や公共サービスの利用時に特典を得られる仕組みが浸透しつつある。

AIスコアレンディングは、上記と同様に、スコアが高い人はより良い条件（融資可能額、金利）で融資を受けられる仕組みで、銀行にとってはAIによる審査の自動化・即時化だけでなく、従来では融資できなかった低与信層に融資ができるメリットがある。

これは、従来の銀行審査と異なり、現状の信用力に、「個人の特性」を加味し、将来の可能性を「予測」してスコア化しているためである。つまり、従来は審査で重視されなかった項目、例えば「人脈」などによってスコアが変化するほか、今は年収が低くても将来年収が上がる人、例えば「高学歴」などは、スコアが高くなる可能性がある。

従来では融資できなかった低与信層を抽出するためには、銀行のデータだけでなく、個人の多面的なデータを蓄積することが必要であり、そのためには、決済／小売事業者・ITサービス事業者等の外部プレーヤーとの連携が重要になる。

今後、AIスコアレンディングは法人融資分野でも、バランスシートレンディング、**トランザクションレンディング**等の形で拡大が予想される。また個人向けには、前述の中国での事例のように、データの幅や提携企業の幅を増やしながら、融資に留まらない個人の信用プラットフォームに進化しうる点で、注目に値する。

HFT（超高速取引）

「High frequency trading」の略。「アルゴリズム」というプログラムに従い、マイクロ（100万分の1）〜ミリ（1,000分の1）秒単位の高速・高頻度でコンピューターが自動的に行う金融取引。

HFTには厳密な定義は存在しないが、高速のコンピューター上に効率的な取引のアルゴリズムを構築し、取引所内部にある「コロケーションエリア」と呼ばれる場所に設置することで、ミリ秒単位で他の投資家より有利な位置に立ち、高速に金融取引を行おうとする特色がある。

HFTの代表的な取引戦略には、①取引所に売りと買いの指し値注文を同時に行い、ビッド・アスク・スプレッド（最良売り気配と最良買い気配の差）分の利益を得ようとするマーケットメイク（値付け）を他の投資家に対して行うもの②理論的に同一価格になるはずの複数資産の価格差を利用し、割高な方を売り、割安な方を買うという裁定取引を行うもの③企業業績や経済関連ニュースを自動的に解釈し、一般投資家に先駆けて売買注文を

行うもの——などがある。

HFTは広く普及しており、2012年時点で米国市場の約50％、欧州市場の約40％の株式取引量を占めていると言われている。日本では、2010年1月に東京証券取引所の新しい売買システム「アローヘッド」の導入により、高速取引時代が本格的に始まった。2016年末時点で約定件数の約40％がHFTと推測される。

HFTは市場の流動性を高めるなど市場の質を向上させるという報告がある一方、取引の高速性から一般投資家との公平性や市場の公正性についての疑念の声も上がっている。これを受け、日本では**金融商品取引法**が改正され、2018年4月よりHFT業者に対する登録制の導入や、HFT業者が行う注文・取引記録の保存義務づけ等が行われるようになった。

トランザクション認証

インターネットバンキングにおける送金取引など、インターネット上での取引（トランザクション）に対する、悪意のある第三者による改ざんを検知できるセキュリティー対策のこと。

近年、通信の暗号化やワンタイムパスワードなど、従来のセキュリティー対策では対応することができない、MITB攻撃（Man In The Browser攻撃：ユーザー認証が成功した後のインターネット上における通信を盗聴し、通信内容を改ざんする）などのサイバー攻撃が増加している。

トランザクション認証があれば、インターネットバンキングにおける送金取引などの通信取引に対する、悪意のある第三者による改ざんを検知することができ、不正送金などを未然に防ぐことができる。

国内の銀行では、みずほ銀行（2015年3月より導入）やりそな銀行などのメガバンクだけではなく、地方銀行でも導入を進めている。

インターネットバンキングにおける不正送金事犯の実態に注目すると、警察庁発表の「平成29年中におけるサイバー空間をめぐる脅威の情勢等について」によれば、2017年のインターネットバンキングにおける不正送金事犯は、発生件数425件（前年比866件減）、被害額10億8,100万円（前年比6億600万円減）となっており、2016年よりも大幅に発生件数・被害額が減少していることが分かる。

近年、インターネットバンキングにおける不正送金事犯は減少傾向にあるが、偽のトランザクション認証の画面を表示して認証番号をだまし取るといった、新たなケースも確認されている。

金融機関に対しては、引き続き強固な**サイバーセキュリティー**対策の開発・導入を進めるとともに、その対策を利用者へ周知する活動に取り組んでいく必要性が指摘されている。

金融ISAC

ISACは「Information Sharing and Analysis Center」の略。金融機関の間で、サイバーセキュリティーの情報を共有するための組織。2014年8月に設立され、362の金融機関が正会員として加盟。

金融機関へのサイバー攻撃の脅威が高まっている。その特徴として、ある金融機関への攻撃が、別の組織に伝播する事例が多く、金融機関間で情報を共有することが有効である。その問題意識の下で、自主的な勉強会を発展させ、2014年8月に一般社団法人「金融ISAC」が設立された。

会員企業となる金融機関は、国内に事業拠点がある銀行、証券、生保、損保、クレジットカード事業者、決済事業者である。正会員は362、準会員は17（2018年9月4日時点）。米国の同様組織「FS-ISAC（Financial Services Information Sharing and Analysis Center）」（会員数約7,000社）とも連携している。

金融ISACの活動は、ポータルサイトを通じた情報共有、10種類のワーキンググループ（WG）

活動、共同サイバー演習、レポート配信、ワークショップ、年1回の社員総会（アニュアルカンファレンス）が主である。

ポータルサイトについては、「攻撃元」「手口」「目的」「対策と結果（有効性など）」を共有情報として定め、取引先名などの固有情報を出さないことで、メンバー間の共有を促進している。

WG活動については、2017年2月に「FinTechセキュリティWG」が組成され、**オープンAPI**（接続仕様）のセキュリティーのリスクや対策を検討している。また2018年2月に、「AKC（Active Knowledge Center）WG」を設置し、中小金融機関の支援を強化している。演習については、内閣サイバーセキュリティセンター（NISC）の分野横断的演習、「ICT-ISAC」の演習にも参加・連携している。

CSIRT
シーサート

「Computer Security Incident Response Team」の略。コンピューターやネットワーク上を監視し、セキュリティー問題発生時には原因解析や影響範囲の調査を行う組織の総称。

CSIRTは、1988年に米カーネギーメロン大学内に設置されたものが起源である。日本では、情報セキュリティー対策の向上に取り組む中立の組織「JPCERT/CC」が1996年に発足。2001年頃から、国内により多くのCSIRTの設置を促す活動が行われるようになってきた。日本国内の連携組織としては2007年に発足した「日本シーサート協議会」(NCA: Nippon CSIRT Association) がある。

日本の金融機関においては、2012年9月の国内金融機関への大量アクセス攻撃、2014年の米金融機関におけるサイバー攻撃など、**サイバーセキュリティー**に関する脅威が深刻化してきたこともあり、CSIRTが設置されるようになった。

2014年8月には、金融業界特有のインシデント対策を取るべく、**金融ISAC**という連携組織が設立された。

さらに2015年4月には、**金融庁**が「主要行等向けの総合的な監督指針」及び金融検査マニュアルにおいて、サイバー攻撃管理態勢についての記述を明確化した。

その中で、「組織内CSIRT等の緊急時対応及び早期警戒のための体制」が例示された。

金融情報システムセンター(FISC)策定の「安全対策基準」にも、「インシデント発生時における部署間の連携や、外部との連絡窓口の機能を担い、経営陣への報告並びに経営陣からの指示を実施することができる組織を整備すること」が明示された。

こうした動きを受けて、中小金融機関を含め、各金融機関での人材育成や組織の設置が一段と進んでいる。

アクセラレーター

準備・開発段階のベンチャー企業を対象として、短期間の積極的な指導により成長を促し、ビジネスの拡大を目的として投資を行う組織。

ベンチャー企業投資家の一つの形態である。すでに成長しているベンチャー企業に対してではなく、準備・開発段階のベンチャー企業を対象とすること、積極的な指導により成長を促し、ビジネスの拡大を目的として投資をすることが特徴である。

インキュベーターも似た概念ではあるが、こちらは期限の設定がなく長期にわたるケースが多い点、指導を受けるのではなくベンチャー企業自身による成長が主となる点で、両者には大きな違いがある。

サポートとしてアクセラレータープログラムを準備し、短期の期限を設定した上で、経営ノウハウなどを指導する。期限が終了した時点で、ベンチャー企業は成果発表の機会を与えられ、結果を踏まえた新たな投資を受けることで、アクセラレータープログラムを卒業する。

アクセラレーターは、2005年に設立された「Y Combinator LLC」(米国カルフォルニア州)がきっかけとなって台頭し、世界的に広がりを見せた。また、ベンチャー企業との連携、オープンイノベーションの施策として、アクセラレータープログラムが採用されるケースも増加している。

イノベーションを起こすことを目的として、アクセラレーターに取り組み始める大企業が多いが、大企業とベンチャー企業では文化・方針などの乖離が大きく、互いに理解が進みにくいこと、大企業がアクセラレーターとしての運営方法を熟知していないことから、停滞するケースも少なくない。近年、解決策として、両者の間に媒介や支援を行う企業が入り、成功しているケースも出始めている。

レグテック

AI（人工知能）やビッグデータの解析などの先端技術を活用することにより、金融規制への対応を効率化し、規制対応コストの削減を図る取り組み。

レグテック（RegTech）とは、レギュレーション（regulation、規制）とテクノロジー（tecnology、技術）を組み合わせた造語である。

金融分野の技術革新に伴い、金融取引に付随するリスクは複雑化し、金融犯罪も高度化・多様化している。この結果、金融にかかわる法規制の数は増加する傾向にあり、金融機関のコンプライアンスコストの負担は年々重くなっている。従来、金融機関は主として取引処理の合理化や効率化のためにICTを活用してきた。近年、ICTを規制対応に活用するレグテックが登場し、注目を集めている。

レグテックが主に活用されている分野の一つがマネーロンダリング（資金洗浄）対策である。一部の大手銀では、AIを活用して疑わしい取引の当局への届出の要否の判断を行っている。このほか、顧客が新規に口座を開設する際に必要とされる本人確認に関わる諸手続きの自動化を図る動きもみられる。

今後は、様々な分野でレグテックの活用が進むことが期待されている。具体的には規制関連文章の解釈の自動化や、各金融機関が行っていた本人確認等のコンプライアンス関連の事務処理のアウトソーシング、**ストレステスト**の際に必要なリスクデータの収集や分析などが挙げられる。

金融機関による導入が活発化している**RPA**（ロボティック・プロセス・オートメーション）は認知技術等を活用した業務の自動化であるが、金融機関の業務は規制と密接な関係にあるため、レグテックと重複する部分が少なくない。

Ⅱ 業務・商品・サービス

預金口座の残高を上限にキャッシュレスで決済を行える**デビットカード**。このうちJデビットは、店舗のレジなどで現金を受け取れる**キャッシュアウト**のサービスを開始した

企業名	市場区分	「なでしこ銘柄」選定経歴				H29なでしこ銘柄
		H25	H26	H27	H28	
千葉銀行	東証一部					●
みずほフィナンシャルグループ	東証一部			●		●
大和証券グループ本社	東証一部		●	●	●	●
SOMPOホールディングス	東証一部					●
アフラック・インコーポレーテッド	東証一部 外国					●
東京海上ホールディングス	東証一部	●		●		●

経済産業省と東京証券取引所が共同で選定する**なでしこ銘柄**。2017年度は、金融関連では千葉銀行やみずほフィナンシャルグループなどが選ばれた

事業性評価

金融機関が、財務データや担保・保証にとらわれず、企業訪問や経営相談などを通じて情報を収集し、事業の内容や成長可能性などを適切に評価すること。金融庁における重点検証項目の柱である。

■経緯

政府は2014年6月末に「日本再興戦略」を打ち出した。その中で「企業の経営改善や事業再生を促進する観点から、金融機関が保証や担保等に必要以上に依存することなく、企業の財務面だけでなく、企業の持続可能性を含む事業性を重視した融資や、関係者の連携による融資先の経営改善・生産性向上・体質強化支援等の取り組みが十分なされるよう、また、保証や担保を付した融資についても融資先の経営改善支援等に努めるよう、監督方針や**金融モニタリング**基本方針等の適切な運用を図る」との方針が盛り込まれた。**金融庁では**、この方針を受け、事業性評価に組織的・継続的に取り組んでいくための金融機関の態勢整備状況などの実態把握(事業性評価ヒアリング)を金融モニタリングの重点検証項目の柱としている。

ヒアリングでは、①事業性評価を戦略面でどのように位置付けているか②営業施策の実行にあたり事業性評価についてどのような工夫を行っているか③リスク管理・収益管理・業績評価等においてどのような取り扱いが行われているか④人材等はどのように育成しているか——など、多面的な視点から検証が行われている。

■事業性評価の考え方

金融庁では、事業性評価について、個々の企業の事業性評価(いわゆる目利き機能)そのものというよりも、より広い視点で捉えている。すなわち、対象企業の事業特性や成長可能性、競争環境等を踏まえ、金融機関がどこまで的確なアドバイスを当該企業に行っているのか、経営ト

ップのコミットメントの下、本部はどのような態勢を構築しているのか、営業現場は普段から企業とどういう接触をしているのか——等、金融機関が企業の事業性を評価し、企業を支えるための態勢まで含め、総体的かつ多面的に評価しようとしている。

事業性評価とは、一言で言えば、取引先企業の企業価値を向上させる取り組みである。また、「地域経済・産業にどのように関与し、支えていくかという金融機関の本来的な取り組みそのもの」とも言える。いわゆる目利き機能やコンサルティング機能を包摂する、よりダイナミックな概念でもある。

■ベンチマークの策定

金融庁は監督・検査を通じて、金融機関によって金融仲介の取り組みの内容や成長支援策に相当の差があることを把握している。また、企業から評価される金融機関は、取引先企業のニーズ・課題の把握や、経営改善などの支援を組織的・継続的に実施することにより、自身の経営の安定にもつなげていることが確認

されている。

そこで、金融機関が自身の経営理念や事業戦略などにも掲げている金融仲介の質を一層高めていくためには、金融機関自身の取り組みの進捗状況や課題などについて客観的に自己評価することが重要であるとの考えの下、金融庁は有識者会議（「金融仲介の改善に向けた検討会議」）での議論なども踏まえて、2016年9月に金融機関における金融仲介機能の発揮状況を客観的に評価できる多様な指標（**金融仲介機能のベンチマーク**）を策定・公表した。「自己点検・自己評価」「自主的開示」「当局との対話」の三つの側面のツールとして金融機関に活用されることが期待されている。2017年9月までに地域銀行全行が独自のベンチマークを公表した。

また、経済産業省は2016年3月、企業の健康診断ツールとして、六つの指標（財務データ）と四つの視点（非財務データ）から成る**ローカルベンチマーク**を公表し、事業性評価の入口（対話などのきっかけ）として活用が期待されている。

業務・商品・サービス

O&Dビジネス

O&Dは「Origination（組成）&Distribution（販売）」の略。融資案件等を組成し、他の投資家にも参加を呼び掛けるビジネスモデルである。資産回転型ビジネスとも呼ばれる。

メガバンクは収益の多様化や資産効率を進める中で、O&Dビジネスの強化を打ち出している。

O&Dビジネスは、比較的利回りの高い海外のプロジェクトファイナンスやシンジケートローンなどを主な対象とし、案件を組成した上で、地域銀行や生命保険会社などの投資家に参加を募る、あるいは貸出債権を転売するビジネスモデルである。

O&Dビジネスは、案件を組成するメガバンク、投資家として参加する地域銀行、生命保険会社等の両者にメリットがある。メガバンクは手数料収益を得るとともに、自己資本比率規制への対策も図ることができる。大型の融資案件を自行単独で負担せず、他の投資家にも参加を求めることでリスクアセットの増加を抑制し、自己資本比率の低下を回避することができる。

投資家にとっては、国内の低金利環境下で運用難が続く中、比較的利回りの高い海外案件への参加は、収益確保の好機会である。国内業務が大半を占める地域金融機関等にとって、海外案件の取り扱いはハードルが高いが、海外における拠点や情報網が充実したメガバンクが組成する案件であれば、比較的参加しやすい案件であると考えられる。

O&Dビジネスの拡大に向けたメガバンクの取り組みは、案件の組成、販売だけにとどまらない。投資家をビジネスパートナーと位置付け、融資先の企業や所在国に関する情報提供を行うとともに、トレーニーを受け入れて業務ノウハウを共有するなど、投資家支援にも努めている。

短期継続融資

契約期間が1年以内の短い融資のこと。融資継続の判断において、金融機関の目利き力が試される領域であり、事業性評価の取り組み強化の中で注目が集まっている。

短期継続融資は、契約期間が1年以内と短く、無担保・無保証で実行されるが、金融機関が定期的に審査することで契約を再検討できる。中小企業の運転資金に充当されることが多い。金利を支払い続ければ運転資本を獲得できるため、古くから「疑似資本」や「短コロ（短期転がしの略）」などと呼ばれていた。

2002年に**金融庁**が金融検査マニュアルで、「正常運転資金を超える部分は不良債権に当たるかどうかの検証が必要」と示したことで、多くの金融期間が短期継続運転融資の実行を控えることとなり、それ以降は長期融資（担保・保証付き）で対応するケースが増加した。短期融資は1999年度の174兆円から2016年度に78兆円まで半減する一方、逆に長期融資は、318兆円から502兆円まで6割弱拡大した。

しかし、2015年1月に金融庁が金融検査マニュアルで、短期継続融資について①正常運転資金への短期継続融資での対応は全く問題ない②短期継続融資は融資継続判断の観点から金融機関が目利き力を発揮する手法となる——などの指針を示した。この改定により、長期融資から短期継続融資への回帰が進むと想定されたが、一時的なものにとどまり近年は再び長期融資の増加傾向が進んでいる。

加えて、2018年6月に金融庁は「金融検査・監督の考え方と進め方」の中で、検査マニュアルは廃止する方針を示した。従来の「ルール・チェックリスト」中心から、「プリンシプルと考え方・進め方」中心の検査・監督へとシフトしていくが、融資の実務上どのような影響を伴うかは、今後注視が必要である。

業務・商品・サービス

知的財産担保融資

著作権や特許権などの知的財産を担保に融資する手法。土地、動産などを保有しないIT企業など新興企業向け融資の手法の一つである。

一般に、知的財産と言われる権利には様々なものがある。それらのうち、融資の担保となりうるものの要件は、法律的に権利が確定しており、担保権の設定が可能で、権利が譲渡可能で換金性があり、その権利を用いて現に事業を行ってキャッシュフローを生み出していることであるとされる。この要件を満たし、現に知的財産担保融資の対象となっている権利としては、プログラム、音楽などの著作権、意匠権、工業所有権、各種特許権などが挙げられる。

融資手法としては、これらの知的所有権を使用することによって生み出される将来キャッシュフローを現在価値に割り引いて融資を行うことが多い。将来の収入等の予測は困難だが、知的財産権を担保とするためには、債務不履行の際の担保処分価値を算定しておくことが必要である。

融資の対象は主にベンチャー企業で、一定の開発成果を上げてキャッシュフローを生み出す知的財産を取得後、次のステージへ進む際に担保不足を補うために利用されることが想定され、株式公開によって市場から資金を直接調達できるようになるまでの、一時的なつなぎ資金の調達手段としての性格を持っている。

特許庁では2014年度より、中小企業の知的財産を活用したビジネスを評価する「知財ビジネス評価書」を地域金融機関に提供することで、中小企業への融資等の支援につなげる取り組みを実施。2015年度からは、「知財金融促進事業」として中小企業の知的財産の価値を「みえる化」する取り組みを実施している（特許庁HPより）。

コベナンツ条項付き融資

借入人が「コベナンツ」と呼ばれる確約事項を融資契約上で明確に約する融資取引を指す。シンジケーションやコミットメントライン契約では一般的となっている。

コベナンツは、借入人の貸付人に対する契約上の確約事項で、①情報開示義務②財務制限条項③ネガティブコベナンツ——などがある。情報開示義務は、信用情報などの開示義務を課すものである。財務制限条項は借入人が財務状況を一定条件以上に維持することを確約するもので、利益水準の維持、キャッシュフロー水準の維持、純資産の維持、有利子負債水準の維持などが一般的だ。ネガティブコベナンツは、担保提供の制限や資産処分の制限など、借入人が一定の行為を「しない」ことを確約するものである。

コベナンツ条項は、シンジケーション取引では多数の当事者が関与する取引で意見調整が不要の与信管理手法、または財務状況に関するセンサーとして機能し、コミットメントライン契約では貸し付け実行義務の前提条件としても機能している。

リレーション型の融資取引においては銀行取引約定書などで一定のコベナンツは規定されていたものの、必ずしもそれに依拠せず、リレーションに基づき借入人に情報を要求し、借入人の財務状況に合わせ取引条件をその都度交渉した上で見直すのが通常であった。その点、金融取引の契約化という最近の流れの中で、コベナンツもその重要性を増していると言える。

また、コベナンツは貸付人にとっては与信管理のツールであるが、借入人においても自らがどの程度の信用状況を維持すれば融資の継続可能性を追求できるのか明確にできるものである。近年はコベナンツ条項への抵触が国際的に生じる可能性に留意する必要がある。

業務・商品・サービス

震災時元本免除特約付き融資

震災時元本免除特約付き融資とは、大規模地震発生時に借入金の元本が免除となる融資であり、地震リスク対策、事業継続計画の一環として利用されるものである。

震災時元本免除特約付き融資とは、大規模地震が発生した場合に、あらかじめ決めた割合で元本が免除される特約が付与された融資のこと。主な商品特性は以下の通りである。

震災時元本免除特約付融資を利用することで、大規模地震が発生した時には元本が免除になり「債務免除益」が計上できることから、建物、設備等の直接被害だけではなく、サプライチェーンの分断等による間接的な損害などに対して、決算上の損失相殺効果が期待できる。また既存借入金の元本が減少することで、借入余力が発生する場合が多いため、企業の復興に向けての資金調達が可能になるという利点もある。

国内では広島銀行が初めて取り扱いを開始し、2017年4月までに第1号案件として地元の主要産業である自動車関連サプライヤー企業6社に計25億円の融資を実行した。地元企業の業務継続計画（BCP）支援、震災などリスクへの対策強化を目的としている。このほか、2018年6月に第四銀行、同年7月に東邦銀行が募集を開始するなどしている。

資金使途	事業性資金（地震対策資金以外の資金使途も可能）
融資金額	金融機関によるが、3,000万円程度から10億円程度以内が多い
融資期間	5年
返済方法	期日一括返済
震度観測点	金融機関の営業エリア内の主要地点数カ所
免除条件	直接被害、間接被害の有無を問わず、震度6強以上の地震発生
免除額	元本の50%または100%

電子記録債権担保融資

電子記録債権担保融資とは、中小企業の資金調達手段の一環として、電子記録債権を金融機関に譲渡しこれを担保として融資を受ける方法である。

中小企業にとって、より円滑な資金調達を可能にするための手段として、従来型の不動産担保以外の担保手段を拡充する観点から、電子記録債権の活用が検討されてきた。

電子記録債権担保融資は、売掛債権を電子記録債権化し、それを担保として、金融機関に譲渡することで資金調達を可能にするものである。

電子記録債権は、**電子債権記録機関**の記録原簿に記載されることで発生、譲渡される金銭債権であり、既存の売掛債権や手形債権とは異なる種類の金銭債権である。電子記録債権化することで手形・売掛金に比べて以下のようなメリットが生じる。手形、売掛債権を担保に資金調達する際のデメリットを解消し、中小企業の資金調達が多様化・円滑化するものとして期待されている。

2013年9月以降、電子記録債権の割り引きについても信用保証制度の対象となり今後の利用拡大が見込まれている。

手形債権	電子記録債権
・作成、交付、保管、運搬コストがかかる ・紛失・盗難リスク（善意の第三者への対抗できない）	・電子データの記録により発生、譲渡 ・電子データで管理するため紛失・盗難リスクがない

売掛債権	電子記録債権
・債権譲渡する場合に債務者への通知が必要 ・譲渡禁止特約がある場合譲渡できない	・債務者への通知が不要 ・譲渡禁止特約の取り扱いは不可

ABL（動産・債権担保融資）

「Asset Based Lending」の略。借り手の事業活動そのものに着目し、企業が事業上保有している機械・設備、売掛債権、在庫など様々な資産を担保とする融資手法。

従来、中小企業向け融資における担保は、手形債権または不動産、もしくは代表者の個人保証によっていた。しかし近年、中小企業などが経営改善・事業再生などを図るため、また、新たなビジネスに挑戦するための資金の確保にABLの活用が期待されている。

ABLは、借り手の事業活動そのものに着目するのが特徴。具体的には売掛債権、在庫など企業が事業活動の一環として保有し、現金へ転換される可能性のある資産（事業収益資産）を担保として、その一定割合まで融資する手法である。これにより、従来は担保としてあまり活用されてこなかった資産などが評価され、新規の融資枠が設定される。借り手の資金調達手法が広がり、必要なタイミングで必要な運転資金を借りられる可能性が広がる。

金融庁では、金融機関によるABLの積極的な活用を推進するため、2013年2月に「ABLの積極的活用について」という資料を公表し、金融検査マニュアルの運用の明確化を図っている。この中で、「自己査定基準」における担保掛け目の明確化が図られ、「在庫」などの動産担保の掛け目は評価額の70％、売掛金は評価額の80％と水準が新たに記載された。

また、東京都では提携金融機関からABLによる借り入れを行う際、必要な借り入れ経費（保証料や担保物件の評価費用等）の一部を補助する制度を設けている。同制度では車両、機械・設備、売掛債権・在庫などの事業資産を担保物件として利用でき、最大2億5,000万円、長期資金は最長7年間、売掛在庫担保では1年間の借り入れができる。

環境格付け融資

金融機関の融資審査に際して、融資先企業の環境への取り組みを評価・格付けし、その結果を金利などの融資条件に反映させる融資メニュー。環境省が利子補給事業を実施している。

金融機関の融資審査では、融資先企業の財務情報などに基づいて融資実行の判断や融資条件の設定を行う。環境格付け融資では、それと合わせて融資先企業の環境への取り組みを評価・格付けし、その結果に応じて優遇金利を適用するなど、融資条件に反映させる。

環境格付け融資は、2004年に日本政策投資銀行が世界で初めて導入し、2007年に環境省が環境格付け融資に対する利子補給事業を開始したことなどから、民間金融機関による取り組みも広がった。なお、環境省は2018年度も「環境金融の拡大に向けた利子補給事業（環境配慮型融資促進利子補給事業）」（総額6.01億円）を実施するなど、支援策を継続している。

環境格付け融資の実践は、金融機関にとって、融資先企業の非財務情報を審査に組み込めるというメリットがある。また、融資先企業にとっても、自社の環境への取り組みを見直すきっかけとなり、新たな対策の動機づけになるといった意義がある。環境金融（環境への取り組みを誘引する金融）の具体策であると言える。

しかし、環境省が2015年に公表した「環境格付融資の課題に対する提言（最終報告）」では、環境格付け融資にはブランド力や営業力、推進力などの面で課題があり、国内全体の実行件数も2011年の801件をピークに伸び悩んでいることから、①効果や本業との関連性の検証・啓発②ノウハウの蓄積③取り組むきっかけやPR機会の提供④企業の環境経営・情報開示の促進——によって一層の定着を図る必要があると指摘されている。

リバースモーゲージ

年金制度の一種で、「逆抵当融資」「住宅担保年金」などを意味する。自宅など居住用資産を担保に入れて借り入れし、債務者の死亡時に担保物件を処分して融資金を返済する仕組み。

リバースモーゲージの利用者は、生存中に自宅を手放すことなく生活資金を借りられる。高齢者にとって、年金だけでは不足する生活資金の補填や高齢者施設への入居一時金への充当など、自宅を子供に残す必要がない場合には、老後を豊かにする手段として有効である。

同制度を利用する場合、担保に入れる資産の評価額によって借り入れ可能額の上限が決まる。そのため、当初は担保の物件所在地を大都市圏に限定する金融機関が多かったが、地域金融機関の取り扱い拡大とともに対象エリアが広がり、2016年4月の熊本地震被災者の住宅再建支援策としても活用されている。

利用する上での一般的な留意点として、金利変動リスクや担保価値の変動リスク（担保不動産評価額の下落に伴って必要な金額の融資を受けられなくなる）のほか、長生きリスク（借入金を年金方式で受け取る場合に、長生きして融資金額の合計が担保の評価額を超えると、その後の融資が受けられなくなる）などがある。利用者はこれらのリスクに対し充分に留意する必要がある。

最近では、先行して本制度に取り組んだ金融機関（例えば東京スター銀行は2005年に民間の金融機関で初めてサービスを開始し、2018年6月時点の累計利用者数は1万人に上る）が蓄積したノウハウを生かし、新たにリバースモーゲージ提供を始める金融機関への支援を展開している。保証業務を行う住宅金融支援機構は、担保物件の相続人に残債の支払いを求めないタイプの保証を始めており、現在は提携する複数の金融機関が**ノンリコースローン**型の住宅ローンを取り扱っている。

クロスボーダーローン

日本国内の金融機関・営業店から海外の現地法人に直接融資を行うこと。「現地貸し付け」とも呼ばれ、ここ数年間、特に地域金融機関による取り組みが活性化している。

従来、日本企業の海外子会社（現地法人）の資金調達は、親会社が日本で国内の金融機関から融資を受け、その資金を海外子会社に転貸する「親子ローン」（円建てのケースが多い）や、親会社の日本での取引金融機関が、現地で提携する海外の金融機関に債務保証することで融資をする「スタンド・バイ・クレジット」が一般的だった。しかし今日では、国内の金融機関から海外現地法人へ直接融資する「クロスボーダーローン」が増加傾向にある。

クロスボーダーローンの利点は、現地子会社が日本から直接に日本の安い金利で資金調達できることである。さらに、日本国内の親会社にとっては、子会社に直接融資されるため親会社単体の貸借対照表に影響がない、（親子ローンで必要な）転貸事務が不要になるなどの利点がある。メガバンクは、**O&Dビジネス**（オリジネーション＆ディストリビューションビジネス）強化の一貫で、収益性の高いクロスボーダーローンの組成・販売を強化している。

一方で、特に地域金融機関にとっては、従来は現地で貸出先の経営状況のモニタリングが難しい、相手国の規制や制度の理解、英文契約書の作成など業務の負荷が大きいことなどがハードルとなって拡大してこなかった。しかし、ここ1〜2年はアジアなどでの現地通貨建ての資金需要の高まりに加え、**マイナス金利**政策に伴う運用環境の悪化を受けて、多くの地域金融機関が自行単独で収益性の高いクロスボーダーローンのスキームを整備・実行するケースが増加している。

業務・商品・サービス

ノンリコースローン

> 貸出金の返済原資を当該事業から発生するキャッシュフローや当該物件の処分代金に限定し、その他の事業の資金を返済原資としない融資形態のこと。一般的な貸し出しに比べ金利が高い。

リコースは遡求権ないし償還請求権という意味であり、ノンリコースとは当該債権以外に遡求権を有しないことを意味する。一般の融資では、融資対象の事業から生じる資金で返済できない場合や担保処分弁済額が債権額に満たない場合には、債務者に対しその他の資金による返済を求めることが可能である。一方、ノンリコースローンでは、債務者の返済原資は当該事業のキャッシュフローと当該物件の処分代金に限定されるため、仮に当該事業に関わる借り入れが返済不能となっても、他の事業や保有資産により返済する義務はない。ただし、資金の再調達が困難となる場合がある。

ノンリコースローンは主に資源開発や大型設備建設などのプロジェクトファイナンスで利用されるほか、証券化を前提とする商業施設・賃貸住宅向けの融資や、不動産投資向けファンドなどへの融資にも活用されている。サブプライムローン問題によって米国の住宅ローンの多くがノンリコースローンであることが知られるようになった。

ノンリコースローンは当該事業以外に返済資金を求めないため、債権者にとっては与信リスクが高い。従って、銀行など債権者は対象事業のリスクを適切に判断するための十分な知識や能力が求められる。またハイリスクに対応して、通常の融資に比べ高い貸出金利を設定するのが通例である。ノンリコースローンを企画・実行する際には、当該事業の資金収支や責任範囲を明確にするため、事業者が出資して特別目的会社（SPC）を設立し、そこに融資するスキームも活用されている。

サブリース

賃貸住宅の管理業者が、賃貸住宅の所有者である個人家主から転貸目的で賃借し、自らが貸し主（転貸人）となって借り主（転借人）に賃貸（転貸）する賃貸住宅管理方式の一形態。

アパートなどの投資用不動産を運営するには、入居者の募集、審査、契約、入出金管理、入居者対応、契約更新、物件の修繕などの業務を遂行する必要があり、経験の乏しい個人家主は、不動産会社に管理業務を委託するケースが多い。賃貸住宅の管理業務は、受託管理方式とサブリース方式に大別される。受託管理方式では、管理業者は家主からの委託を受け、賃貸管理の受任者として貸し主に代わって管理業務を行う。サブリース方式では、家主と管理業者が転貸借を目的とした「原賃貸借契約（サブリース原契約）」を締結して、管理業者が貸し主として入居者である借り主と「転貸借契約」を締結し直接賃貸管理を行う。

家主にとって、サブリースは、管理業者が賃貸住宅を一括借り上げするため一定の賃料収入が見込めるのに加え、管理の手間がかからないメリットがある。一方、賃料が変更になる場合がある（2年ごとなどの定期的な家賃見直し条項がある）、契約期間中に管理業者側から解約される可能性がある（当初契約期間にかかわらず解約条項がある）といったリスクが存在する。

これらのサブリースのリスクを個人家主が十分理解せずに契約し、契約後に管理業者とのトラブルに発展する事例が数多く発生している。

サブリースを所管する国土交通省は、2011年に任意の登録制度として賃貸住宅管理業者登録制度を創設し、2016年には賃貸住宅管理業務処理準則を改正して、管理業者による家主への重要事項の説明を義務化するなど、賃貸住宅管理業の適正化に向けて継続的な取り組みを行っている。

業務・商品・サービス

後見支援預金

後見制度による支援を受ける者の預金の引き出しなどに、家庭裁判所の指示書を必要とする仕組み。不正防止の徹底と利用しやすさの調和を図る、新たな方策として期待されている。

後見支援預金は、後見制度による支援を受ける者の財産のうち、後見人が管理する日常の支払いに必要十分な金銭とは別に、通常使用しない金銭を預託する預金をいう。後見支援預金口座の開設や払い戻し、解約などの処理に、家庭裁判所の指示書を必要とすることで、安全性を確保している。成年後見と未成年後見において利用可能である。

成年後見制度については、後見人による被後見人財産の使い込みなどが、一部で問題となっている。この問題に対応するため、信託銀行などは、2012年から、後見人であっても生活費以外の預金を引き出す場合には、家庭裁判所の指示書を必要とする新たな仕組みとして、「後見制度支援信託」の取り扱いを開始した。しかしながら、「後見制度支援信託」は、金融機関や専門職後見人に対する報酬が必要になることや、最低預入金額が1,000万円であること、信託銀行などの支店が少ない地方では利用できないなど、利便性の問題が指摘されていた。

また、2017年に閣議決定した「成年後見制度利用促進基本計画」では、「後見制度支援信託に並立・代替する新たな方策の検討」が期待されている。

これらを背景に、2017年7月以降、特定地域の信用金庫や信用組合などが、「後見支援預金」の取り扱いを開始している。

基本的な流れは「後見制度支援信託」と同様だが、金融機関への報酬がないことや、最低預入金額がないこと、信用金庫・信用組合などは地方にも支店が多いなど、利用者の利便性が高い。

徐々に広がりを見せているものの、現時点では利用可能な地域が限定されている。

キャッシュアウト

日本で2018年4月に開始したキャッシュアウトは、デビットカードなどを使い小売店のレジや自動精算機などから銀行口座の預金を引き出すことのできる、欧米では一般的なサービスである。

キャッシュアウトは、**デビットカード**などを使い小売店のレジなどで、銀行口座の預金を引き出すことのできるサービス。2017年4月に施行された改正**銀行法**の施行規則改正を受け、日本では2018年4月よりJデビットのサービスが開始された。気軽に都度現金を補充する習慣が広まれば、キャッシュレス社会の浸透につながる。なお、このサービスは英国ではデビットカードの普及とともに1980年代に開始され、欧米では既に普及した仕組みだ。

キャッシュアウトのメリットとしては、利用者は買い物や医療機関などに行くついでに、ATMや銀行窓口に行かずとも現金を得られることが挙げられる。例えばATMの少ない地域の住人や、頻繁に外出できない高齢者にとってメリットは大きい。また加盟店にとっても現金引き出しを目当てに顧客の立ち寄る機会が増えることが期待される。デビットカードを発行する金融機関にとっては、ATMの設置や運用負荷の軽減も見込まれる。

一方、デメリットも想定される。利用者は買い物と現金払出額の混在から、家計の現金の管理は煩雑化する恐れがある。加盟店にとっては手数料負担の増加や、レジ業務などが煩雑になり、混雑時のスーパーやコンビニなどでは通常業務に支障を来す可能性が考えられる。「日本再興戦略改訂2014」及び「日本再興戦略2016」で掲げられたキャッシュレス化の推進、「未来投資戦略2017」のKPIの一つとして盛り込まれた、キャッシュレス決済比率を4割程度とする目標達成のためにも、キャッシュアウト利用環境の整備は必要である。

業務・商品・サービス

デビットカード

銀行の預金口座とひも付き、その残高を上限に、キャッシュレスで決済できるカードのこと。代金は、利用後即時に預金口座から引き落とされる。

デビットカードには、「Jデビット」と呼ばれるキャッシュカードをそのまま利用するデビットカードと、VISAやJCBなどの国際ブランドと提携した「ブランドデビット」の2種類がある。

Jデビットは日本独自のサービスであり、従来から持っている銀行キャッシュカードをそのままデビットカードとして利用できる。銀行に対する申し込み等は不要であり、年会費や利用手数料の負担もない。2000年にサービスが開始され、当初は順調に利用額が伸びたものの、2005年頃をピークに減少を続けている。2018年4月から、新たなサービスとして「**キャッシュアウト**」が開始され、再度のJデビット利用の増加が期待されている。キャッシュアウトとは、店舗のレジでデビットカードを使って現金を受け取り、同額が自身の預金口座から引き落とされるもので、銀行店舗やATMに行かなくても現金を引き出すことができるサービスである。

最近、利用が伸びているのがブランドデビットである。ブランドデビットは、VISA、JCBなどクレジットカードの国際ブランドの決済機能を利用したデビットカードであり、2000年代後半から一部の銀行がサービスを開始し、その後、メガバンクを始め発行する銀行が増えてきている。ブランドデビットを利用するためには、Jデビットとは異なり、通常、銀行に申し込みをする必要がある。また、銀行によっては年会費が設定されており（ただし、一定額以上の利用があれば無料になるケースもある）、利用のハードルはやや高いが、利用額に応じたキャッシュバッ

クやポイント還元サービスがあるなど、メリットも提供されている。

ブランドデビットは、クレジットカードが利用できるブランド加盟店であれば世界中で利用できるなど、クレジットカードに近い一面もあるが、それぞれ異なる特徴もある。クレジットカードは、利用から支払いまでに一定の期間があり、その間はカード会社による与信となるため、カード発行にあたって審査が必要になる。これに対してデビットカードは、利用すれば即時に預金口座から引き落としがあるため、カード会社に貸し倒れリスクは生じない。デビットカード発行に当たって審査は不要であり、クレジットカードの保有が難しい未成年や高齢者でも発行を受けることができる。一方でデビットカードは口座にあることが確実な残高が利用の上限となるため、将来の収入を見込んだボーナス払いやリボ払いといった多様な支払い形態は提供できないし、ポストペイドになるような携帯電話料金の支払いや高速道路のETCカードの

決済用としては利用が制限されることがある。

目下のところ、Jデビットの利用が減少するも、ブランドデビットの利用が増加していることから、デビットカード全体の利用は増加している模様である。デビットカードを推進する銀行は、手数料収益を強化するとともに、より幅広いサービスを提供することで顧客の囲い込みを図っている。また、キャッシュレス化の進展は、長い目で見れば、銀行業界のコスト削減にもつながることになる。

最近では法人向けのブランドデビットを推進する銀行が増えてきている。導入する企業は、経費精算や支払業務の事務負担を軽減するとともに、資金がリアルタイムで引き落とされるため、管理が容易になる。資金管理をサポートするため利用があった都度、メールが届くサービスも提供されている。また、法人向けクレジットカードと異なり、発行時の与信審査が不要なため、小規模な事業者や創業から間もない事業者であっても利用が可能である。

業務・商品・サービス

民事信託

受託者が信託業を営む者ではなく、営利を目的としない信託契約。柔軟なオーダーメイドのスキームを作れるため、相続や事業承継対策の有力なツールとして注目を集めている。

2007年に信託法が改正され、信託銀行のような専門業者でなくても、信託契約を結んで第三者に資産の管理・運用を委託することができるようになった。このような、受託者が信託業を営む者ではなく、営利を目的としない信託契約を民事信託という。家族・親族が受託者となることが多いため、「家族信託」と呼ばれることもある。

近年は認知症やその他の事情により正常な判断ができなくなることや、親族間での相続争いが起こることを危惧する人が増えている。そうした中、遺言書や**成年後見制度**では不可能な、資産の柔軟な管理・運用・処分を可能とする、オーダーメイドのスキームを作れる民事信託は、活用の幅が広く、多様なニーズに対応できるため、相続や**事業承継**対策の有力なツールとして注目を集めている。

例えば、認知症などにより判断能力が低下することを危惧する資産保有者（委託者）は、正常な判断ができるうちに最も信頼できる者を受託者として信託契約を結ぶ。あらかじめ定めた目的に従って、特定の人（受益者）のために、指定した実施時期などに資産を管理・運用・処分するよう定めておけば、相続、事業承継などに関する自分の意思を貫徹できる。

また遺言と異なり、民事信託では相続人の死後の二次相続の時まで財産の行き先を指定できるため、子どもへ、孫らへと先々の承継順位を決めることも可能である。

障害のある子どもや認知症の配偶者ら、自分の死後も生活を支援し続けたい人に、生活費などを確実に届けることもでき

る。最近ではペットのための信託という考え方も出てきている。

民事信託については当初、司法書士、税理士、弁護士などが積極的に推進を図る一方で、金融機関の側には積極的に関わろうとする気運が薄い時期があった。民事信託の受託者に、金融サービスを提供する金融機関も少なかった。

しかし民事信託の有用性についての認識が高まるにつれて、司法書士、税理士、弁護士などの専門家との連携を深め、顧客から民事信託の活用が有用と考えられる相談を受けた際に、専門家を紹介する体制を持つ金融機関も出てきている。

さらに「民事信託サポートサービス」などと称して、民事信託の受託者に対して、民事信託口座（普通預金口座）など、信託目的の達成に必要な各種金融サービスを提供する金融機関が現れてきている。

なお、受託者は信託財産を自分の固有財産から切り離して管理する義務があることに対応して、民事信託口座は要請を受けて審査の上、信託財産であると

分かるような口座名で受け入れるものである。

営利を目的としない民事信託とは異なる、信託銀行などの商品（信託銀行などが受託者となる商事信託）にも触れておきたい。民事信託と類似の機能を発揮するため相続対策商品として人気があるためだ。

「遺言代用信託」は、自分の生存中は自分を受益者として決まった時期に決まった金額を受け取り、自分が死んだ時には配偶者・子どもなどを受益者として、あらかじめ定めておいた金額を一時金や年金の形で渡すといった個人向けの信託商品である。通常の預金は名義人が死亡すると凍結され引き出せなくなるが、遺言代用信託であれば、所定の証明書などがあれば、即日または短時日でお金を受け取ることができる。

また「後継ぎ遺贈型受益者連続信託」を活用すれば、民事信託と同様に、自分の死亡後、まずは配偶者を受益者にし、さらに配偶者が死亡した後は子どもを受益者にするといったことも指定できる。

業務・商品・サービス

職域営業

取引先企業の従業員を対象に個人取引を獲得する営業手法。対面営業の機会が減る中、日中、職場で顧客にアプローチできる手法として重視する金融機関が増えている。

職域営業は、取引先企業の従業員を対象に預金、ローン、保険、運用商品などをセールスし、個人取引を獲得する営業手法である。金融機関が長年行ってきた伝統的な手法の一つであるが、近年、職域を担当する専門部署を設置する、取引企業別に職域専用のウェブサイトを提供するなど、職域営業を積極的に推進する金融機関が増えている。

金融機関の個人取引において収益の柱の一つとなっているのが、投資信託などの資産運用ビジネスである。しかし、その顧客は高齢層に偏っているのが多くの金融機関の現状である。資産運用ビジネスの拡大や将来の収益基盤確保のためには、現役世代にアプローチして顧客基盤を拡大することが必要だ。そこで、現役世代へ効率的にアプローチできる営業手段として、職域営業が再び重視されている。

最近では、コンビニATMやインターネットバンキングが普及したこともあり、顧客が金融機関の店頭を訪問する機会は減少している。店頭での接点が全くなく、日中、職場でないとセールスができない顧客も多い。

職域営業は、2014年1月にスタートした少額投資非課税制度（NISA）を普及させる手段としても期待されている。毎月の給与から一定額を天引きし、投信などの購入資金とする職場積み立てNISAなどもある。NISAは、投資未経験者が投資を始めるきっかけとなることを一つの目的としているが、職域マーケットには、これから資産形成を考える若年層も多い。金融機関には、職域営業を通じた投資に関する基礎知識の説明も期待されている。

地震保険

地震・噴火またはこれらによる津波を原因とする火災、損壊、埋没、流失による建物や家財への損害を補償する保険。地震保険法に基づき、政府と損害保険会社が共同で運営している。

地震などによって、居住の用に供する建物や生活用動産に生じた損害を補償する保険が地震保険である。火災保険では、地震などによって生じた損害は補償の対象とならない。地震保険だけでは契約できない仕組みのため、火災保険にセットして加入する必要があり（原則自動付帯）、火災保険の契約期間の中途から地震保険に加入することも可能である。

2017年度末の付帯率は、63.0％となっている。

地震保険の保険金額は、火災保険金額の30〜50％の範囲内で、建物5,000万円、家財1,000万円を限度に設定する。

地震保険金は、2017年1月1日以降始期契約の場合、損害の程度（全損・大半損・小半損・一部損）に応じて、地震保険金額の一定割合（全損100％、大半損60％、小半損30％、一部損5％）が支払われる。

1回の地震による支払い保険金の総額には、上限が設けられている（2018年9月現在、11兆3,000億円）。東日本大震災では約1兆2,800億円（2018年3月末現在）、熊本地震では約3,800億円（同）の保険金が支払われた。

地震保険は、大地震発生時に巨額の保険金を支払う必要があるため、保険金の支払い責任を政府と民間の損害保険会社で負担している。

また地震保険の保険料率は、保険会社に利潤や不足が生じないよう算出されている（ノーロス・ノープロフィットの原則）。補償内容・保険料率ともに、保険会社間で差異はなく、建物の耐震性能に応じた保険料の割り引き制度や、税制優遇措置として地震保険料控除制度がある。

少額短期保険

保険金額や保険期間に制限があり、取り扱い業者に金融庁への登録義務を課す小口保険で、2006年に創設された。大手保険会社が扱わないユニークな保険が提供されており、成長が続いている。

法律上の根拠があり規制を受けている「制度共済」(JA共済や全労済など)とは違って、規制を受けていない無認可共済の一部でトラブルが頻発したため、従来の無認可共済業者に対して**金融庁**への登録義務などを課す少額短期保険(ミニ保険)業制度が2006年4月に創設された。

ミニ保険業者は、原則として、損害保険の場合で期間2年以内、保険金額1,000万円まで、生命保険では期間1年以内、保険金額300万円まで(死亡保険の場合)、といった短期で少額の保障性の保険の販売のみが認められている。なお、引受の原則上限額の制限を緩和する「経過措置」は2018年3月の保険業法の改正で2023年3月まで延長されている。

会社の最低資本金は保険会社に比べて大きく軽減され、免許制ではなく登録制で、商品につ

いても事前の届け出で済むなど、簡便な規制となっている。ただし、募集規制などでは保険会社と同等の規制を受けているほか、預貯金や国債などに資産運用が限定されるなど、保険会社よりも規制が厳しい側面もある。保険契約者保護機構に加入していないため、ミニ保険業者が破たんした場合、保険契約者の保護に不安が残る。

賃貸住宅の入居者専用の家財保険、ペット保険、葬儀費用を準備する保険、糖尿病患者が加入できる医療保険などユニークな保険が多い。旅行業者、不動産管理会社など異業種からの参入も盛んで、2018年3月末で97社(前年同期88社)が営業し、成長が続いている。ただし、2018年にミニ保険業者による粉飾決算が明らかになるなど、内部管理の強化が求められている。

特殊(スペシャルティ)保険

一般の保険ではカバーされていない、専門性の高い保険。例えば航空保険や農業保険、会社役員賠償責任保険など、種類は多岐にわたる。

特殊保険は、一般的な保険でカバーされない特定のリスクを対象とした保険であり、航空保険、農業保険、医療保険、傷害保険、保証保険、信用保険、サイバー攻撃に対応した保険、会社役員賠償責任保険、さらにはイメージキャラクター用の契約タレントのスキャンダルによる広告再制作などの損害を補償する保険など、相互に相関性の低い商品が100種類以上存在している。

もともと日本では、自動車保険や火災保険など一般的な商品の売り上げが好調であり、保険会社も順調に売上高・利益を伸ばしてきた。ただ、国内市場が人口減少やそれに伴う自動車市場の縮小、**マイナス金利**に伴う資産運用の難化などの影響で伸び悩んでいるため、大手保険会社を中心に、一般市場以外に収益源を求めるようになっている。

特殊保険はその有望な新領域の一つであり、実際に、東京海上ホールディングス(HD)は子会社の東京海上日動を通じて、米国のスペシャルティ保険グループのHCCインシュアランスHDを300億円強にて買収するなど、大手保険会社は強化を進めている。

今後、新たなテクノロジーの登場等により、当該領域の保険商品は拡大する可能性が高い一方、保険内容ごとに専門性が高くなるため、保険会社にとっては独自の審査や高度な保険引き受け力(アンダーライティング力)や、それに伴う組織整備が必要とされることは間違いない。短期的にケイパビリティーを補完することは難しいと想定され、今後も当該領域を巡る買収・投資は活発に行われる可能性がある。

業務・商品・サービス

93

トンチン保険

年金保険のうち、年金受取人が死亡した際に払込掛金の返還が制限される生存保障型商品。名称は、発案者のロレンツォ・トンチ（17世紀、イタリア・ナポリ出身）に由来している。

この仕組みは、フランスの財政健全化につなげる年金制度としてトンチが財務当局に提案した。国債を発行し、その利息相当分を、国債を引き受けた国民のうち生存者にのみ配分するというものである。国民は、長生きすればするほど受け取る利息額が増えるため射幸心を刺激される。国債を引き受けた国民全員が死亡した後、国債の元本は国庫に帰属することとなる。

この方式に倣って、民間において、年金保険の加入者が死亡した際、遺族に保険金を支払わず、他の生存加入者の年金の原資に回すという仕組みが出来上がった。加入者は長生きするほど、多くの年金を受け取れるようになる。逆に年金を受け取る前に死亡すれば、保険料は「掛け捨て」となる。

個人年金保険は、日本において20世紀初頭から、民間生命保険会社と旧逓信省から発売されたが、それらは生存保障性（トンチン性）の高い終身年金であった。その後、次第に「老後における貯蓄の確実な取り崩し」を求めて確定年金の人気が高まった。

2016年春、日本生命保険は「**人生100年時代**の備えとなる商品」として、50歳以上を対象に長寿生存保険「グランエイジ」を発売した。保険料は毎月約4万円で、50歳から70歳まで払い込む。年金受給開始前に死亡した場合、払い込み保険料の7割程度しか戻らない。その分、年金の原資を厚くして契約者の長生きに対応し、「トンチン性」が高められる。ただ、89歳以上まで生きなければ受け取り年金累計額が払い込んだ保険料総額を上回らない。家計に余裕がある人向けと言える。

健康増進型保険

保険加入時の健康状態だけでなく、加入後の健康診断の結果、さらに健康増進への取り組みを評価して保険料を増・減額させる商品のこと。

　非喫煙者であることやBMIあるいは血圧などで「健康体」とされた人は、通常病気で入院したり、死亡したりするリスクが低い。そのため、保険加入時から保険料を割り引く商品は以前から存在していた。また、毎年の健診結果等によって保険料が変動する商品も登場している。

　これらも広義には健康増進型保険と呼ぶことができるが、例えば、住友生命保険が2018年7月に発売した「バイタリティ」は、健診結果に加えて契約者の健康増進への取り組み自体を評価し、毎年保険料を変動させる保険である。従来の死亡保険や医療保険に「特約」の形で付加し、契約者には腕時計型のウェアラブル端末で日々の歩数などの運動データや心拍数を測定し、そうした数値に加えて血圧やコレステロールなどの健診データを

定期的に住友生命に送ることが求められる。その結果、毎年の取り組みと健診結果が4段階で評価され、1年ごとに保険料を見直される。最大で、保険料の割引は30%、割増は10%に上る。

　この保険には、リスクの実現による経済的損失に対処するため保険給付を提供するという従来の保険の発想を超えて、各契約者が健康状態の向上を目指すよう促すことで健康長寿社会の実現を目指すという社会的意義を見出すことができる。ただし、「健康増進の名の下に保険によって行動を縛られたくない」という消費者側の意識もあり、また、「運動すれば、死亡や病気の発生率が低くなるということについて、商品設計に組み込める程の客観的データは存在するのか」といった他生保会社からの声もある。

業務・商品・サービス

就業不能保険

主に、世帯主が病気やけがで長期間働くことができなくなった場合の生活資金の準備のための保険。うつ病などの精神障害によるものまで担保するか否かで商品性が分かれる。

生命保険の保障領域には、死亡した場合の資金の準備、病気やけがの治療や入院に伴う医療費の準備、老後の生活資金の準備、要介護状態になった場合の介護費の準備が存在する。

就業不能保険は、病気やけがのために長期間働くことができなくなった場合の生活資金の準備を目的としている。生保業界で先行したのはライフネット生命保険で、同社は2010年に就業不能保険「働く人への保険」を発売した。「標準タイプ」とされるものを以下に紹介する。

「契約年齢」は20歳以上60歳以下。「保険期間満了年齢」は55歳から70歳までの間で、5歳単位で設定が可能である。契約後に「就業不能状態」に該当すると、その日から起算して契約申込時に選択した期間(60日間または180日間)は「支払対象外期間」と

なり、その期間が過ぎると1カ月ごとに「就業不能給付金」が支払われる。ここで言う就業不能状態は、被保険者が病気またはけがの治療を目的として日本国内の病院または診療所に入院している状態、あるいは病気またはけがにより医師の指示を受けて自宅などで在宅療養をしている状態を言う。また、就業不能給付金は、被保険者の年収(税、社会保険料込み)に応じて10万〜50万円の範囲で、5万円単位で設定可能である。

同商品は、うつ病などの精神障害が原因で就業不能状態となった場合は免責となるが、「メンタル疾患特約」などを設けることで、このリスクに対応する会社も登場し始めている。生保各社は、現代の「国民病」とも言える精神疾患にも目配りしつつ商品開発に注力すべきである。

節税保険

生命保険会社が「節税」をアピールして特に中小企業経営者に売り込んでいる保険を指す。金融庁は、保険の趣旨からの逸脱のおそれに関し調査を進めている。

主に取り上げられているのは、「法人向け定期保険」である。この保険では、法人が契約者として保険料を支払うことで全額損金処理でき、法人が死亡保険金を受け取って、法人の退職金・弔慰金規定によって支払った場合、原則としてその全額は退職金・福利厚生費として損金に算入できる。

問題は、加入後約10年で解約すれば、支払った保険料の多くが「解約返戻金」として戻る点である。利益を上げて税金を払うより、保険に入って返戻金を受け取った方が手元に多額のお金が残る。返戻金は課税を回避するため、役員退職金などの経費に充当する。

日本生命保険が2017年4月に発売した「プラチナフェニックス」の場合、60歳で契約し、保険料を10年間支払った後に解約すると、当時の基準で支払った保険料の約85％が手元に残る。これに対し、通常通りに法人税を支払うと利益のうち手元に残るのは約66％である。保険に入った方が、手元に残るお金は3割近くも多くなることになる。

このように節税のために中途解約を推奨する商品は、死亡時の保障という本来の趣旨から逸脱しかねない。営業現場では「節税PR」も横行した模様で、契約者の7割以上が、返戻金が最も高額となるタイミングで解約すると想定していた生保会社もあるとのことである。

生保業界は、**日本銀行**による超低金利政策で資金運用が悪化し、既存の積み立て保険などの販売が困難な状況にある。節税目的で加入されかねない商品でも、大手も手を出さざるを得ない状況で、販売が過熱しているとの指摘がなされている。

企業再生ファンド

投資家から集めた資金を元に、出資や経営者派遣などを通じて経営不振に陥った企業を積極的に支援し、再建後に株式売却などを行うことで収益を投資家に還元する投資ファンド。

日本で企業再生ファンドが登場したのは、1990年代の終わり頃からである。外資系ファンド、国内大手証券会社系ファンド、国内独立系ファンドなどが続々と活動を開始した。

他方、政府も政府系ファンドとして産業再生機構、企業再生支援機構、**地域経済活性化支援機構**を相次いで設立した。最近では、中小企業庁や各地の地域銀行が主導・支援する中小企業を対象とした地域再生ファンドの設立が目立っている。

企業再生ファンドは、過剰債務の減免、資金調達方法の見直し、不採算事業の売却、営業手法の改善など、様々な方法を用いて対象企業を利益の出る状態にする。株式を買い占めて経営陣に株主還元を迫るアクティビストファンドとは違い、自らも投資先の役職員と共に長期的な企業価値の向上を目指す。

対象企業が再生した後は、上場による株式売り出し、他社への株式売却、他の投資ファンドへの売却、MBO（経営陣による株式買い取り）などで投資資金を回収し、投資家に利益を還元する。

企業再生で特に重要な点は、対象企業が再生可能かどうかの見極めにある。本業で確実に利益を上げていながら事業の多角化で過剰債務を抱えている企業や、優れた技術を持っていても資金繰りがうまくいかずに行き詰まっている企業などは、適切な支援によって再生が見込まれる。反対に、過剰債務はなくても、将来性が低く、収益性を維持できるようなコアビジネスを有していない企業などは、様々な支援を行っても抜本的な再生にはつながりにくい。

SRIファンド

SRI（Socially Responsible Investment＝社会的責任投資、サステナブル投資）の手法で運用する投資信託。SRIは、財務状況だけでなく環境・社会問題への対応の優れた企業に投資する手法。

SRIでは、地域社会や環境への対応を重視する企業は将来において経営リスクを負う可能性が低く、その分だけ長期的に良好な財務状況が保たれ、安定した成長を遂げると考えられている。換言すればCSR（Corporate Social Responsibility＝企業の社会的責任）に取り組む企業の発展の持続可能性に着目した総合的なリスク評価が、投資判断の基礎となっている。

このため、SRIファンドは、①収益・成長性（中核事業の将来性、新技術の導入、リスク管理体制、財務体質など）②環境対策（事業の環境負荷の低減など）③社会問題への対応（従業員の労務環境の改善や教育制度の拡充、事業所が位置する地域社会・住民との共生など）——の三つの側面から企業を評価している。

似たような投資手法として、企業における環境・社会・ガバナンスへの取り組みに注目する**ESG投資**がある。両者の違いについて明確な定義はないが、ESG投資では多くの企業が評価対象となっているのに対し、SRI投資では他社に比べて傑出した取り組みをみせる少数の企業を応援する意味合いが強い。

日本のSRIファンドの市場は小規模にとどまっており、また個人投資家向けが主である。世界的に見て、SRIの伸長には長期的な運用を目指す年金資金の存在が大きく貢献している。したがって、日本でも年金積立金管理運用独立行政法人（GPIF）を始めとする年金資金を預かる機関投資家の行動が今後変化していくとすれば、SRIファンドの大きな伸長につながる可能性があろう。

業務・商品・サービス

メザニンファンド

金融機関の通常の貸出金よりもリスクが高く、株式よりもリスクが低いミドルリスク・ミドルリターンを狙って資金を運用するファンド。

メザニンとは「中2階」を意味し、通常の貸出金（シニアローン）よりもリスクが高く、株式（エクイティ）よりもリスクが低いものがメザニンファイナンスと呼ばれる。メザニンファイナンスの代表例としては、劣後債や劣後ローン、優先株などが挙げられる。これらの手法は、企業が何らかの原因で財務基盤の強化を迫られた際やM&Aに伴う買収資金を手当てする際などに活用される。

メザニンファンドは、メザニンファイナンスの供給主体の一つとして期待されるが、日本においてその活用はあまり進んでいない。金融庁の調査によると、メザニンに投資するファンド（集団投資スキーム）の組成本数は17本、運用財産の規模は634億円であり、ファンド全体に占める割合は1％にとどまっている

（2017年3月末時点）。こうした中、2018年9月、政策金融機関が米系大手航空機メーカーの金融子会社等と協働し、航空機ファイナンス分野においてメザニンローンを提供する新たなファンドを組成することを公表している。こうした動きが日本のメザニンファイナンス市場の育成・拡大につながっていくか注目される。

メザニンファイナンスは、リスクマネーの供給と企業の財務基盤の強化という両面から有効なツールであると言えるが、その認知度は十分とは言えない。日本の成長力強化に向け、今後は資金供給主体である投資家、資金需要主体の企業の双方におけるメザニンファイナンスの認知度を高め、その活用を促進していくことが重要であると考えられる。

バンクローンファンド

銀行の融資債権を買い取るファンド。投資家は同ファンドに投資をし、融資の金利支払いを原資とするインカムゲインをリターンとして受け取る。

投資家の立場では、定期的かつ安定的なインカムゲインを目的とするという意味で、バンクローンファンドへの投資は債券型投資信託商品に投資するのと同じ経済メカニズムだ。投資資産が債券ではなく、銀行が企業に融資しているローンとなる。

通常の債券は無担保である一方、バンクローンの場合は融資債権が担保付きのものも存在する。社債や国債が転売可能なように、銀行の融資債権も売買が可能であり、バンクローンファンドはそういった融資債権を買い集めたファンドである。

日本ではバブル崩壊後に銀行の不良債権を買い取るファンドが注目を集めたが、今日のバンクローンファンドは主に不良債権ではなく正常債権を買い取るというイメージを持つと理解しやすい。もっとも、バンクローンファンドの一つの側面は、ファンドとすることで異なるリスクプロファイルの融資債権を集めることができるという点であり、比較的高いリスクの融資債権を集めて高いリターンを追求することも可能である。

一種の証券化商品で、ファンドは融資先から金利を受け取り、それがバンクローンファンドに投資する投資家へのリターンの源泉となる。日本では主に相対的に貸出金利の高い海外の融資債権を対象としたバンクローンファンドが投資対象となっているが、海外のバンクローンファンドに投資する場合は為替の影響を受けるため、為替リスクをヘッジしたファンドが一般的である。個人投資家の中には債券になじみのない投資家もいるが、銀行融資だとイメージが湧きやすく、市場拡大の余地がある。

業務・商品・サービス

101

REIT（不動産投資信託）

「Real Estate Investment Trust」の略で「リート」と読む。投資家から集めた資金を不動産で運用し、賃貸収入、売却益を配当金として投資家に分配する金融商品である。

REITは米国で1960年代、大規模な不動産投資に小口の一般投資家が加わる機会を広げるために作られた。日本では2000年の「投資信託及び投資法人に関する法律」（投信法）改正で解禁され、2001年に初めて設立し東京証券取引所に上場した。

現在、東証に上場済みのREITは2018年8月末で60銘柄、時価総額は12.6兆円。日本ではJ-REITと呼ばれている。

J-REITは、不動産投資法人と呼ばれる会社のような形態で運営されている。株式会社の株式にあたる「投資証券」や社債にあたる「投資法人債」の発行、金融機関からの借入金により資金を調達している。実質的な業務は禁止されており、資産の運用、保管、一般事務については、それぞれ「運用会社」「資産保管会社」「事務受託会社」に委託されてい

る。配当可能利益の90％超を分配すれば、法人税が課税されない仕組みとなっている。

2008年の金融危機で、初めてJ-REITの破たん事例が出たほか、合併による統廃合も進み、2012年3月には33銘柄まで減ったが、現在は銘柄数、時価総額とも金融危機前の水準以上に復調している。2018年8月末現在、上場J-REITの運用対象資産はオフィスビル42.8％、商業施設18.2％、住宅15.5％、物流施設14.5％、ホテル7.3％と続く。さらに投資対象は、ヘルスケア施設、温泉施設と多様化が進んでいる。

2017年6月、株式会社の自社株買いに相当する、J-REITによる自己投資口取得が初めて発表され、2018年8月末までに6件実施された。物件取得競争が激化する中、投資家への新たな利益還元策として注目されている。

ETF（上場投資信託）

「Exchange-Traded Fund」の略で、総じて、株価指数、商品価格、商品指数などに連動するように設計され、証券取引所に上場し、株式と同じように取引される投資信託。

ETFは、株価指数、商品価格、商品指数などに連動するように設計され、証券取引所に上場して取引される投信である。

ETFの特徴は、例えば株価指数連動タイプの場合、①連動する指数の構成銘柄に分散投資され、リスク分散効果が得られる②日経平均株価などの指標に連動するため、値動きを把握しやすい③株式に比べ少額からの投資が可能である④信託報酬が一般的な投信に比べて安く、リアルタイムでの取引が可能である——などが挙げられる。

ETFは、世界的に多様化が進んでおり、日本でも様々な種類が上場されるようになっている。具体的には、通常の日本株指数に加えて、外国株指数、外国債券指数、商品価格、商品指数、不動産投資信託（REIT）指数といったものに連動するETFが上場している。

2012年からは、「レバレッジ型」や「インバース型」と言われ、株価指数などの変動率に一定の数値を乗じることで、原指数の騰落を増幅または反転させた指標に連動するETFなども、上場されるようになった。

なお、2010年より**日本銀行**がETFの買い入れを進めているが、現在のペースで買い入れを続けた場合、株式市場全体に影響を与えかねないとの懸念も台頭している。

また、ETFの増加に伴い、流動性が低い銘柄が目立つようになり、東京証券取引所はこれを解消すべく、マーケットメイカーに指定した証券会社などに、ETFの気配提示義務を課し、個人投資家が売買しやすい環境整備を目指したマーケットメイク制度を、2018年に導入した。

業務・商品・サービス

NISA

2014年1月に運用益が非課税となるNISA（ニーサ、少額投資非課税制度）が創設された。その後、ジュニアNISAとつみたてNISAが導入され、制度が拡充されている。

2014年1月に一定の条件の下で運用益が非課税とされるNISAが創設され、2016年4月には未成年を対象としたジュニアNISAが導入された。しかし、これらの仕組みが長期的な積立投資の受け皿としては使い勝手が悪いとの意見があり、2018年1月につみたてNISAが創設された。近年、**金融庁**は金融機関に対して顧客本位の営業を求めていることを反映し、つみたてNISAの投資対象となる投資信託に関して

は運用コストや投資収益の分配頻度等を基準に制約が設けられている。同制度の普及促進を図るため、2018年4月には、金融資産が積み上がる様子をモチーフとした公式キャラクター「ワニーサ」が制定された。

金融機関は、NISAの各制度に加え、**iDeCo**や学資保険、財形貯蓄制度などの金融商品の特徴を理解した上で、顧客ニーズに即した商品の推進を行うことが期待されている。

NISA3制度の概要

	NISA	ジュニアNISA	つみたてNISA
非 課 税 期 間	5年間	5年間	20年間
年間の投資上限額	120万円	80万円	40万円
投 資 対 象 商 品	株式、株式投信、ETF、REIT		条件を満たした投資信託
投 資 方 法	制限なし		定期かつ継続的な買付
引 き 出 し 制 限	なし	あり	なし
金 融 機 関 の 変 更	可	不可	可
制 度 開 始	2014年1月1日	2016年4月1日	2018年1月1日

iDeCo

掛け金と運用収益の合計で年金額が決まる確定拠出年金のうち、個人が掛け金を拠出するもの。税制優遇が魅力。2017年より加入資格が拡大され、加入者が急増している。

確定拠出年金（DC）は、公的年金に上乗せされる私的年金制度の一つ。拠出する掛け金を金融商品で運用、60歳以降に掛け金と運用収益の合計（積立金）を一括または年金で受け取る。

勤務先が制度を準備し掛け金を拠出する企業型DCと、国（国民年金基金連合会）が準備した制度に個人で加入し、自己負担で掛け金を拠出する個人型DCがある。

このうち個人型DCのことを、愛称で"iDeCo"と呼んでいる。

運用はあらかじめ用意された選択肢から各加入者が選択し、資金配分を決定する。年金額はその運用結果である積立金に応じて、個人ごとに決定される。

掛け金は全額非課税であり、支払い（最短60歳時点）までの間に発生する運用収益も非課税となる。こうした税制面での手厚い優遇を受けながら、老後資産を作れることがiDeCoの大きな魅力となっている。

ただし拠出できる掛け金には、企業年金がない企業の従業員がiDeCoに加入した場合は、月2万3,000円まで、自営業者らがiDeCoに加入した場合は、国民年金基金の掛け金との合計で月6万8,000円までという限度額がある。

2017年1月、専業主婦・主夫、企業年金加入者、公務員などにまでiDeCoへの加入資格が拡大され、企業型DCと合わせて、現役世代のほぼ全員がDCに加入できるようになった。これを契機に加入者は急増し、2018年8月にはiDeCoの加入者数が大台の100万人を突破した。

高まる老後資金ニーズへの対応商品として、税制優遇のメリットが大きいiDeCoの推進体制を整備する金融機関が増えている。

業務・商品・サービス

ラップ口座

証券会社や信託銀行が、個人投資家と投資一任契約を締結し、投資家の運用方針に基づき投資助言、運用、管理などを一括して請け負う資産運用サービスの口座。

「ラップ（wrap）」とは「包む」の意味で、資産運用サービスを包括的に提供することからラップ口座の名前がつけられた。2018年6月末時点のラップ口座の件数・残高は、75万件・8.2兆円。

金融機関は、まず目標収益率、投資期間、リスク許容度など、投資の要望や投資経験を顧客に確認し、アセットアロケーションを提案する。顧客の承認を経て、金融機関は投資一任により独自の判断で運用を行い、顧客の運用方針に合ったポートフォリオを構築する。

投資開始後、定期的（年1〜4回）にポートフォリオはリバランスされ、運用結果も報告される。ラップ口座は、金融商品の販売のみにとどまらず、アフターサービスが充実している特徴を持つ。

ラップ口座では株式や投資信託の売買に伴う手数料はかからず、顧客の運用資産残高に一定の比率（年1〜2％）をかけた管理手数料がかかる。固定報酬型と成功報酬併用型を選択できる。

投信に投資する場合、投信自体の信託報酬費用を間接的に負担することになり、運用資産の実質年間費用は2〜3％に上る。

1999年の日本での導入以来、ラップ口座と言えば、最低投資金額が数千万円超で富裕層向けにオーダーメイドの投資を行うSMA（Separately Managed Account）を意味したが、2007年には投資対象を投信に絞ったファンドラップが登場し、最低投資金額が300万〜500万円に引き下げられた。

2015年以降、最低投資金額1万円前後で、**ロボアドバイザー**の活用により管理手数料を年1％未満に抑えた商品も登場しており、一般投資家がラップ口座を活用しやすくなっている。

トータル・エクスペンス・レシオ

投資信託の純資産に対する総費用の比率。個人型確定拠出年金（iDeCo）や少額投資非課税制度（NISA）などで投信の取り扱いが広がる中、選択基準の一つとして注目されている。

トータル・エクスペンス・レシオとは、投信の期中平均純資産に対する総費用の比率で、主に信託報酬、その他費用・手数料（監査費用、売買手数料など）の合計。期中の実費用を1万口当たりに換算した内訳が運用報告書の費用明細に記載されている。

信託報酬はファンド運営全般に関連する費用で、時価残高に信託報酬率を乗じた額が委託会社・受託会社・販売会社の取り分に応じて支払われる。水準はファンドの運用方針・投資形態によって異なる。例えば、複数ファンドを組み合わせたFOF（ファンド・オブ・ファンズ）では投資先ファンドにも信託報酬が支払われるため、高コストになりやすい。基準価額最高値（ハイウォーターマーク）を上回った場合に、運用会社への成功報酬が発生するファンドもある。

フィデューシャリー・デューティーが金融機関に求められる中、投資家が負担する費用の透明性・妥当性への関心が高まっている。例えば、つみたてNISAでは費用面の要件として、販売手数料無料（ノーロード）であること、一定水準以下の信託報酬であること、信託報酬の概算値を通知することなどが定められている。

最近では、他社に追随して信託報酬を機動的に最低水準まで引き下げる、安価な使用料のベンチマークを採用して運用コスト削減を図る運用会社もある。今後は、人工知能（AI）を活用したリサーチやポートフォリオ構築などの省力化・運用コスト削減の進展により、投資家が負担する投信保有コストのさらなる逓減が期待される。

業務・商品・サービス

デリバティブ

デリバティブは、金融派生商品とも呼ばれ、株式、債券、金利、為替、コモディティーなどの原資産における、将来にわたる価格変動をヘッジするために行う契約の総称を指す。

デリバティブは、株式や債券、不動産担保証券、コモディティーなどを取り扱う当業者が、実物の将来にわたる価格変動をヘッジするために行う契約の一種である。原資産の一定の割合(%)を証拠金として供託することで、一定幅の価格変動リスクを、他の当業者や当業者以外の市場参加者に譲渡する保険契約である。

今日では、企業のクレジットリスクを対象とするクレジットデリバティブや天候を対象とする天候デリバティブ、不動産を対象とする不動産デリバティブ、CO_2排出量を対象とする排出権デリバティブなど多様な取引が行われている。

デリバティブは、伝統的な金融取引に比べて少ない資金で効果的にリスクヘッジやアービトラージ(裁定取引)、スペキュレーション(投機取引)を行うこと

ができる。その一方で、デリバティブはレバレッジ効果を有するため、たびたび投機的な運用資産として多額の損失が生じ問題となっている。失敗した時のリスクが非常に大きいため、高度なリスク管理や厳格な内部統制などが重要となり、会計上の処理は時価会計が基本である。

デリバティブには、証券取引所などの公開市場を介さない相対取引である店頭デリバティブと、市場を介して取引が行われる市場デリバティブの2種類がある。取引規模としては市場デリバティブより店頭デリバティブの方が圧倒的に大きい。

取引形態としては①先物取引(金利やコモディティーなどを原資産とする取引)、②スワップ取引(金利などを交換する取引)、③オプション取引(取引を行う権利を売買する取引)——

が挙げられる。

　①先物取引とは、将来の定められた期日（清算日）に、特定の標準化商品（穀物や石油など）または経済指標（為替レートや日経平均株価など）を、定められた数量、定められた価格で、「売り」「買い」を保証する取引の一種である。先物取引（futures）は、先渡し契約（forward）とは異なり、取引の対象とする原資産の価額（単価×数量）の一定割合を担保として支払うことで、一定範囲の価格変動リスクをヘッジしながら結ぶ契約であることに特徴がある。長期国債先物、T-BOND先物取引、TOPIX先物、日経225先物、東証マザーズ指数先物、通貨先物取引、商品先物取引などがある。

　②スワップ取引とは、あらかじめ決められた条件に基づいて、将来の一定期間にわたり、キャッシュフローを交換する取引である。例えば金利スワップとは、同一通貨のキャッシュフローを交換する取引で、固定金利と変動金利を交換する取引が代表的なものである。この取引における金利に係る元本は想定元

本と呼ばれ、実際には交換されず、単に利払い金額を算定するための名目的なものである。円の金利スワップは特に円円スワップと呼ばれる。また、変動金利同士を交換するスワップ取引はベーシススワップと呼ばれる。その他、円とドルなど異なる通貨のキャッシュフローを交換する通貨スワップ、クレジット・デフォルト・スワップ（**CDS**）、エクイティースワップなどがある。

　③オプション取引とは、ある原資産について、あらかじめ決められた将来の一定の日または期間において、一定のレートまたは価格（行使レート、行使価格）で取引する権利を売買する取引である。原資産を買う権利についてのオプションをコール、売る権利についてのオプションをプットと呼ぶ。オプションの買い手が売り手に支払うオプションの取得対価はプレミアムと呼ばれる。対象となる取引によって種類が異なる。代表的なものには、通貨オプション、キャップ、フロア、カラー、スワプション、デジタルオプションがある。

業務・商品・サービス

なでしこ銘柄

「女性活躍推進に優れた上場企業」として、経済産業省と東京証券取引所が共同で選定する企業銘柄。企業への投資の促進だけでなく、各社の女性活躍推進に対する取り組みの加速化も狙い。

女性活躍推進とは、働く場面で活躍したいという希望を持つ全ての女性が、その個性と能力を十分に発揮できる社会を実現するための一連の施策。第二次安倍政権下における最重要施策の一つである。

こうした「女性活躍推進」に優れた上場企業を、「中長期の企業価値向上」を重視する投資家にとって魅力ある「なでしこ銘柄」として紹介している。これを通じて、企業への投資を促進し、各社の取り組みを加速化していくことが狙い。2012年度より選定が開始された。

選定にあたっては、女性活躍推進に関するスコアリング基準に従って評価が行われ、さらに財務指標による加点が実施される。具体的な項目としては「女性管理職比率」「新規採用女性比率」「年次有給休暇取得率」「男性育児休業取得率」など、女性のキャリア支援と働きやすさの両方の側面から評価を行っている。財務指標による加点は、過去3年間の自己資本利益率（ROE）がゼロ未満でない企業に対して行われる。

2017年度は、東京証券取引所の全上場企業約3,500社から、業種ごとに48社が「なでしこ銘柄」として選定された。開始以来、毎年選定されているのは、東京急行電鉄とKDDIの2社である。

経済産業省・東京証券取引所発行の「平成29年度なでしこ銘柄レポート」によると、「なでしこ銘柄」48社の2017年3月末時点の売上高営業利益率、総資産利益率（ROA）、投下資本利益率（ROIC）は、いずれも東証一部銘柄の平均値より高く、優良銘柄と言える。今後も、女性活躍推進が、結果として企業の業績向上につながることが期待される。

プライベートエクイティー

プライベートエクイティー（Private Equity）は、非上場企業を対象とする投資の総称。取引は市場を通さず、関係者間の私的な売買であることが名称の由来となった。

投資家はリミテッドパートナーシップ（投資事業有限責任組合）形態でファンドを組成し共同出資者を募る。ベンチャーキャピタルは主にベンチャー企業や未発展企業を対象とするが、プライベートエクイティーの対象は、すでに事業基盤が存在する非上場企業であり、大会社の非上場子会社も含まれる。

株価上昇が見込まれる企業への投資のみならず、投資先の経営にコミットして積極的に企業価値を高め、株式上場や有望企業を対象とする経営陣による買収（MBO）で高リターンを狙うことなどが特徴。近年、リスク性資産への分散投資が不可避となり、流動性は低いが高リターンが期待されるプライベートエクイティーへの投資が注目されている。

従来、主力銀行は企業へ融資するのみでなく株式保有もする

プライベートエクイティー同様の役割も担ってきた。しかし一連の金融不祥事を受けコーポレートガバナンスを強化するため、政策保有株式が課題となり、金融規制や資本効率重視の要請で両者の関係が規制されるようになった。米国では2010年に成立したボルカー・ルールで銀行の自己勘定による投資、プライベートエクイティー投資が禁止され、投資額が減少した。

しかし、世界的な低金利により、各国年金運用者や金融機関、大手機関投資家の資金運用が困難を極めていることから、プライベートエクイティーファンドによる投資規模は2012年を底として増加に転じた。日本でも、GPIF（年金積立金管理運用独立行政法人）がプライベートエクイティーを含むオルタナティブ投資を増やす方針を示している。

111

ウェルスマネジメント

個人の富裕層向けに提供される、資産運用、管理を始めとした総合金融サービス。プライベートバンキングとほぼ同義の意味で使われている。

ウェルスマネジメントは、プライベートバンキングとほぼ同義の個人富裕層向け総合金融サービスの意味で使われている。プライベートバンキングは、銀行業務以外の付加的なサービス提供が求められること、証券や不動産など、銀行業界以外の事業者が資産運用に関する個人富裕層向けサービスを展開していることもあり、ウェルスマネジメントが呼称としてより広く使われつつある。

富裕層は、概ね100万米ドル（1.1億円）以上の金融資産を持つ個人と定義されることが多い。サービス利用に当たっては、各事業者が設ける最低預入額以上の資産を預け入れる必要がある。基準を公開しない事業者もあるが、業界の最低預入額は数千万円から1億円程度と言われており、10億円を最低預入額とする事業者も存在する。代々の資産家、企業オーナー、企業経営者や医師、弁護士など高額報酬の仕事に従事するプロフェッショナルが、本サービスの利用者である。

手数料体系は、有価証券や為替の売買手数料など、金融商品の売買の都度、手数料が発生するタイプと、預かり資産残高に対して手数料割合を設定するタイプに大別される。一任勘定契約を締結して資産運用を事業者に一任する場合、手数料率は預かり資産額の1～2%程度となっている。

ウェルスマネジメント事業者は、資産運用、資産保護、**事業承継**、相続、節税といった金融面の課題解決に加え、人脈のマッチング、資金調達、M&Aなどの事業支援、子女の海外留学や進路の相談、健康管理の相談など、顧客自身のビジネス、プライベートに関する課題解決のパートナーでもある。

CDO

「Collateralized Debt Obligations」の略。貸付債権を担保とした証券化商品（CLO）と、複数の社債などを担保とした証券化商品（CBO）を合わせた証券化商品のこと。

CLO（Collateralized Loan Obligations）は貸付債権を担保とした証券化商品で、複数の社債などを裏付け資産とした証券化商品をCBO（Collateralized Bond Obligations）、CLOとCBOを包含した証券化商品をCDOと言う。CLOなど（以下、CLO）は貸付債権などをプールし、個々では信用力に乏しい債権を分散効果やその他の証券化の技術で信用力が相対的に高い商品にしたものである。組み入れ対象となる資産は、ローンや社債、ソブリン債、ABS、**REIT**、クレジット**デリバティブ**などがある。

近年、CLOは中小企業金融の活性化に用いられてきた。主なメリットは、①資本市場へ直接のアクセス経路を有しない中小企業がCLOを通じて間接的に資本市場へアクセスすることを可能とし、銀行などの融資能力を超えた資金供給を実現する②個々の貸付債権において貸し倒れリスクが高くても、証券化の仕組みを介在させることでリスクをコントロールし資金循環を活性化する——といったことである。

一方、CLOとCDOの市場には負の側面もある。世界的な低金利を背景に、リスクを取りつつも高リターンを狙えるCDO市場は急成長を遂げたが、2008年秋のリーマン・ショック時にはCDOのウェートが高い銀行などへの貸し渋りが強まり、CDOの投資家離れを引き起こした。世界経済の相互依存が進んだことで市場に危機が波及しやすくなったため、投資家の一定割合がリスクを許容できなくなり市場の存立に疑問を抱かれるようになれば、市場は容易に崩壊の過程へ転じる可能性がある。

業務・商品・サービス

113

CDS

CDS（クレジット・デフォルト・スワップ）は、参照組織の信用リスクを対象とするデリバティブ。信用リスクだけを移転できるため、クレジット・ポートフォリオのヘッジなどに用いられる。

CDS取引とは、プロテクション（保証に類するもの）の買い手が売り手に対してプレミアム（保証料）を払うことで、参照組織のクレジットイベント時に想定元本相当の支払いを受けられる取引を言う。参照組織には、企業に加え、ソブリンや国際機関のほか証券化商品などの金融商品も対象となる。

一般的なCDSの契約書は、ISDA（国際スワップ・**デリバティブ協会**）のマスター契約のフォーマットに基づき作成され、ここで定められるクレジットイベントには、破産、支払い不履行、リストラクチャリング（条件変更）などがある。プロテクションの支払額については、入札によって評価額を決定した上で現金を支払う「オークション決済」方式が近年主流である。

CDSの第一の用途はローン、債券などのクレジット・ポートフォリオの信用リスクヘッジである。店頭市場で取引が行われ、その価格水準が信用力のリアルタイムな指標と見なされ、取引される面もある。CDSのグローバルの取引規模は、BIS（国際決済銀行）によれば、グロスの想定元本残高ベースで2007年12月末に約58兆米ドルであったものが2016年12月末には約10兆ドルまで減少している。

金融危機以降カウンターパーティリスクが問題となったため、一部のCDS取引は清算集中が義務付けられることとなった。本邦でも日本証券クリアリング機構（JSCC）において、2011年から取引規模の大きいインデックスCDS、2014年からは主要銘柄のシングルネームCDSを対象として中央清算が開始されている。

市場環境と経営

2018年10月15日にスタートした**ローソン銀行**。小売り系銀行の後発組として、ビジネスモデルの確立と差別化が注目される

みずほフィナンシャルグループは傘下の銀行・信託・証券の**共同店舗**を拡大している。顧客の幅広いニーズに対応するのが目的

金融EDI

企業間取引における受発注などの物流に関する商流情報と、振り込みなどの決済情報を連動させ、企業間で決済する際の取引関連データを電子的に交換する仕組み。

EDI（Electronic Data Interchange）は電子データの交換を意味しており、商取引に関する情報を標準的な形式に統一し、企業間で電子的に交換する仕組みのことである。受発注や見積もり、出入荷などの商取引データなどを電子化し、インターネットや専用の通信回線網などで送受信する。

こうしたEDIにおける受発注の商取引データに、振り込みなどの資金決済データを連動させて、企業間で授受する仕組みを金融EDIと呼び、現在その高度化が推進されている。

企業間では商品などの受け渡し時ではなく、将来の期日に代金を決済することが多い。このため、企業は決済の度に売掛金の消し込み作業を行う必要があるなど負担になっている。

金融EDIで、振り込みなどの決済情報と受発注などの商流情報がシステムでひも付けされれば、消し込み事務が自動化され、業務の省略化・効率化に寄与する。これを実現するため、振り込みデータに取引内容の特定を可能にする商流情報の添付が望まれていた。

こうした声を受け銀行界は、金融EDIを含む企業間決済の高度化に向けた取り組みのあり方などを検討するため、「企業決済高度化研究会」（事務局・全国銀行協会）を設立、2012年に報告書を公表した。

それを踏まえて、商流情報と決済情報の連携（EDI情報の添付拡張）が実現した場合の決済業務（売掛金消し込み業務など）の効率化を検証するため、流通業界及び自動車部品業界が実証実験を実施した。

この結果、受取企業側において

て年間約400時間（中堅製造業）から約9,000時間（大手小売業）の決済関連事務の合理化効果が確認された。

実験の結果も踏まえ、**金融庁の金融審議会**は2015年12月、企業間の国内送金指図で使用されている電文方式を、2020年までに「XML（eXtensible Markup Language）電文」に移行することを提言した。

これは、現在使用されている「固定長電文」は、電文の長さや情報量（例えばEDI情報欄は半角20桁まで）が定められており、付加できる情報が限られているためである。XML電文は、電文の長さや、電文上のデータの意味付け、データ間の関係を自由に設計・変更可能であり、移行後は金融EDI情報も拡張されることになる。

2016年12月には、全国銀行協会及び全国銀行資金決済ネットワークにおいて、固定長ファイルからXMLファイルに移行する「金融・ITネットワークシステム」（全銀EDIシステム／愛称：ZEDI〔ゼディ〕）を、プラットフォームとして新たに構築す

ることが決定した。決済インフラの抜本的な機能強化の一環で、2018年12月から稼働する。受取企業における会計及び経理事務（売掛金などの消し込み作業）の効率化、ならびに支払い企業における入金照合に関する問い合わせ対応の削減などを実現する。

2017年8月には、ZEDIが取り扱う適用業務及び各適用業務におけるレコード・フォーマット（XML形式）が制定された。

また、全国銀行資金決済ネットワークは、ZEDIの稼動に合わせて、その利用を普及していくため「簡易XMLファイル作成機能」（Simple-ZEDI＝S-ZEDI）を構築することを決めている。

ウェブブラウザ上の画面に入力することで、支払い通知情報や請求書番号などの金融EDI情報を添付した振り込み電文（XMLファイル）を簡易に作成できる。

わが国の商取引情報及び決済情報のシームレスな連携が実現するIT社会の基盤として、ZEDIが定着するよう官民を挙げた推進が行われている。

ALM

ALM（Asset Liability Management）とは、資産及び負債の価値に影響を与えるようなリスクを適切に把握し、資産・負債の構成を操作することにより、リスクをコントロールすることを言う。

1980年以降ALMの手法が普及し始めたのは主に以下のような要因による。

第一に金利、業務の自由化により金融機関が取り扱うことのできる資産・負債の内容が多様化、かつ市場の動向により価格変動が激しくなったこと。

第二に資産内容の多様化、市場動向の影響による感応度の上昇により、市場動向が金融機関の収益に及ぼす影響が増大したこと。

第三に、スワップ、先物などの**デリバティブ**取引が急速に発展し、こうした取引により大きな収益機会を得る一方、思わぬ損失を被るリスクも高まったことから、リスク管理の必要性が高まったことによる。

当初、ALMの基本的な目的は、金融機関における資産側の貸し出しや有価証券と、調達側の預金の金利リスクや流動性リスクのギャップのヘッジ、あるいは有価証券の運用方針の決定であるとされていた。

このための具体的な手法としては、一定期間に金利が更改される資産と負債の差額の分析（ギャップ分析）、金利更改期までの期間を区分しそれぞれの期間における資産・負債の残高及び差額の分布分析（ラダー分析）などがある。

その後、自己勘定によるトレーディングの重要性が高まったことにより、管理手法が高度化され、自己勘定を含む金融機関全体のリスク量を統合して算出するとともに、統括する部署が設けられるようになった。現在では、多くの金融機関で「ALM委員会」といった特別の機関で、全体のリスクのモニタリングを行っている。

コンダクトリスク

コンダクトリスクとは、オペレーショナルリスクの中で、特に「顧客保護」「市場の健全性」「有効な競争」に対して悪影響を及ぼす行為が行われるリスクである。

英国金融当局(金融行為監督機構)は、金融機関に期待されるコンダクトとして「顧客の正当かつ合理的な期待に応えることを、金融機関が第一に自らの責務として捉えて、顧客への対応や金融機関同士の行動、市場での活動で示すこと」と位置付けている。これを受けて、「顧客保護」「市場の健全性」「有効な競争」に対して悪影響を及ぼす行為が行われるリスクをコンダクトリスクと定義されるようになった。

コンダクトリスクが問題になった契機は、ロンドンの金利指標(LIBOR)が不正に操作されていたことが発覚したことによる。これにより、金融機関自身が損失を被らなくとも、顧客保護に欠け、市場の健全性を失い、有効な競争が阻害されるリスクのあることが明らかになった。**オペレーショナルリスク**の中でコンダクトリスクの位置づけは以下のように図示される。

一部金融機関で問題になった書類偽造による不適切な融資などは、書類偽造という犯罪行為と、返済能力のない顧客に対する貸し出しという適合性原則違反というコンダクトリスクが複合したオペレーショナルリスクが顕在したものであると言える。

出所:日本銀行金融機構局金融高度化センター資料より一部加筆

オペレーショナルリスク

金融機関の業務の過程、役職員の活動もしくはシステムが不適切であること。または、外部で生じた事象により損失を被るリスクなどを指す。

オペレーショナルリスクは、金融機関内部の要因(事務管理上の不備、システムの不備、人的な不備、内部不正など)及び外的な要因(自然災害、外部犯罪など)によって、金融機関の業務プロセスが適切に機能せず、事件、事故、トラブルなど不測の事態が発生するリスクである。オペレーショナルリスクは幅広い概念であることから、上記のリスクに限らず金融機関が自ら「オペレーショナルリスク」と定め、管理するリスクも含まれ、その中には風評リスクなど、規制自己資本比率算定対象とならないリスクもある。

オペレーショナルリスクの顕在化の例は多岐にわたり、いくつかの要因が複合的に絡み合って顕在化することも多い。これらリスクの総合的な管理は、業務の健全性及び適切性の観点から極めて重要であり、リスク対応は経営陣が率先して全社的に行う必要がある。金融機関では、各部・各支店から上がってくるリスクの情報を一元的に管理・統括し、その情報に基づいてリスクに対応する「リスク管理」の部署を設けるのが通例である。

オペレーショナルリスクの顕在化の例

主に内部管理上の不備に起因	主にシステムに起因	主に人的な要因に起因	主に外的要因に起因
・現金事故 ・為替事故 ・規定不備による事故 ・情報漏洩 ・法令違反行為	・ATM障害 ・オンライン停止 ・機器故障	・横領など犯罪行為 ・インサイダー取引 ・不正会計処理 ・ハラスメント ・過労死	・自然災害による業務の中断・停止 ・外部犯罪被害 ・風評リスク

プリペイメントリスク

定期預金や住宅ローンなどにおいて、顧客の期限前解約、債務不履行（デフォルト）などの要因により、残高や利息が当初の想定よりも減少するリスクのこと。

定期預金や住宅ローンといった期日の定めのある商品では、顧客の期限前解約や繰り上げ返済などにより、当初の契約条件に従って見積もった収益が得られなくなる可能性がある。収益の減少分は金融機関の負担となるため、期限前解約率や繰り上げ返済率などを金利に織り込み、収益の減少が見込まれる部分をカバーすることが望まれる。リスク管理の一環として、過去の期限前解約や繰り上げ返済を分析し、プリペイメント率を計量化している金融機関もある。

特に住宅ローンは取引期間が長く、繰り上げ返済率が高いことから、金融機関にとって最もプリペイメントリスクが高い商品である。住宅ローンの繰り上げ返済率は、金利差や経過期間などの要因によって変動する。例えば固定金利型の場合、市場金利が下落して以前契約した借入金利との差が拡大すると、より有利なローンに借り換えようとして既存のローンを返済する債務者が増える。つまり、固定金利型住宅ローンの繰り上げ返済率は市場金利が下落すると上昇し、逆に市場金利が上昇すると下がる。

また、繰り上げ返済率は、取引開始後の経過期間によっても大きく変動する。一般に繰り上げ返済は、取引開始直後は少なく、その後、時間の経過に合わせて増加する傾向がある。

貸し出し需要が伸び悩む中、多くの金融機関は住宅ローンに力を入れている。住宅の新規取得時だけでなく、住宅ローンの借り換えを狙った営業にも積極的である。そのため足元では、借り換えによる繰り上げ返済が増加している。

市場環境と経営

121

銀証連携

銀行と証券会社による業務やサービスの連携。規制緩和によって日本でも実現した。ワンストップサービスで顧客の利便性が向上し、金融機関側も取引層や業務の拡大が期待できる。

日本では、銀行と証券会社の業務は厳しく分けられてきた（銀証分離）。しかし、1993年の金融制度改革で、銀行と証券会社が子会社を設立して相互参入できるようになった。その後、持ち株会社方式での銀行・証券子会社の保有、銀行による投資信託の窓口販売解禁や株式の取り次ぎ解禁、**ファイアウォール規制**の緩和、役職員の兼務解禁など規制緩和が進んだ。

銀行にとっては、株式、投資信託、債券などの資産運用商品を預金者に紹介することで、顧客の利便性を向上させることができる。一方、証券会社にとっては、銀行の支店網を利用し新たな顧客層が獲得できる。また、その預金者が預貯金の一部を金融商品運用にシフトすることを期待できるほか、銀行の融資や**M&A**に関するノウハウを法人営業に活用できる。

なお、銀行の優越的な地位の乱用や利益相反の弊害など、顧客や投資家に不利益が生じないよう、内部管理体制の強化などが銀行に課せられている。

みずほフィナンシャルグループ（FG）では、みずほ信託銀行を加えた「銀・信・証連携」を進めている。みずほ銀行は全店で金融商品仲介を行い、みずほ証券は全店が銀行代理店である。現在は、リモートも活用した店舗における銀信証ワンストップのコンサルティング提供を進める一方、ネット取引における銀信証の一体化も進めている。店舗のデジタル化とネット化に対応しながら、銀信証サービスの拡充を同時並行的に進めることで、顧客サービス向上とコスト競争力を両立させようとしている。

三菱UFJFGでも、グループ**共**

同店舗であるMUFG PLAZAを増やすなど、銀行・証券に加え信託によるグループ一体的な業務運営を推進している。三菱UFJ銀行は、三菱UFJモルガン・スタンレー証券などからの証券出向者を増員し、証券プロ人材による営業体制を強化。海外でも銀証一体に取り組み、例えば、海外企業同士のM&Aに関して主導的な地位でファイナンスを実行している。また米国では、出資先であるモルガン・スタンレーとの協働を拡大中だ。順次、欧州やアジアでも銀・証一体運営を拡大する予定。

三井住友FGにおいては、三井住友銀行とSMBC日興証券が銀証連携を展開している。法人向けサービスでは、三井住友銀からSMBC日興証券に対し、資産運用や投資銀行ニーズのある法人顧客の紹介が行われている。リテール向けサービスでは、銀行側からは積極的な運用ニーズのある個人顧客の紹介、証券会社側からは資産・**事業承継**ニーズのある顧客の紹介をしている。

地域銀行では横浜銀行、千葉銀行、静岡銀行など多くが証券子会社を保有する。銀証連携で、金融商品ビジネスの拡大を促し、販売手数料収入の確保に努めている。金融商品の品揃えを強化することで、シニア層や富裕層を中核としたリテール向け金融商品販売体制をより強固にしている。また、グループ総合力を発揮することで顧客・収益基盤が、銀行グループ外に流出することを防ぐのも狙いだ。

このため、地域銀行による証券子会社の新設や完全子会社化が続いている。2017年のほくほくFG、七十七銀行、京都銀行などに続き、2018年には九州FGが新たに証券子会社を設立した。

「貯蓄から投資へ」というスローガンが掲げられて久しいが、個人金融資産の現金・預金への偏重に大きな変化はない。株価下落など世界経済や金融市場が不安定化することで、今後、資産運用において顧客が投信で含み損を抱えたり、損失計上したりするケースが増える可能性がある。銀行と証券が協働して、いかに市場情報をタイムリーに提供し、リスクを説明していくのか。リスクオフの局面こそ、銀証連携の真価が問われることになる。

BPR

金融機関では、コスト削減圧力、働き方改革への適応、外部連携を前提としたビジネスモデルへの変革がドライバーとなり、従来の枠組みを超えた業務の抜本的見直し（BPR）が進んでいる。

Business Process Re-engineeringの略。金融機関は業務効率化、顧客満足度向上のため、従来から①個々の営業店・部署の業務を専門部署へ集約②業務プロセス自体の見直しや人材の多能工化（多様な業務を遂行できる柔軟な体制整備）——などの業務改革を進めてきた。ただ、長引く資金ニーズの低下と低金利政策に加え、働き方への意識の変化、金融への異業種参入などで、銀行の経営環境は変曲点を迎えている。

近年では、デジタルトランスフォーメーション（DX）と呼ばれる、従来の営業店中心のチャネルから、フィンテックやAI（人工知能）など先端技術を持つプレーヤーとの外部連携を前提にした、新しい顧客体験・行員業務への転換が進んでいる。具体的には、ネットと連携した店舗設計、店舗の印鑑レス・ペーパーレス・バックレス化、AIによる審査等判断業務の自動化、顧客データを活用した提案営業の自動化、音声テキスト化技術による記録簿の自動化、RPA導入、銀行を起点とした法人顧客・自治体のデジタル化などである。

他方、例えばRPAをそのまま今の業務プロセスに当てはめただけでは、個々のプロセスで局地的な効果が実現できても、銀行全体では効果は僅少である。これらのデジタル技術を活用しながら、そもそもの業務自体の必要性やあり方、ビジネスモデル変革にまで踏み込まない限り、今銀行が求められているような大きな改革は望めない。その意味で、銀行は手段としてのデジタル技術を導入することだけで満足せず、これまで踏み込もうとしても踏み込めなかった「大きな覚悟を伴う改革」を実施する必要がある。

共同店舗

共同店舗とは、同一敷地内で、銀行と銀行、銀行と証券といった複数の金融機関などが共同で運営する店舗を指す。規制緩和を受けて今後さらに広がるとみられる。

複数の銀行や証券会社、保険代理店などが、同一の建物や同一フロアにおいて共同の営業所を設置して運営する共同店舗では、拠点網の拡大やワンストップサービスにより顧客の利便性を向上させられる。銀行側にとっても店舗運営に関わるコスト削減効果が期待できる。

金融庁が2018年に発表した監督指針により、共同店舗において従業員の兼務や外部委託が可能となり、顧客情報保護のために必要な措置をすれば遮断壁などを設ける必要もなくなるなど、複数の金融機関が共同店舗を運営しやすくする規制緩和が実施された。

みずほフィナンシャルグループ（FG）は、2024年度までに全拠点数を500拠点から400拠点に削減する一方、傘下の銀行・信託・証券の共同店舗数を2017年9月

末時点から30拠点増やし220拠点にする予定である。全体の拠点数を減らしつつ、共同店舗を増やして顧客の幅広い金融ニーズに対応している。

地域銀行では、コンコルディアFG傘下の横浜銀行と東日本銀行が都内で共同店舗を運営している。広島銀行とひろぎん証券は、多様化する顧客ニーズにワンストップサービスで応えるため共同店舗の設置を進めており、合計12カ店にまで拡大している。また、清水銀行や筑邦銀行では、ネット証券のSBI証券と共同店舗を設置することで、地元顧客の証券ニーズの取り込みに努めている。

その他、金融機関同士ではないが、銀行とコンビニエンスストアの共同店舗や、カフェ、保育所、本屋などを併設した銀行店舗も登場している。

市場環境と経営

125

店舗内店舗

店舗内店舗（ブランチ・イン・ブランチ）は、複数の店舗を一つの店舗（建物）内で営業する形態。店舗を廃止せずに済むため口座番号の変更が不要で、顧客の利便性にも配慮できる。

店舗内店舗は、バブル崩壊後の不良債権問題や金融危機の過程で合従連衡を行った大手行が、合併に伴うシステム統合前に、店舗網にかかるコスト削減効果を得るために実施してきた。その後は、メガバンクに限らず多くの金融機関が、顧客の利便性に配慮しつつ店舗統廃合に準ずるコスト削減ができる手法として、合併やシステム統合を伴わなくても実施している。維持・存続が難しい店舗を近隣の店舗内に移転・同居させるケースが多い。

店舗内店舗のメリットは、通常の統廃合では廃止店舗に口座を保有する顧客の店舗名・店番号・口座番号の変更が必要となるが、店舗内店舗はあくまで移転のため、口座番号などの変更を必要としない。そのまま通帳・証書・カードを利用できるなど、顧客の利便性に配慮できる。また、移転前の旧店舗にかかる不動産関連や賃料といったコストの削減ができる。

店舗内店舗は、実質的には店舗統廃合でありながら、見た目の店舗総数としては、変わらないことも金融機関にとって都合がいい。

デメリットとしては、顧客の誤認リスク、本部による事務・システム管理の負担増、コスト削減効果が店舗統廃合に比べ限定的といった点が挙げられる。

現在、メガバンクだけでなく地域金融機関でも、金融のデジタル化や人口減少などを受けて、店舗機能の見直しや店舗の統廃合が急ピッチで進められている。従来型のフルバンキング店舗を基本としながら、**共同店舗**、**軽量型店舗**や空中店舗といった選択肢の一つとして、店舗内店舗の導入を進める金融機関が増えていくとみられる。

軽量型店舗

軽量型店舗は、現金を取り扱わずに個人の資産運用相談などへ特化することでコスト削減を図り、好立地で夜間・土日営業を行うなど顧客ニーズに応えることも目指す店舗形態。

金融のデジタル化の加速もあり、従来型のフルバンキング店舗への来店客数が落ち込む中、メガバンクや地域銀行では、個人特化店を開設する動きが加速している。通勤客が立ち寄りやすい立地において資産運用や住宅ローンに特化した店舗を夜間まで営業したり、富裕層や資産形成層が多い都心住宅地で土日も営業したりするのが特徴。

多くの場合が、従来型の店舗より小規模でかつ少人数運営であり、窓口をなくし、現金を取り扱わないことにより、機動性とコスト削減を実現している。

三井住友銀行が、2018年に開設した麻布十番支店（東京都港区）は、常駐行員が5人と同行の支店では最少で、面積も小さい軽量型店舗である。資産運用の相談に応じる個人専用店舗であり、窓口はなく、事前予約制となっている。

りそな銀行は、相談特化型店舗「セブンデイズプラザ」を首都圏、名古屋、関西において13拠点設けている。現金取り扱いなし、事前予約制であるほか、年中無休で19時まで営業。資産運用・保険・ローンなどの相談を行っている。りそなグループでは、商業施設や駅前・"駅ナカ"施設など顧客が立ち寄りやすい施設などへの出店も拡大していくことで、2019年度までに相談特化型の軽量型店舗を45拠点設ける予定だ。

東京スター銀行は、店舗の面積を通常の5分の1の約20坪とし、現金を取り扱わない少人数（3人）で運営する軽量型店舗「アドバイザリープラザ」を都内の代々木上原（渋谷区）、南砂町（江東区）、三軒茶屋（世田谷区）に展開している。現金は取り扱わずATMもなく、個別の相談ブースやカウンターを設けている。

市場環境と経営

外国人持株比率

発行済み株式のうち、外国籍の法人や個人の保有している株式の比率。近年、銀行業界では安定株主の持ち株比率が低下し、外国人持株比率が上昇する傾向がみられる。

従来、銀行の安定株主は生命保険会社や他業態の銀行、友好事業会社であった。近年、こうした安定株主の持株比率が低下する一方、外国人持株比率が上昇している。2018年3月末時点で外国人持株比率が20％を超えた上場銀行・グループ（G）は、16行・Gと、前年から3行・G増えている。

いわゆる株式持ち合いに関しては不透明性・閉鎖性に対する批判を背景に解消が進行しているほか、バブル崩壊後の銀行業績の落ち込みにより、銀行と事業会社間の持ち合いが削減された経緯がある。都銀による地銀株式の保有も、自己資本比率規制の強化に対応して、削減が進められている。安定株主の保有が減少するなかで、外国人株主の銀行株保有は増加している。

日本国内の株主に比べて積極的に意見を主張する外国人株主の増加は、企業のガバナンスの透明性を高め、収益力の向上を促す側面がある。この一方で、外国人株主は増配や自社株買いによる利益の還元に対する圧力を強める要因となる。2018年7月に**日本銀行**の職員が公表した論文によると、2010〜2016年度の地銀の配当や自社株買いと外国人持株比率には相関関係があるとの結果が得られている。

低金利政策の影響等により地銀を始めとした銀行業界の収益力が低迷するなかで、日銀や**金融庁**は、実力の伴わない無理な株主還元の実施が経営体力の低下を引き起こすと懸念している模様である。こうした懸念を払拭するため、銀行業界は株主との意思疎通を強化し、中長期的視点に立脚した株主還元の実施に努める必要があろう。

DOE（株主資本配当率）

「Dividend on Equity」の略で、企業が株主に対してどの程度の配当を支払っているかを示す比率。配当性向（Dividend payout ratio）とともに、株主還元の水準を表す指標である。

DOEは、一定期間（通常1年間）の支払い配当総額を、株主資本で割って算出する。企業に対する株主の持ち分である株主資本に対し、どの程度、還元しているのかを測るために用いられる。

通常、分子の配当額が1年間のフローの概念であるため、分母の株主資本も期初と期末の平均が用いられる。

DOEは、一定期間の利益に対する支払い配当額の比率である配当性向と、株主資本利益率（ROE）を掛けても求められる。配当性向が引き上げられた場合や、ROEが上昇した場合に上昇する。

株主還元の水準を測るための指標としては、その期の利益と配当を比較する配当性向が最も一般的である。2016年度の生命保険協会の調査によれば、DOEを公表している企業は3％にとどまった。

しかし、企業が当期利益に対する配当性向に重点を置き過ぎると、利益の変動によって配当額も変動してしまう。突発的な損失が発生した場合、市場にとって想定外の減配につながりかねない。

このため近年では、変動が少ない株主資本を分母とするDOEを、新たに配当支払いの目標値とする企業が出始めている。

2018年3月期には、資生堂がDOE2.5％を新しい目標として発表した。同様に、ファンケル、日本航空なども、DOEを配当の指標として導入している。こうした対応について株式市場からは、長期的に還元を増やそうという姿勢を感じるとして、プラスに評価する傾向がみられる。株主との対話が重視される中、多面的な株主還元の基準として、DOEが導入される動きは今後も広がるだろう。

市場環境と経営

集団的エンゲージメント

複数の機関投資家が共同して、株主の立場から、企業が抱える経営上の問題についての対話や改善提案などをすることにより、企業に影響を与えようとする一連の行動。

株主の視点から見て、明らかに不適切な経営を行っているために中長期的に企業価値を毀損していると思われる企業に対し、複数の機関投資家が共同してその改善を促すことを目的とする一連の様々な行動。大手機関投資家は1,000社を超える企業に同時に投資しており、費用や人員の面でも他の機関投資家と共同でエンゲージメントを実施することが効率的である。投資と対話を通じて企業の持続的成長を促すことを目的として策定された**日本版スチュワードシップ・コード**が2017年5月に改訂され、「他の機関投資家と協働して対話を行うこと（集団的エンゲージメント）が有益な場合もあり得る」とされたことで、にわかに注目度が高まってきている。

具体的な集団的エンゲージメントとしては、企業に経営改善を求めるレターを連名で送付する、直接面談して対話する、株主総会で議決権の行使や株主提案を共同で実施する——などがある。日本では、2017年10月に機関投資家協働対話フォーラムが設立され、集団的エンゲージメントが本格的に始まっている。

ただし、運用方針や投資期間、投資対象銘柄数などは機関投資家によって違いがあり、何をもってエンゲージメントとするかは投資家間で考え方が異なる。また、実施する際の姿勢として、企業に対する圧力や規律付けを重視する投資家や、企業に寄り添って建設的かつ協調的に企業改善を促すことを重視する投資家など立場も様々である。企業側が積極的かつ友好的に参画できる仕組みの構築など課題も残されており、今後の動向が注視される。

利用分量配当制度

利用分量配当は、協同組織などの配当の一種。配当には、出資配当と利用分量配当があり、前者は出資額に一定率を乗じたもの、後者は組合員等の事業の利用量に応じて剰余金を分配する。

営利法人は、利益剰余（純資産の額から法定準備金などを控除した額）を配当できるが、非営利のNPO法人等は配当できない。協同組織・協同組合は、剰余を内部留保し事業の継続に当てるが、配当もできる。配当には出資配当と利用分量配当があり、前者は定款の定め（総会・総代会の議決）により、会員・組合員の出資に応じて配当金が支払われる。これに対し利用分量配当は、剰余の源泉が組合員の利用すなわち組合に対する支援（貢献）から生じるという趣旨から、その利用・支援の度合いに応じ剰余の一部を組合員に還元するもので、組合制度に固有である。取引が多ければ受け取り配当が多くなり、手厚い還元となる。広く行われているポイント制度と類似した制度である。

協同組織等の根拠法では、組合の剰余金の配当は、主として組合事業の利用分量に応じてするものとし、出資額に応じて配当をする時は、その限度が定められている。利用分量配当が主なのであるが、出資配当がほとんどの協同組織等で実施されている一方、利用分量配当は一部でのみ実施に過ぎず、信用金庫や地域信用組合では実施されていない。

実施している12の信用組合の内訳は、業域27のうち4、職域が17のうち8（2018年9月末）。ある職域信組の利用分量配当は預金利息100円につき10円、貸付利息100円につき22円が利用分量配当で、出資配当は3％である。利用分量配当額は8.7億円、出資配当は1.2億円で、配当の当期純利益に対する還元率は74.2％になっている。住宅ローンの手数料が不要なほか、支払利息の一部の返還例もある。JAバンクのポイント制も同趣旨である。

市場環境と経営

131

暴力団排除条項

暴力団等との取引拒絶や、取引開始後に取引の相手方が暴力団等であることが判明した場合に契約を解除する旨を記載した契約条項。金融機関は暴排条項の厳正な運用が求められている。

近年、暴力団等の反社会的勢力（反社）は活動実態を隠すために通常の企業活動を装うなど、資金獲得活動を巧妙化させている。こうした状況に対応するため、2007年に政府は「企業が反社会的勢力による被害を防止するための指針」を公表し、その対策の一つとして暴力団排除条項（暴排条項）の導入が盛り込まれた。

指針を踏まえ、2008年3月に**金融庁**は各業態向けの監督指針を改正し、同年11月に全国銀行協会は銀行取引約定書の暴排条項の参考例を発表、2009年には普通預金や当座勘定などの参考例が公表された。2011年には、暴力団の共生者や元暴力団員も排除対象とすることを明確にする改正が実施された。暴排条項の導入後、各金融機関は暴力団関係者の預金口座の解約に取り組んでいる。読売新聞が2018年6〜7月に調査した結果によると、暴力団関係者の預金口座を解約した銀行は59行、解約件数は約1,300件に上っている。

2013年にみずほ銀行の提携ローンに係る暴力団員向け融資の問題が発覚し、金融庁は反社対策を強化した。同年12月に金融庁は「反社会的勢力との取引遮断に向けた取組み推進について」を公表し、その内容は監督指針にも反映されている。

2018年1月から、銀行業界が警察庁の保有する反社データベースに預金保険機構を経由してオンライン照会できる**反社情報照会システム**の取り扱いが開始された。従来に比べ反社の確認手続きが厳正化されたことに伴い、個人ローン取引に関しては、カードローン等の即日融資が不可能となった。

市場環境と経営

反社情報照会システム

警察庁が保有する反社会的勢力のデータベースへのオンラインでの照会を可能とするシステム。2018年1月から、銀行による情報照会の運用が開始された。

反社会的勢力による詐欺やマネーロンダリング（資金洗浄）などの犯罪を防止するため、暴力団組員を銀行取引から排除する取り組みの強化が求められている。2018年1月から、銀行取引のうち個人ローンの申込者について、オンラインにより警察庁のデータベースを照会できるシステムの運用が開始された。

警察庁と預金保険機構のサーバーが接続され、銀行は預金保険機構を介して申込者の氏名と生年月日がデータベースに登録されているかどうかを照会する。仮に、データベースに暴力団員等の該当者が存在した場合には、同姓同名の可能性などがあるため、改めて都道府県警に再確認の照会を個別に行うこととされている。個別照会により暴力団組員であることが確認された場合、銀行は融資の申し込み

を拒否することになる。

これまで、銀行は独自に反社データベースを作り、疑わしい取引申込者に関しては都道府県警に照会を行ってきた。2013年に大手銀の系列信販会社を通じた暴力団組員への融資が発覚し、全国銀行協会は反社勢力を銀行取引から排除する体制を強化するため、オンライン照会システムの構築を急いできた。

現行の反社情報照会システムの照会対象は貸し出し取引に限定された。預金口座の開設は件数が膨大であるため照会の対象から見送られている。

反社情報照会システムは、手続き上、金融機関の照会に対する回答が確定するまでに時間を要する場合がある。このため、カードローン等の個人ローンの即日融資は、本システムの運用開始後は不可能となっている。

市場環境と経営

信用リスクデータベース

与信先の財務データやデフォルト（債務不履行）実績等を収集したものである。金融機関の与信判断や信用保証協会の信用保証料率の算定などに利用されている。

1990年代末ごろから、中小企業融資にクレジットスコアリングを導入する銀行が現れた。また1998年から検討が開始された国際自己資本比率規制の改定により、所要自己資本を算出するため信用リスクの精緻な分析を基盤とした内部格付け手法が導入された。中小企業向けのクレジットスコアリングや内部格付け手法の基盤となるデータは、企業の財務情報やデフォルト実績である。信頼性の高い与信審査モデルや内部格付けを開発・運営するには、各金融機関が収集したデータを持ち寄り、データベースを構築する必要があった。

そこで、2001年に信用リスクデータベースを運営する組織として中小企業庁がCRD協会を設立した。現在、同様の組織として、地方銀行協会のCRITSや信金中央金庫のSDB、民間会社の日本リスク・データ・バンク（RDB）がある。これらの機関はデータベースを提供しているほか、デフォルト確率や業種別・地域別の経営指標の統計情報を提供する場合もある。財務データの他に、取引先の預金や貸出金の取引履歴、債務者区分遷移をデータベースに取り入れる動きもある。信用リスクデータベースは、信用保証協会が保証料率を算定する際にも利用している。

信用リスクデータベースの対象は事業性融資だけでなく、住宅ローンやアパートローンの分野にも拡大しつつある。今後は、与信リスク判断の精緻化を図るだけでなく、インターネットを活用した非対面による与信サービスを提供する上での基盤としても、利用が拡大することが予想される。

オムニチャネル

多様なチャネルを効果的に融合することで、より利便性の高いサービスを提供すること。オムニ(omni)は、「全て」という意味である。

営業店の窓口を始めとして、ATM、コールセンター、携帯電話、パソコンなど、金融機関は多様な顧客チャネルを持っている。それぞれ独立したチャネルとして運用されている傾向が強いが、顧客の利便性を高めるため、これらのチャネルを効果的に連携するオムニチャネル戦略が関心を集めている。

オムニチャネルには決まった形のサービスはないが、多くの場合、インターネットとリアル(現実)を融合することになると考えられ、「OtoO」(Online to Offline)と言われることもある。ネットバンキングは、いつでもどこでも取引できる利便性がある一方で、可能な取引の種類が限定される。例えば、資産運用や住宅ローン取引を開始する場合には、有人店舗で時間をかけて相談、説明する必要がある。日頃、ネッ

トやATMを主体に取引する顧客に対しては、有人対応が必要な金融サービスのアプローチが十分に出来ていない。顧客データを分析し、こういった取引の見込みがある顧客にネットやATM取引の機会を通じて来店を勧めたり、来店予約を受け付けたりするといった取り組みも、オムニチャネル戦略の一例として挙げられる。

金融機関にとって、最も手厚いサービスを提供できるチャネルは有人店舗である。しかし、その維持にかかるコストは経営を圧迫する一因となっており、チャネル改革は優先順位の高い課題である。解決策としてオムニチャネル戦略が注目されているが、多様なチャネルをどのように効果的に連携するのか、顧客の利便性を高めるためのアイデアが重要である。

市場環境と経営

ソーシャルリスニング

利用者がソーシャルメディアに書き込んだコメントなどを収集・分析し、自社の商品・サービスの向上に役立てるマーケティング手法。

ソーシャルメディア、商品評価サイト、個人ブログなど、ウェブ上には様々な商品・サービスに対する意見やクチコミ、コメントなどが書き込まれている。ソーシャルリスニングとは、これらの中から自社の商品・サービスに対する評価を収集・分析し、品質改善、顧客満足度向上に向けた施策を検討するマーケティング手法である。

これまで、自社の商品・サービスを利用する顧客の声を収集する方法としては、アンケート調査やインタビュー調査が定番的な手法であった。また、コールセンターも顧客の声を収集する接点として機能している。

これらと比較すると、ソーシャルリスニングには、「調査を前提としないことからバイアスがかからず、ユーザーの本音を収集することができる」「ユーザー

が自発的に書き込む情報を収集しており多額の費用がかからない」「コールセンターには一般的には苦情を始めとするネガティブな意見が多いところ、ソーシャルリスニングではポジティブな意見も収集できる」などの特徴がある。

金融機関に関しても、窓口対応、個別商品、キャンペーン、各種手数料など多様な観点での書き込みが見られる。これらを分析することで、サービス向上につなげる余地は十分にある。また、競合他行に関する評価、クチコミを分析することも有用であろう。

ソーシャルリスニングは通常、プログラムにより情報の収集・分析を行う。ウェブ上にある玉石混交のコメントの中から必要な情報を精度高く抽出できるかが成功のカギとなる。

市場環境と経営

日銀トレード

日本銀行の量的・質的金融緩和（QQE）による国債大量購入の中で、新発国債を発行市場で落札した後、短い期間で日銀に転売することで値ざやを稼ぐ取引。

日本銀行がマイナス金利政策を導入した2016年2月以降、10年債利回りは11月頃までマイナス化した。国債は金利が下がると価格は上昇し、満期まで保有した場合には投資家は確実に損をする（政府はもうけを得る）。

金融機関が経済合理的な機関投資家であれば、損をする取引をするはずがない。損をしない、すなわち満期前に確実に高値で売却できる見込みがあるが故に、新発国債を発行市場で落札している。その方法が日銀トレードだ。市場への円滑な資金供給のための日銀の買いオペを活用し、金融機関は新発債を短期間のうちになるべく高い価格で日銀に転売して利益を出そうとする。この比較的確実に利益を確保できる取引は、長短金利操作付き量的・質的緩和の効果で利回りがプラス化した10年債で

は見られなくなったものの、利回りが未だマイナスの5年債などで行われている。

裏を返せば、日銀は損を覚悟で日銀トレードを黙認している。日銀の財務悪化は国庫納付金の減少というコストを招くが、政策目標である「2％のインフレ実現」というベネフィットのためには、必要な金融緩和策であるというのが日銀の見解である。だが、この状況は、実質的に財政ファイナンス（日銀が国債直接引き受けにより、財政赤字を肩代わりすること）ではないか、との批判もある。

なお、日銀によるETF（上場投資信託）の買い入れ額増加に伴い、日経平均に連動するETFの価格が上がることを見込んで日経平均を買い、TOPIXを売り立てる取引を「日銀トレード」と呼ぶこともある。

市場環境と経営

独立社外取締役

一般株主との利益相反が生じる恐れのない社外取締役。法的な地位、責任範囲は会社法上の社外取締役と同じであるが、東京証券取引所が定める独立性の要件が、単なる社外取締役よりは厳しい。

かねて上場会社の業務執行を監督するためには社外取締役の役割が重要とされてきた。しかし、米エンロンの粉飾決算事件などを踏まえて単に社外取締役であるだけではなく、当該企業から独立している社外取締役でなければその監督は十分機能しないとされ、21世紀に入って独立社外取締役が重要であるとの認識がグローバルに広がった。

日本では東京証券取引所の規則により、上場会社には①1人以上の独立役員の確保義務②1人以上の独立取締役を確保する努力義務③独立役員に関する報告書提出義務——が課されている。一方で、**コーポレートガバナンス・コード**では「上場会社は少なくとも2人以上の独立取締役を選任すべき（原則4−8）」とされたが、これはそうしない理由を説明することで、この原則を実施しないことも想定されている。

東証が、一般株主と利益相反が生じる恐れがあると判断するのは次のような場合である（上場管理等に関するガイドライン）。①過去10年間、上場会社及びその子会社の業務執行者であった者②上場会社の親会社、兄弟会社、主要な取引先、多額の金銭その他の財産を得ているコンサルタントなどの業務執行者及びその近親者——の独立性を認めていない。他方、③主要株主の業務執行者④主要でない取引先、相互就任先、寄付先の業務執行者——には独立性は認められるが、上場会社との取引などの内容を開示する必要があるとされている。

東証によると、市場第一部では2018年7月現在、独立社外取締役2人以上の企業が91％に達している（2017年88％、2016年80％、2013年18％）。

監査等委員会設置会社

2015年施行の改正会社法で新たに認められた株式会社組織形態。取締役3人以上（過半数は社外取締役）で構成する監査等委員会が、取締役の業務執行の監査などを行う。

米国型の企業統治を目指して2003年の商法特例法改正で導入された委員会設置会社は、2006年5月施行の会社法でも認められた。しかし、監査委員会の他に指名委員会・報酬委員会も設置する必要があり、両委員会に経営の根幹を委ねることもあり、それほど多くの上場企業には普及しなかった。そこで、経営の執行と監督の分離を促進する観点から、2015年施行の改正会社法では、監査等委員会設置会社という形態が新設された。

監査等委員会設置会社は、取締役会のために監査を行う立て付けであり、内部統制システムを活用した監査を行うという点では「指名委員会等設置会社」（現在の委員会設置会社）の監査委員会に近い。監査等委員となる取締役は、その解任には株主総会の特別決議が必要になるなど、任期こそ短い（2年。監査役は4年）ものの、現在の監査役と近い身分保障がある。

2015年に制定された**コーポレートガバナンス・コード**上は、これを含む三つの会社形態は等しく取り扱われている。2018年7月末現在、市場第一部企業で512社（全体の24％）がこの形態を採っている。

また、監査等委員会設置会社の社外役員の最低人数は3人と、監査役設置会社で2人の社外取締役を置く場合（社外役員4人）より少なくて済む。この点、コスト削減だけでなく、地元のほとんどの企業と取引を有する地域銀行にとって、独立性の観点から適切な社外取締役候補を見出すのが難しいため、この制度は使い勝手が良い。地域銀行104行中33行（全体の32％）がこの形態を採用している。

市場環境と経営

無期転換ルール

同一の雇用主との間で、有期の労働契約が更新されて通算5年を超えた時に、労働者が申し込むことで期間の定めのない無期労働契約に転換されるルール。

同じ雇用主との間で期間の定めのある有期労働契約（1年、6カ月などの単位で雇用期間が定められた労働契約）を繰り返し更新し、通算5年を超えて6年目に入った有期契約労働者（パートタイマーやアルバイトなど名称を問わない）は、期間の定めのない無期労働契約への転換を申し込む権利を得られるルール。企業は、申し込みを拒否することはできない。

働く人の約4割を非正規労働者が占める雇用情勢の中、有期労働契約の雇い止めなどの問題を解消すべく、その適正な利用のためのルールを整備した改正労働契約法が2012年8月に成立した。無期転換ルールは同改正法の中に規定され、2013年4月1日より適用が開始された。

国家公務員・地方公務員、船員、及び同居の親族のみを使用する場合を除く、すべての労働者にルールが適用される。

無期労働契約への転換には労働者の申し込みが必要である。雇用期間の基準を満たした労働者が"申し込み"をした場合に、申し込み時点に有効な有期労働契約が終了する日の翌日から、無期労働契約が開始される。

労働者は、転換申し込み権が発生した時点以降の有期労働契約の期間中（有期労働契約を更新した場合は新たな有期労働契約の期間中）のいつでも、転換の申し込みができる。

2013年4月以降に締結された有期労働契約がルールの対象であるため、5年を経た2018年4月から、無期労働契約への転換申し込み権を持つ有期契約労働者が登場したことになる。その数、申し込み状況等に関する統計などは、まだ公表されていない。

プロセス評価

営業数値目標など、可視的な業務の成果だけでなく、結果に至るまでのプロセスを重視することで、より公正かつ客観的な評定を行おうとする人事評価。

バブルの崩壊により、高度成長期に導入された年功序列型の賃金制度の維持が困難になったことなどを背景に、企業の間で「業績評価」の導入が相次いだ。業績評価は、社員のモチベーション向上につながる、企業は優秀な人材を集めやすいなどのメリットがある一方、短期的な業績を追求するあまり会計不正に手を染める社員が現れるなど、弊害が指摘されるようになった。そこで、中長期的な案件や企業のビジョンへの実現に向けた取り組みを可視化して評価する方法として「プロセス評価」が広がった。

「プロセス評価」では、業績改善・業務効率向上になるよう業務プロセスを標準化し、実際の業務遂行が、標準化されたプロセスにどれだけ沿っているかをスコアリングなどで定量的に把握する。メリットとしては、数値化した評価基準による定量的な評価によって客観的で透明性の高い評価が実現できる、評価基準が明確になるため業務に必要な資格の取得など自己啓発につながる、評価の中に企業の経営理念に対する行動内容を織り込むことで企業理念への理解が深まる——などが挙げられる。最近では、働き方改革の広がりで人事評価制度への関心が高まる中、業務を遂行する能力が高い「仕事ができる人」に共通する行動特性を評価項目や評価基準とする「コンピテンシー評価」が、広義のプロセス評価として注目されている。

金融機関においては、**地方創生**の流れが加速する中で、コンサルティング機能の強化とともに、**事業性評価**に基づく融資の取り組みが進んでおり、プロセス評価に重点を置く企業が増えている。

市場環境と経営

141

グリーンボンド

再生可能エネルギーやエネルギー効率化など、環境関連事業における資金調達を目的とした債券。成長分野の資金調達手段として拡大が期待されている。

グリーンボンドとは、温室効果ガスの削減（エネルギー効率化、再生可能エネルギー導入）や生物多様性の保全といった環境関連事業の資金調達を目的とする債券である。単に投資家や発行者が環境貢献をアピールする手段ではなく、開発需要の高い成長分野の資金調達手法として注目されている。

グリーンボンドの定義や発行基準は、2014年以降、国際資本市場協会（ICMA）が毎年更新している「グリーンボンド原則」が目安となっている。これは、①調達資金の用途②プロジェクトの評価と選択のプロセス③調達資金の管理④情報公開──という四つの項目を核とする原則で、ICMAは同原則を日本語も含めて21カ国語に翻訳してホームページ上で公開している。

グリーンボンドは2008年に世界銀行が発行を開始し、欧州投資銀行やアフリカ開発銀行などの国際金融機関が取り組みを拡大してきたが、近年は民間企業や行政機関による起債も増えている。

国際NGOの気候債券イニシアチブは、2017年のグリーンボンド発行額が世界全体で1,555億米ドル（前年比78％増）に達したと報告している。国別の年間起債額をみると、米国が424億米ドルとトップだが、環境対策に関する資金需要が高まっている中国も225億米ドルと躍進している。

日本はトップ10入りを逃すなど出遅れているが、大手企業の起債事例が徐々に増えているほか、2017年10月に東京都が「東京グリーンボンド」を発行するなど、自治体の取り組みもみられつつある。

ESG投資

財務面のみならず、Environment（環境）、Society（社会）、Governance（ガバナンス）といった非財務面を考慮した投資。企業の持続可能性が評価されることで、長期的な収益確保が期待できる。

ESG投資は、企業の財務情報だけではなく環境や社会、ガバナンスといった非財務情報を重視する投資である。ここでいう「環境」とは気候変動問題対策やエネルギー効率化など、「社会」とは従業員の健康や女性の活躍できる環境整備など、「ガバナンス」とは取締役の構成や不正防止策の徹底などを指している。

ESG投資の類似概念としては、社会的責任投資(SRI)が挙げられる。両者は同義に捉えられることも多いが、社会的責任投資が倫理的・社会貢献的側面に重点を置くのに対し、ESG投資は企業の持続可能性(＝長期的リターンの最大化)に関する経営情報として評価する傾向が強い。

世界責任投資連盟(GSIA)が2年に1度公表する報告書によると、2016年の資産運用残高は22.8兆米ドルに達した。地域別にみると、ESG投資の割合は、欧州で52.6％、米国で21.6％に達しているが、アジア全体は0.8％、日本だけをみても3.4％にとどまっている。

ただし、日本でも金融機関の自主的取り組みとして2011年に21世紀金融行動原則を示しているほか、**金融庁**が主導して機関投資家向けに「**日本版スチュワードシップ・コード**」、上場企業向けに「**コーポレートガバナンス・コード**」の運用を開始するなど、関連する動きがある。

また、年金積立金管理運用独立行政法人(GPIF)は、ESG投資は長期的なリターン最大化の要件であるとして、2017年7月に国内株式で構成される「ESG指数」を採用してパッシブ運用を開始している。民間投資家がこれに続くかが注目される。

市場環境と経営

143

ポジティブ・インパクト・ファイナンス原則(PPIF)

PPIF（Principles for Positive Impact Finance）と略す。UNEP FI が2017年1月に、世界の主要金融機関19社とともに制定した、SDGs 達成に向けて金融機関等が積極的な投融資を行うための原則。

SDGsの目標達成には2030年までに、インフラ投資やクリーンエネルギー開発などの分野で、世界全体で年間5兆〜7兆米ドルが必要とされている。このため、UNEP FI（国連環境計画・金融イニシアチブ）は、ファイナンスの新潮流を作るべくPPIFを取りまとめ、これを共通言語としてSDGsに向けた取り組みへのビジネス機会を引き出しつつ、資金調達のギャップを埋めることを期待している。

PPIFは、「定義」「フレームワーク」「透明性」「アセスメント」の四つの原則で構成されている。

「定義」は、持続可能な開発の三つの側面（経済、環境、社会）のいずれかにおいて潜在的なマイナスの影響を適切に特定・緩和し、かつそれら一つ以上の側面でポジティブな貢献をもたらす資金供給と定めている。

「フレームワーク」では、金融機関等の投融資がもたらすポジティブな影響を評価しモニターするには、一定のプロセス、方法、ツールが必要としている。

「透明性」については、対象となるポジティブインパクト金融の活動やプロジェクトの効果・影響について透明性を持った情報開示を求めている。

「アセスメント」では、実際のインパクトに基づいた効果測定が必要であり、そのためには適切な内部プロセスや外部機関による評価が必要だとしている。

PPIFは、金融機関等が重視するポジティブインパクト金融のあり方を企業、政府、市民社会等に対して示していくことで、双方のコミュニケーションや情報開示、エンゲージメントをスムーズに進めるための共通言語としての役割が期待されている。

144

エクエーター原則（赤道原則）

エクエーター原則は、発電所建設・資源開発等の大規模なプロジェクトに対して金融機関がファイナンスを実施する際に、その事業が環境・社会に与える影響を評価管理するためのガイドラインである。

新興国における大規模な石油・ガス等の資源開発プロジェクトやインフラ等の建設事業は、しばしば自然環境や地域社会に多大な影響を及ぼすことがあり、民間金融機関に対しても大規模プロジェクトの環境・社会リスク管理を求める声が高まってきた。これを背景に、国際金融公社（IFC）とオランダの銀行ABNアムロが世界主要銀行を招聘し、2003年6月に「エクエーター原則」として欧米主要10行が環境・社会リスク管理の共通ガイドラインを採択したことに端を発する。その後、各国の大手金融機関を中心に採択され、現在その数は37カ国94機関（2018年9月現在）まで広がった。日本では、2003年にアジアとして初めてみずほコーポレート銀行（当時）が採択した後、現在は大手5行が採択している。

エクエーター原則の対象となるのは、大規模案件（総額1千万米ドル超）への融資とアドバイザリー業務など。これに加え、2013年の改訂では単一プロジェクトとのひも付きが強いコーポレートローンも対象とした。採択行による対象案件への融資には、事前レビューと分類、環境・社会アセスメントの実施、環境マネジメントシステムの構築、苦情処理のためのメカニズム、金融機関による情報開示——等の定められた10の原則を満たすことが求められている。

現在、新興国における国際的プロジェクトファイナンスの大半はエクエーター原則の採択行によって組成されていると言われており、国家の枠組みを超えた金融を担う大手民間金融機関に求められる重要な原則の一つと言えるだろう。

市場環境と経営

145

電子債権記録機関

電子記録債権の発生・譲渡・消滅などに関する記録を行う機関。現在、電子記録債権法によって5社が電子債権記録機関として指定を受けている。

電子記録債権は、従来の金銭債権記録媒体の問題点(手形では作成・保管のコストや紛失・盗難リスクなど、売掛債権では二重譲渡リスクや債権の存在確認、譲渡する際の債務者への通知が必要であることなど)を克服した新たな金銭債権システムである。

電子債権記録機関は、利用者の請求に基づき電子債権の記録や債権内容の開示を行う電子債権の登記所のような存在で、高度な公正性・中立性・セキュリティー管理が求められ、電子記録債権法で業務・監督のあり方が規定されている。2017年10月現在、5社(全銀電子債権ネットワーク、日本電子債権機構、SMBC電子債権記録、みずほ電子債権記録、Tranzax電子債権)が指定を受けている。このうち全国銀行協会が設立した全銀電子債権ネットワークが運営する「全銀協でんさいネット」では、2018年10月現在の利用者登録数45万6,854社と全国的規模でサービスを提供している。

具体的な業務としては、債権者・債務者双方の請求に基づき、電磁的な帳簿「記録原簿」に債権の発生・譲渡などの記録を行う。また、債務者から債権者への支払いなどにより債権が消滅した場合、金融機関からの通知に基づき「支払等記録」を行うことで電子記録債権の消滅に関する手続きを行う。

電子記録債権の普及が進む中、最近ではフィンテックを活用した新たな金融サービスを組み込む動きがみられており、Tranzax電子債権では、受注を電子記録債権化することで受注時点からの債権担保融資を可能にするサービスに取り組んでいる。

実質実効為替相場

自国と外国の物価水準を比較し、貿易の価格競争力を測る指標。各国との実質為替相場を、それらの国との貿易額により加重平均すると実質実効為替相場が得られる。

■名目、実質、実効

　市場で実際に取引される相場が「名目為替相場」。実際に取引される相場ではなく、自国と外国の物価を比較して貿易の価格競争力を測る指標を「実質為替相場」という。為替相場を特定国に対してだけでなく主要な貿易相手国全体との対比でみたものが「実効為替相場」で、各相場を相手国との貿易額で加重平均して求める。名目為替相場、実質為替相場のそれぞれについて実効相場を計算できる。

■最近の実質実効為替相場

　実効為替相場の基準年は、名目為替相場が1ドル＝80台にあった2010年。その後、名目相場は趨勢（すうせい）としては円安に推移したことから、実効相場は名目、実質とも低下し、貿易の価格競争力はかなり向上した。日本の貿易収支は2015年度に黒字に転換した。これには原油価格の低下の要因が大きい。価格競争力だけでなく、内外の所得動向、貿易構造も見る必要がある。今後は関税の動向にも注意が必要だ。

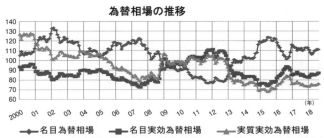

為替相場の推移

　　――名目為替相場　　――名目実効為替相場　　――実質実効為替相場

注：縦軸：名目為替相場の場合は1ドル当たりの円。名目及び実質実効為替相場は2010年を100とする指数。
　　絶対値が大きいほど円高を表わす。横軸は月次で補助線各年1月。
出所：日本銀行

ローソン銀行

コンビニエンスストア大手ローソンの子会社として、2018年10月15日よりサービスが開始した銀行。小売り系銀行の最後発として、ビジネスモデルの確立が注目される。

日本銀行の金融緩和による超低金利が長引く中、銀行の経営環境は貸出金利と預金金利の差（利ざや）が稼げず、厳しい状況が続いている。

ローソン銀行の設立は、銀行業への新規参入としては、2011年の大和証券グループ本社による大和ネクスト銀行以来となる。また、これまで小売業が銀行業に参入したのは、2001年に参入したアイワイバンク銀行（現セブン銀行）や、2007年に参入したイオン銀行が挙げられる。

セブン銀は、コンビニ最大手のセブン-イレブンにATM網を張りめぐらせ、提携銀行からの手数料収入で稼いできた。イオン銀は、提携銀行からの手数料収入だけでなく、住宅ローンなども手がけている。セブン銀、イオン銀それぞれを擁するセブンホールディングス（HD）、イオ

ンHD内での、金融事業における利益額は存在感を増している。

小売系銀行として最後発となるローソン銀だが、2018年9月時点では、開業当初に提供するサービスとして、ATM事業やネットバンキングサービスを挙げている。しかし、これは最大手セブン銀によるサービスと同じものであり、これだけでは差別化が難しく、量の背景からもセブン銀に太刀打ちするのは難しい。

今後目指すとされる、キャッシュレス決済サービスや、ローソンでの買い物の際のおつりを貯める「おつり預金」、地域金融機関と連携した**共同店舗**の推進といったアイデアの実現による、新たなビジネスモデルの確立が成功の鍵となるだろう。

他方で、金融機関は自前で店舗やATMを有する意味合いを、再考することになろう。

特殊詐欺

面識のない不特定多数の者に対し、電話や電子メールなどの通信手段を利用して対面することなくだまし、指定口座へ振り込みをさせたり現金をだまし取ったりする詐欺犯罪。

2017年の特殊詐欺の被害額は394.7億円であり、3年連続の減少となった。ただし、特殊詐欺の被害件数は1万8,212件と、前年比約29％増加した。

特殊詐欺は、振り込め詐欺とそれ以外の詐欺に大別にされる。振り込め詐欺には、①親族や警察官等を装って電話をかけ、振り込み等により現金をだまし取る「オレオレ詐欺」②架空の料金を請求する「架空請求詐欺」③融資を受けるための保証金を名目に現金をだまし取る「融資保証金詐欺」④税金や医療費の還付手続きを装って現金を振り込ませる「還付金詐欺」——などがある。2017年は、オレオレ詐欺の認知件数が前年比48％増、架空請求が54％増と急増した。

振り込め詐欺以外の特殊詐欺には、金融商品取引名目詐欺や、ギャンブル必勝法の情報提供、異性との交際あっせん名目の詐欺などがある。

特殊詐欺における金銭の受け渡し手段は多様化しており、金融機関の振り込み、現金やキャッシュカードの手渡しのほか、近年はコンビニエンスストア等で購入したプリペイドカードの番号を詐取するなど、新しい手口が登場している。カードの手渡しの場合、銀行協会の職員を装った犯人が新カードの発行をかたって暗証番号を聞き出し、保有カードをだまし取る手口などがある。

現金の手交や振り込みを利用した犯罪対策のため、金融機関はATMによる現金引き出し限度額を引き下げたり、振り込み取引の利用者に注意を喚起したりしてきた。金融機関は既往の取り組みを継続するとともに、新しいタイプの犯罪対策にも対応が求められている。

市場環境と経営

IV 政策・行政

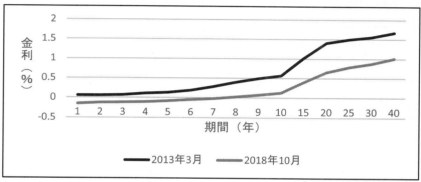

グラフは利回り曲線（イールドカーブ）の変化のイメージ。日本銀行による**異次元緩和**が行われる前（2013年3月）と比べると、国債の短期金利がマイナスになったことが分かる。**イールド・カーブ・コントロール**で10年物の金利を±0.2％程度となるよう制御している。写真は日本銀行

異次元緩和

黒田東彦総裁率いる日本銀行が、国債やETFの買い入れ額を大幅に拡大する金融緩和。デフレマインドを払拭し、2%のインフレ目標達成を目指す政策。しかし、いまだ目標を達成できていない。

2013年4月、**日本銀行**の黒田総裁は着任早々、2年をめどにインフレ率2%を実現するため、①市場調節の操作対象を金利からマネタリーベース（MB）に切り替え、年60兆〜70兆円のペースで増加させる②買い入れる長期国債の平均残存年限を3年から7年に延長し、保有残高を2年で2倍相当に増加させる③**ETF**などの保有額も2年で2倍に増加させる——量的・質的金融緩和（QQE）政策を採用した。デフレマインドを一掃するような大胆な緩和策とされ、アベノミクスの第一の矢とされた。

その後、2014年10月には原油価格下落や4月の消費増税による消費の反動減を踏まえ、MBの増加ペースの拡大、買い入れ国債の残存年限の拡大を行った。しかし、導入から2年が経った2015年4月に目標は実現できず、達成時期を先延ばししてでも、目標実現を目指すことになった。

2016年1月、原油価格の一層の下落、世界経済の先行き不透明感などを背景に、「**マイナス金利付き量的・質的金融緩和**」を導入した。民間の金融機関が日銀に預ける日銀の当座預金の一部にマイナス金利を適用するだけでなく、さらなるMBの増加ペースの拡大、買い入れる国債の残存年限の拡大を行った。その半年後、金融機関収益への悪影響を意識し、指し値オペなど長短金利の操作を行いつつMBの拡大方針を継続する「長短金利操作付き量的・質的金融緩和」を導入した。2018年3月の黒田総裁再任後の7月、緩和の副作用も意識した政策の微修正（長期金利目標柔軟化、**フォワードガイダンス導入等**）を行った。

マイナス金利

民間の金融機関が日銀に預ける当座預金の一部にマイナス金利を適用するマイナス金利政策を通じて、金融機関の貸し出しが促進されることが期待される。

2016年1月29日の金融政策決定会合で、2%のインフレ目標の早期実現のために、「マイナス金利付き量的・質的金融緩和」、通称「マイナス金利政策」が導入された。それまでの量的・質的金融緩和に加え、金利面でも緩和姿勢を明確化させた。「黒田バズーカ」と呼ばれる**異次元緩和**の第三弾として導入された。国債買い入れ額という量を通じた緩和の限界に数年で到達してしまうという制約の中で、価格（金利）を通じた緩和方向にかじを切った。

本政策では、日銀当座預金残高のうち、2015年の平均残高相当には従前の0.1%の付利、それを超える残高分にはマイナス0.1%が付利される（所要準備額相当部分などは付利なし）。つまり、日銀当座預金の一部に手数料を課したことになる。政策導入時点でマイナス金利適用残高

は10兆円程度であり、ネットでみれば金融機関は日銀当座預金から利益を得られた（2018年7月の政策変更で10兆円からの減額を決定）。

マイナス金利の政策効果は、日銀当座預金への手数料によって、金融機関に企業や個人向けの貸し出しを促すことだ。総需要が落ち込み、家計や企業のデフレ予想の根が深いと**日本銀行**は判断している。

負の影響としては金融機関の収益悪化、消費マインドの悪化、**日銀トレード**の常態化が挙げられる。だが、指し値オペなど2016年9月導入の長短金利操作付き量的・質的金融緩和により、過度な長期金利のマイナス化は収まり、更に2018年7月の政策変更後は、5年債まではマイナスだが、7年債以降ではプラス化している（2018年9月末現在）。

政策・行政

イールド・カーブ・コントロール

日本銀行の長短金利操作付き量的・質的金融緩和のうち、短期金利をマイナス化させ、長期金利をマイナス化させないための金融政策。

日本銀行は2016年9月の金融政策決定会合で、長短金利操作付き量的・質的金融緩和を導入した。その中核をなすイールド・カーブ（利回り曲線）・コントロール（YCC）は、短期だけでなく、長期金利も日銀が制御する。すなわち、短期金利はマイナス0.1％程度、10年物国債金利は0％程度となるように国債買い入れを行う。なお、2018年7月の政策変更に際し、10年物の金利の±0.2％程度の変動を認める弾力化を行った。

YCC導入以前、日銀は再三にわたり「長期金利は制御できない」と主張してきており、見解を180度転換したことになる。これを可能にした主要因は、大胆な非伝統的金融政策の結果として実現した約4割という国債市場における日銀の市場シェア、日銀と市場のコミュニケーションの改善努力の二つだ。

YCCの巧みさは、長期の金利を持ち上げるだけでなく、極めて直接的にイールドカーブを押し下げる指し値オペという術も具備しているところにある。金利上昇局面では、利回りを日銀が指定して国債を無制限に買い入れるオペを行う。プライシングのシグナルを日銀が直接的に市場に伝えることで、市場をクールダウンさせられる。これまで、2016年11月、2017年2、7月、2018年2、7月に実施され、長期金利の上昇が強くけん制された。

現在の金融市場では短期から長期に至るまで、日銀は市場機能を上手に低下させて、当局の意図を市場に極めて細かく伝えられるようになっている。まるで日銀は保育園の先生、民間金融機関は保育園児としてある種の主従関係が構築されているような状況と言えよう。

期待インフレ率

期待インフレ率（expected inflation）は、物価上昇率に対する市場予想のこと。日本銀行は期待インフレ率を高め、実質金利を低下させることで、経済活性化を図っている。

■実質金利を左右する

経済学者アーヴィング・フィッシャーは「実質金利＝名目金利－期待インフレ率」と定義した。借り手が設備投資などの資金を調達する際の判断は、主に名目金利でなく実質金利による。

また貯蓄と消費との選好の観点から、名目金利は期待インフレ率と「裁定関係」（価格に理論的なつながりのある関係）にある。

このため経済・金融市場を考える際、期待インフレ率は重要な役割を持つ。

1990年代半ば以降の日本のデフレ下では、名目金利をゼロ％まで下げても実質金利が高止まり、経済にブレーキがかかる。このため**日本銀行**や政府は、デフレ脱却を目標に掲げている。その達成のため、日銀はインフレ率目標を設け、**異次元緩和**で期待インフレ率を高めて実質金利を下げようとしている。

■異次元緩和でも上昇せず

しかし期待インフレ率が上昇した時、名目金利が上がるだけで、日銀の狙い通り実質金利が下がらない懸念もある。その際には金融機関が証券運用で損失を被り、利払い費増で財政赤字が拡大するなど悪影響が生じる。

期待インフレ率の計測には、BEI（ブレーク・イーブン・インフレ率）を用いる手法が代表的だが、市場や企業の物価予測を用いる手法もある。

期待インフレ率は2013年以降、異次元緩和により一時的に高まったが、2014年以降低下し、2016年2月の**マイナス金利**導入以降はゼロ％強で推移している。期待インフレ率を高めるために実施した異次元緩和政策が、かえってインフレ期待を弱める皮肉な結果となっている。

政策・行政

フォワードガイダンス

中央銀行が市場に向けて、金融政策の先行きや方針について明示することで、民間主体の期待（家計や企業の先行きに関する予想）に働きかけて金融政策を遂行すること。

　家計や企業は、将来起こりうることを先読み（フォワードルッキング＝FL）して行動する。そのため、景気見通しが楽観的な場合と悲観的な場合では将来にかけての経済活動も違ってくる。将来の所得や収益といった先行きの見通し、すなわち民間の期待が各々異なるためだ。

　こうしたFLな行動、すなわち民間主体がもつ「期待」を踏まえた政策をFLな政策と呼ぶ。特に、中央銀行がFLな政策の中で、金融政策の先行きや方針について明示することをフォワードガイダンスと呼ぶ。近年の非伝統的な金融政策運営下では、将来にわたって緩和政策を継続する約束を指す。一度約束をしたらそれに基づいて政策運営をするオデッセイ型と、経済情勢や期待の変化を踏まえて運営をするデルフィ型に分類される。

　この政策の難しさは、政策当局が考慮する民間主体の期待の中に、政策当局自体の将来の行動が反映されることにある。例えば、**日本銀行**の将来的な利上げの検討がアナウンスされると、人々の期待形成にも影響が及ぶ。こうした期待の変化を十分勘案し、日銀はFLに政策を遂行する。期待の変化を通じて人々の経済行動様式が変化すると、経済変数間の関係が変化するためだ。

　2018年7月31日の政策決定会合では、「当分の間、現在の極めて低い長短金利の水準を維持する」という「政策金利のフォワードガイダンス」が導入され、緩和継続のメッセージを明確に示した。同時に決まった長期金利の±0.2％程度の変動を認める弾力化やETF買い入れ減額が**テーパリング**を想起させうるためと考えられる。

テーパリング

テーパリング（tapering）は、量的緩和における国債やMBSの新規購入額を段階的に漸減させるための出口戦略、将来的な引き締め方向に向けた地ならし。

世界金融危機以降、各国中央銀行は非伝統的な金融政策を採用した。FRBの場合、2012年9月に雇用市場の十分な改善を条件として時間軸効果を狙った量的緩和（QE3）を導入し、住宅ローン担保証券（MBS）の毎月の追加購入を決めた。その後、雇用改善などを踏まえ2013年12月から2014年10月にかけて、国債やMBSの新規購入額を段階的に漸減させ、最終的にゼロにした。ただし、満期時の償還額は再投資され、残高は維持された。

テーパリングと呼ばれるこの漸減プロセスは、引き締めではなく量的緩和を弱める政策であり、将来的な引き締め方向に向けた地ならし、量的緩和からの出口戦略と位置づけられる。引き締めはその先にある。

2017年9月、FRBは満期時償還額の再投資も漸減させ、受動的に残高を段階的に引き下げることで、出口戦略の最終段階を開始するとした。このプロセスもテーパリング、または区別のためにバランスシート・テーパリングとも呼ばれる。

テーパリングの成功には、市場との対話を丁寧に行い、政策の先行きをしっかり織り込ませる忍耐強い努力が肝要だ。2013年5月にFRBがテーパリングを示唆すると、債券利回りの急上昇、緩和マネーの恩恵を受けていた新興国からの資本流出などの混乱が生じた。

日本では、イールド・カーブ・コントロール導入以降、国債の新規購入ペースが落ちていること、2018年7月の政策変更もこの方向が継続されることにつながるとみられることから、実質的なテーパリングだと認識する向きもある。

政策・行政

157

マネタイゼーション

本来は政府からの独立性が守られるべき中央銀行が、流通市場で国債買い入れオペなど、国債や地方債を購入することで、結果的に金融面から財政を支援する状況を意味する。

先進諸国の多くは第二次世界大戦後、国債の中央銀行による引き受けを法律で禁じている。日本では財政法5条がこの法律に該当する。こうした世界のトレンドは、19世紀末から20世紀前半の日本や欧米諸国で、戦費調達のための中央銀行による発行市場での国債引き受けが、その後のハイパーインフレにつながったことに由来している。中央銀行による国債引き受けは、中央政府の当該年度の歳入と債務を増加させるが、債務の実質的な価値は物価上昇分だけ目減りする。このため、巨額の政府債務を持つ国の政府には潜在的にこの手段を用いる誘因がある。

しかし、政府のメリットが大きくとも、インフレがもたらす一般生活者、特に年金生活者が被るデメリットは政府のメリットを上回る。特に、国債引き受けのための紙幣増発によって物価上昇率が2桁になると、デメリットは経済面のみならず社会秩序の不安定化をもたらす。戦間期から第2次世界大戦にかけて多くの国々が戦費調達の代償として社会秩序の混乱を招いたことが、今日、多くの国々においてこの手段が法律で禁じられている背景にある。

中央銀行による流通市場での国債買い入れは、財政法5条の下でも法的には可能である。リーマン・ショック以降、中央銀行による流通市場を通じた国債買い入れが行われているのは、数多くの国々が経済再生策として国債大量発行による財政拡張を試みたためである。このため、多くの国では財政の規律崩壊が懸念され、日本でもアベノミクスを契機に財政のマネタイゼーションの是非が改めて問われている。

政策・行政

158

リバーサルレート

金利がリバーサルレートを下回ると、金融緩和策の緩和効果が発揮されず、むしろ金融政策が経済に悪影響を与えうるとするブルネルマイヤー・プリンストン大学教授らによる金融政策理論。

リバーサルレート論は、2017年11月のチューリッヒ大学における講演で、黒田東彦**日本銀行**総裁が言及した。ブルネルマイヤー・プリンストン大学教授らによる非伝統的な金融政策の副作用の可能性を指摘した最近の金融政策理論である。金利が過度に長期的に低下した局面では、銀行の収入源である預貸利ざやが過度に縮小するため、特に銀行の金融仲介機能が正常に働かなくなる。その結果、金融緩和策に期待される緩和効果ではなくて、むしろその逆（リバーサル）の引き締め的（抑圧的）効果が起きてしまう。この転換点の金利水準をリバーサルレートと呼ぶ。

リバーサルレートの水準は何％かという明確な水準があるわけではない。金利低下は、預貸利ざやを縮小させると同時に、銀行の保有債券の価値を引き上げてキャピタルゲインを生み出す。両者の収益への影響は逆のため、預貸量と保有債券量次第でリバーサルが発生する。

黒田総裁は、「日本の金融機関は充実した資本基盤を備えているほか、信用コストも大幅に低下」していることを理由に、現時点でこの問題は生じないとしているが、市場では既に問題が生じ始めているとする向きもある。いずれにせよ、銀行の保有債券が今後の政策変更の中で大きく減少していけば、問題が顕現化する可能性がある。

総裁がこの議論を持ち出した理由については様々な憶測があるが、最先端の学術的知見も生かして、政策立案をしていることを示したと見るべきであろう。金融政策論に関する理論武装は日銀にとって必要不可欠なものである。

政策・行政

金融仲介機能のベンチマーク

地域金融機関は、自らの金融仲介の取り組みを客観的な指標（ベンチマーク）で自己評価し、開示している。経営戦略に照らして、金融仲介の役割を果たせているか点検するツールにもなっている。

地域金融機関が客観的な指標を使った自己評価や顧客への開示を始めたのは、**金融庁**の強い指導があったからだ。同庁は2016年9月に全55項目の「金融仲介機能のベンチマーク」を公表した。

最初の5項目は、全ての地域金融機関に報告・開示を求める「共通ベンチマーク」。金融機関が地域経済や地元企業を支える上で最も重要と考える取り組みを抽出したもので、①メイン取引先のうち、経営指標の改善や就業者数の増加が見られた取引先数②1年間に関与した創業、第二創業の件数③**事業性評価**に基づく与信先数——などがある。

残りの50項目は、各金融機関が事業戦略やビジネスモデルに関係の深い項目を選ぶ「選択ベンチマーク」。金融機関は毎年度末の実績を基に算出した指標を金融庁に提出する。

ベンチマークには3種類の用途がある。一つ目は継続的な算出による自己点検材料。二つ目は公表し顧客に自らの取り組みを見える化すること。三つ目は、金融庁などとの対話ツールだ。

金融庁が地域銀行から提出された3年分の指標を分析したところ、特に事業性評価に基づく融資が浸透していることが分かった。3年分を報告した地域銀行91行平均の事業性評価融資の与信先割合は2016年度からほぼ2倍の18％に増えた。メイン先が経営改善した先数も増え、2018年度は4千先近くに達した。

今後は金融機関同士の計数を比較できるようにする。算出の定義が異なるためで、金融庁が金融仲介機能の共通KPI（成果指標）を設定し、2018事務年度中にも金融機関に提出を求めて公表することを検討している。

金融モニタリング

金融監督当局が金融機関の健全性や経営実態を把握する検査・監督の総称。大別すると、立ち入り検査を指す「オンサイトモニタリング」と検査以外の「オフサイトモニタリング」に分けられる。

政府は、1998年の金融監督庁（現**金融庁**）発足時に金融行政のうち検査・監督機能を大蔵省から分離した。大蔵官僚と銀行担当者の癒着が社会問題化したことを受け、検査部門の独立性を高め、銀行の不良債権額を正確に把握するのが狙いだった。しかし、他の先進国では組織的に検査・監督機能を分けている事例はなく、金融庁も不良債権問題の収束後は検査局と監督局の連携強化にかじを切った。2018年7月には検査局を廃止し、組織としても検査・監督を一体化させた。

従前の金融庁では、オフサイトモニタリングを担当する監督局がデータ分析やヒアリングを通じて金融機関を監視し、検査局は数年に1回の立ち入り検査で現場を総点検するのが主な役割だった。だが、2013年9月に公表した金融モニタリング基本方針で検査手法を大幅に変更。オフサイトモニタリングに検査局も加わり、事前に各金融機関の弱点を見極めた上で、リスクの高い分野に特化したターゲット検査（部分検査）を多用するようになった。

また、3メガバンクグループには重要課題を統一目線で取り組み状況を把握する水平的レビューも実施してきた。2018事務年度からは、りそなホールディングス（HD）や三井住友トラストHDなど大手4グループも加えた。

一方、市場・経済情勢の全体的な動向から金融システムに潜むリスクを横断的に分析するマクロプルーデンス政策にも力を入れている。業態別の検査チーム以外にも、マクロプルーデンス政策を推進する専門分野別のチームが編成されており、専門チームは2018年7月の組織再編で新設された「総合政策局」に移管された。

日本型金融排除

金融機関が担保・保証にこだわるあまり、将来性のある企業が必要な資金を借りられない状況のこと。金融庁は実態を調べるため、企業アンケートを行い、テーマに応じて定点観測している。

金融排除とは、海外で貧困層が金融サービスを利用できない問題を指す。日本型金融排除は**金融庁**の造語だ。2016年10月に公表した「2016事務年度金融行政方針」に初めて登場した。それ以前から担保・保証に依存しない融資や、企業が手がける事業の成長性を判断して貸し出す**事業性評価**融資を促してきた経緯があり、あえてセンセーショナルな言葉を使うことで金融機関に意識改革を迫った側面がある。

金融庁には、担保はないが将来性のある企業や、信用力は高くないが地域に不可欠な企業などが、貸出市場から締め出されているのではないかとの懸念がある。大規模な企業アンケートは2017年3月に地域銀行をメインバンクとする企業を中心に行った。対象は約3万社で、8,901社が回答した。

それによると、融資先の信用力を格付けする「債務者区分」が低い企業ほど多くの経営課題を抱えるが、取引金融機関の訪問頻度は債務者区分の高い企業よりも少ないことが分かった。

2回目の調査は前回の対象先に対して行い、2018年9月に公表した。8,546先の回答結果では顧客の事業内容の理解や顧客と向き合う意識に改善傾向が見られた。ただ、7割の企業が経営人材や専門人材を求めた。一方、売り上げや収益の改善につながった金融機関によるサービスでは「人材派遣」「人材紹介」「人材育成」と回答したのは1%台にすぎず、ギャップが見られている。

これらの結果から、金融庁は企業の課題解決や生産性向上の支援が金融機関にとってもビジネスチャンスになるとみており、積極的な対応を促している。

フィデューシャリー・デューティー

金融商品の販売や運用に携わる金融機関が、真に顧客の利益を考えて行動すること。金融庁行動規範を定めた「顧客本位の業務運営に関する原則」を策定し、自主的な採択を呼びかけている。

欧米では社会共通の概念として、顧客から財産を預かって運用する受託者(フィデューシャリー)に対して顧客の利益を第一に考えて行動する責任(デューティー)が課されている。その概念は「フィデューシャリー・デューティー」と呼ばれ、資産管理や運用を担う金融機関だけでなく、最近は販売や商品開発を行う金融機関に対しても同様の責任を求める機運が高まってきた。

海外の動向も踏まえ、**金融庁**は銀行などに対し、自社利益を優先した販売行動を改めるよう指導を強めた。販売手数料の高い投資信託や貯蓄性保険を高齢者らに勧める問題行為が散見されたためだ。

金融庁が策定したのが「顧客本位の業務運営に関する原則」。その内容は、①顧客本位の業務運営に関する方針の策定・公表②顧客の最善の利益の追求③手数料等の明確化——などの7原則で構成する。

目指すのは販売姿勢などを客観的に利用者が評価し、良質なサービスを提供する金融機関が選ばれるという好循環だ。しかし、採択だけでは行動を伴わない懸念も残るため、金融機関に成果指標(KPI)を定期的に公表するよう働きかけている。取り組み方針を開示する195機関の約6割がKPIを公表している。

ただ、定義が様々な自主的なKPIは比較に使うのは難しい。そのため、金融庁は2018年6月に投資信託の販売会社向けに共通KPIを策定した。この指標は①運用損益別顧客比率②投資信託残高上位20銘柄のコスト・リターン③同残高上位20銘柄のリスク・リターン——で構成し、大手行グループから開示が始まっている。

政策・行政

フェア・ディスクロージャー・ルール

有価証券の発行者が、自らまたは当該証券に関する重要な未公開情報を特定の情報受領者に伝達する際、意図的な場合は同時に、そうでない場合は速やかに、その情報の公表を義務付けるルール。

フェア・ディスクロージャー・ルールは、有価証券発行者の公正公平な情報開示を促し、一般投資家向けの情報開示を充実させ、証券市場に対する信頼を確保することを目的とする。米国では2008年8月に証券取引委員会(SEC)の規則「レギュレーションFD(Fair Disclosure)」が制定された。欧州連合では2003年1月に採択された「市場阻害行為指令」の中で規定されている。

日本では、上場企業が証券会社のアナリストに未公表の業績に関する情報を提供し、当該証券会社が当該情報を顧客に提供して株式の売買の勧誘を行った事例が複数発覚したこともあって、本ルールの制度化に関する議論が始まった。2015年9月から**金融審議会**などで検討され、2017年5月に成立した**金融商品取引法**改正に盛り込まれた。2018年4月にガイドラインとともに施行された。

その狙いは、早耳情報に基づく短期的な売買ではなく、公平に開示された情報に基づく中長期的な視点に立った投資を促し、全ての投資家が安心して取引できる市場環境を整備するところにある。具体的には、①上場会社等が公表されていない重要な情報をその業務に関して情報受領者(証券会社、投資家など)に伝達する場合、意図的な伝達の場合は同時に、意図的でない伝達の場合は速やかに当該情報をホームページなどで公表②情報受領者が上場会社などに対して守秘義務及び投資判断に利用しない義務を負う場合、当該情報の公表は不要——という内容である。「守秘義務や投資判断に利用しない義務を負う場合」は公表が不要であり、報道機関や取引先は対象とならない。

日本版スチュワードシップ・コード

機関投資家が顧客から委ねられた運用責任（スチュワードシップ責任）を適切に果たすのに有用であるとして、金融庁の有識者会合が2014年2月に公表した「責任ある機関投資家」の諸原則。

スチュワードシップ・コードは2010年7月に英財務報告評議会が初めて作成・公表した。元来、機関投資家には資産運用委託者の利益を実現する義務があるが、加えてリーマン・ショックの再来防止の見地から、投資先企業が短期的な利益追求ではなく持続的な成長を目指すよう監視する役割を強めることを機関投資家に期待した。

日本では、上場企業のコーポレートガバナンスを強化し、持続的な企業価値向上に機関投資家が積極的に貢献すべきとの観点から、2013年6月に日本再興戦略にその策定が盛り込まれ、有識者会合の検討を経て2014年2月に日本版スチュワードシップ・コードが完成した。

具体的には、機関投資家は投資先企業との間で建設的な目的を持った対話（エンゲージメント）を行うほか、利益相反管理に関する明確な方針の策定・公表、投資先企業のモニタリング、議決権行使の方針の設定と結果の開示、ガイドラインの順守状況の運用委託者への定期的な報告——など七つの原則を定めた。

2017年5月に初めて行われた改訂においては、①アセットオーナーが運用機関に求める事項・原則を明示する②議決権行使結果は原則として個別の投資先企業及び議案ごとに公表する③パッシブ運用の場合でも従来以上に積極的に対話等に取り組む——などが追加された。2018年6月には、「投資家と企業の対話ガイドライン」が策定され、対話を促進すべき事項がより明確化された。

2018年8月末現在で233の機関投資家がこのコードを順守する旨、宣言している。

政策・行政

165

コーポレートガバナンス・コード

コーポレートガバナンスの強化に向け企業が尊重すべき諸原則を定めた規範。英国で始まったが、日本でも成長戦略の一環として2015年6月から適用が始まり、2018年6月に改訂された。

■CGコード策定の世界的潮流

コーポレートガバナンス（CG）とは、企業による不正行為の防止と競争力・収益力の向上を総合的に捉えて長期的な企業価値の増大を図る企業経営の仕組みを指す。

CGコードは、まず英国で、企業経営者の絡む不祥事件発生の未然防止の見地から、1998年統合規範として策定された。これが欧州大陸に広がり、経済協力開発機構（OECD）でも1999年5月にCG原則が承認された。2008年のリーマン・ショックで少なからぬ先進国で多額の公的資金が注入され、改めてCG見直しが特に短期指向（ショートターミズム）是正の観点から進められた。英国では、2010年に機関投資家によるCG監視の役割強化の観点からスチュワードシップ・コードが制定されたのと機を一に

して、先述の統合規範もCGコードに改訂された。この動きは世界中に広がり、OECD原則の改訂作業も2010年以降に進められ、2015年9月に主要20カ国・地域（G20）首脳会議でその改訂版が承認された。

■国内におけるCGコード策定

これに対し日本では、かねて上場企業の企業統治の脆弱さが長期的な株価低迷の大きな理由の一つとされてきた（例えば、**金融審議会**金融分科会報告2009年6月）。

このため政府は、2014年6月「日本再興戦略」において、上場企業が積み上がってきた内部留保を投資に回す等により「稼ぐ力」を高めることを主目的とし、国際水準の自己資本利益率（ROE）達成や国際競争に勝てる攻めの経営判断を後押しするCGコードを策定する方向を打ち出した。具

体的には、**金融庁**と東京証券取引所を共同事務局とする有識者会合が2014年8月から検討を開始、同年末に基本的な考え方をまとめ、東証が2015年6月から同コードを「Comply or Explain」（順守するか、さもなくば理由を説明する）の形で策定した。従って、日本のCGコードでは健全な企業家精神の発揮を促す「攻めのガバナンス」が提唱され、短期指向是正を目的とする海外のCGコードと対照的だが、双方とも「持続的な企業価値向上」を目指す点では同じ方向性にある。

■CGコード改訂等の流れ

スチュワードシップ・コードとCGコードのフォローアップ会合が2015年9月に設けられ、翌年2月には、CGの「形式ではなく、実質の充実」を図る見地から、最高経営責任者（CEO）の選任・解任、取締役会の構成・運営・実効性評価の望ましいあり方を記した意見書「会社の持続的成長と中長期的な企業価値の向上に向けた取締役会のあり方」が公表された。さらに、同会合では投資家と企業の対話を通じCG改革を実効的なものとするた

め、2018年3月、対話の際に重点的に議論することが期待される事項を取りまとめた「投資家と企業の対話ガイドライン」を策定するとともに、次のような内容を含んだCGコードの見直しを行うことを提言した。すなわち、①経営環境変化に迅速に対応した事業ポートフォリオの入れ替えを行う経営者による果断な経営判断②資本コストを意識した投資戦略・財務管理の方針策定③客観性・適時性・透明性あるCEOの選解任④取締役会の多様性の確保⑤政策保有株式の保有適否の具体的検証とその結果の分かりやすい開示⑥企業年金のアセットオーナーとしての専門性向上──。これらの改正はパブリックコメントを経て、2018年6月に東証から公表され、改訂版CGコードに基づく最初のガバナンス報告書が2018年末までに開示される。

金融機関としては、上場企業としての観点だけでなく、金融仲介機能の十分な発揮と金融システムの安定確保における経営者の役割とガバナンスの観点もCG対応上忘れてはならない。

政策・行政

業務改善命令

金融庁が金融機関などの健全性を確保するために行う行政処分。法令違反や財務内容の悪化が明らかになった時、検査などを通じて実態を把握した上で発出する。

改善命令を出す際の基本的な流れは、問題が疑われる金融機関に対する立ち入り検査やヒアリングなどを行い、リスク管理態勢や法令順守態勢、ガバナンスなどの観点から実態を把握するのが第一ステップになる。事実関係や発生原因の分析、対応策について金融機関から報告を求めた上で、**金融庁**や財務局がその内容を検証し、業務の健全性や適切性の観点から重大な問題があると判断された場合に出される。金融機関の自主的な取り組みでは改善しないと考えられる時には銀行であれば銀行法第26条に基づいた業務改善計画の提出と実行を求める。命令を受けた銀行は防止策などを盛り込んだ改善計画を金融庁などが指定する期限までに提出する必要がある。

2002年度以降の16年間で預金取り扱い金融機関に出したのは300件。2003～2006年度は年50件程度に達し、「金融処分庁」と揶揄されたこともある。行職員による横領がきっかけになり、内部管理態勢に不備が見つかったケースが多い。早期健全化法に基づいた公的資金注入行に対し、収益の実績が計画を3割以上下回ったことにより処分したこともある。

法令順守違反やシステムトラブルなどを発端とする改善命令は公表される。他の金融機関も同様のリスクを抱えている場合が想定されるためで、金融庁幹部は「他行に点検を促す意味合いもある」という。

一方、金融機関の財務に関するものは公表しない。2018年は有価証券運用の失敗で赤字に転落した一部の地域銀行に出した。2017事務年度から「ビジネス

モデルの持続可能性に課題が認められ、深刻な問題を抱える地域金融機関に対しては健全性に大きな問題が生じていない今のうちに、検査を実施し、経営陣や社外取締役と深度ある対話を行う」としており、その一環だ。金融庁は地域銀行に対する危機感を強めており、幹部の一人は「脆弱性が認められる金融機関にはできるだけ早いタイミングで対応する。徐々に本業赤字が積み重なり、自己資本比率が最低基準を下回った段階では遅い」と話す。

改善命令より重い処分には業務停止命令と免許・登録の取り消しがある。銀行法であれば第26条に規定されている。停止命令は問題が発生した業務の改善に一定期間かかり、業務を停止して改善に専念させる必要がある場合に出される。

国内資本の銀行に停止命令を出したのは2002年度以降で25件ある。2018年10月、シェアハウス向け融資などで審査書類の改ざんが発覚したスルガ銀行に対し、6カ月間の業務停止を命じた事例がある。2013年12月のみ

ずほ銀行以来のことだ。みずほ銀は反社会的勢力との融資取引が判明した系列信販会社との提携ローンを対象に、1カ月間の業務停止命令を受けた。

スルガ銀への半年間にわたる停止は重い処分に相当する。国内資本の銀行では2006年に三井住友銀行が法人向けの「金利スワップ」と呼ばれる金融派生商品(**デリバティブ**)の販売を対象に6カ月間の処分を受けている。

処分の重さは、①公益侵害の程度②利用者被害の程度③違反行為自体の悪質性④行われた期間⑤故意性・組織性の有無⑥隠ぺいの有無⑦反社会的勢力の関与——などから判断する。また、問題行為が起こった背景となる根本的な原因も分析した上で決められる。例えば、経営トップや取締役会などの認識や対応が十分かどうかを考慮するほか、内部監査部門やコンプライアンス部門などが適切に機能しているかなども論点になる。一方、行政対応より先行し、銀行自身が自主的に改善に取り組んでいる場合は処分を軽くすることも検討される。

大口融資規制

銀行の健全性を確保するため、特定の借り手に対する信用供与額が銀行の自己資本の一定割合を超えることを禁止する規制。2013年の銀行法改正で、上限割合の引き下げなど厳格化がなされた。

対象に融資以外も含むため「大口信用供与等規制」というが、慣例的に大口融資規制と呼ばれることも多い。同規制は、特定の借り手の状況が銀行の健全性に大きな影響を及ぼさないよう、特定の企業・グループへの貸し出しなどの信用供与が銀行の自己資本の一定割合を超えることを禁じている。破たんした金融機関の中には、この規制に違反していた事例も少なくなかった。

デリバティブの発達など金融技術の普及・高度化、複数の取引主体が絡む取引の複雑化、**M&A**や事業提携などによるグループ構造の多様化・複雑化に、既存の規制が対応しきれなくなり、国際通貨基金（IMF）は、わが国に対して大口融資規制の改善を求めた。

そこで、**金融審議会**のワーキンググループで議論が行われ、2013年1月に報告書「金融システム安定等に資する銀行規制等の見直しについて」が公表された。これを受けて同年6月に銀行法が改正され、大口融資規制が厳格化された。

新しい大口融資規制では、①対象となる信用供与の範囲を拡大し、これまで対象外であった銀行間取引（コールローンや金融機関預け金など）、コミットメントライン、デリバティブ取引、公募社債などを対象にする②同一人への信用供与の限度額を銀行の連結自己資本の40％から国際標準である25％に引き下げる③受信側の「同一人」の範囲が形式基準（50％超の議決権を持つ子会社）でなく、経済的な相互連関性（「実質支配力基準」に基づく子会社や関連会社まで含まれ得る）によって判断される――ことになった。

早期警戒制度

金融庁が金融機関の健全性を確保していくための手法の一つ。自己資本比率が最低基準を下回った銀行に発動される早期是正措置に対し、その手前でも継続的な経営改善を促す枠組みのこと。

金融庁が金融機関の健全性を確保する枠組みには「早期是正措置」と「早期警戒制度」がある。前者は自己資本比率の最低基準を対象にするのに対し、後者は同比率には表れにくい収益性や流動性などの観点から銀行経営の悪化を捉えるのが特徴。早期警戒制度は不良債権処理が最優先課題だった2002年に導入され、警戒水域に入った場合に原因や改善策をヒアリングし、必要に応じて報告も求める。

典型的な例が「銀行勘定の金利リスク（IRRBB）」に対する監督手法。国際統一基準行は既に開始。国内基準行には2019年3月から新規制が適用される。

銀行は同制度に基づき、金利が急変動した場合に預金・貸し出し業務や長期保有する有価証券の影響を定期的に試算し、当局に報告する。国際基準行は金利リスクを計測する際の前提となるシナリオを従来の2種類から6種類に増やし、基準も「Tier1資本（中核的自己資本）の15％」に変わった。国内基準行には規模や保有有価証券の特性を踏まえ、3シナリオに絞った。基準はコア資本の20％になる。

ただ、その基準に抵触した場合でも、金融庁はすぐに**業務改善命令**を出すわけではなく、まずは金融機関と「深度ある対話」を行って原因や課題を共有する。金利リスク量に限定せず、収益力や自己資本とのバランスも勘案した上で改善方法を協議する。

早期警戒制度はこれまでは特定分野に限って用いることが多い手法だった。だが、今後は地域金融機関が将来にわたって健全性を確保し、金融仲介機能を発揮できるようにするため、早期の経営改善を促せる制度に見直す。

政策・行政

店頭デリバティブ規制

リーマン・ショック時に表面化した店頭デリバティブ取引にかかわる問題に対応するため、取引情報の報告や清算機関の利用の義務化、証拠金規制などが導入されている。

■問題の表面化

サブプライム問題を契機とした金融危機の過程で、様々な問題が表面化した。米保険会社大手のAIGは、子会社を通じて**CDO**を保証する多額の信用**デリバティブ取引**を行っていた。リーマン・ショックによりAIGは信用デリバティブ契約が履行できない状況となり、米政府は多額の緊急支援の実行を余儀なくされた。

デリバティブ取引の多くは店頭取引(OTC=Over The Counter)であり、金融当局は実態把握が困難な状態にあった。また、OTCはカウンターパーティリスク(取引相手の破たんリスク)が伴うため、金融市場の混乱が加速化するという問題も表面化した。

■国際的な規制強化の合意

2009年9月のピッツバーグ・サミットでは、金融危機により顕在化した店頭デリバティブの問題に関して規制改革が討議され、店頭デリバティブ取引の改革を行うことが合意された。具体的には、2012年末までに標準化されたすべての店頭デリバティブ契約は①取引所または電子取引基盤を通じて取引され②中央清算機関を通じて決済されるべきであり③取引情報蓄積機関に報告されるべき――であるとされた。

2011年11月の仏カンヌでの**G20**首脳会議では、中央清算されない店頭デリバティブ取引に証拠金規制を導入することが合意された。

■日本における規制改革

国際的な規制強化の合意を受け、日本でも対応措置が講じられた。まず、2012年11月から大手金融機関などによる、3カ月と6

カ月の円LIBOR金利のスワップ取引とiTraxx Japan（日本企業50社のCDS指数を用いた「インデックスCDS」）の取引を対象に清算機関の利用が義務化された。同時に、取引情報の保存義務も導入された。店頭デリバティブの清算業務の担い手は、CDSの清算機関として2011年7月に業務を開始したJSCCである。

2013年4月より取引情報の取引情報蓄積機関への報告が義務化された。米系のDTCCデータ・レポジトリー・ジャパンが取引情報蓄積機関となっている。2014年12月には、これまで大手金融機関に限られていた清算機関の利用義務が拡大された。この規制導入を待たずに、大手地銀等の一部の銀行は清算機関の利用を前倒しで開始した。

2015年9月より、固定金利と変動金利を交換する円金利スワップの一部の取引に対し、店頭デリバティブの取引量の多い金融機関等を対象に電子取引基盤の使用が義務付けられた。

■証拠金規制の導入

清算機関を利用しない店頭デリバティブ取引に関しては、2016年9月から証拠金規制が段階的に導入された。具体的には、取引相手の破たん時のポジション処理に備える「当初証拠金」と、市場価格の変動に応じて差し入れる「変動証拠金」の2種類が導入された。証拠金が必要とされる取引は、一定規模以上の想定元本の取引である。2016年9月の導入時は、想定元本420兆円以上の取引が対象とされたが、変動証拠金は2017年3月に全ての取引が対象となった。当初証拠金は4年かけて対象取引の想定元本が段階的に引き下げられる。現在メガバンクなどの大手のみが対象とされているが、2020年9月には取引想定元本1.1兆円以上が規制対象とされ、20〜30の機関が対象先となる見込みである。

新たに規制対象となる予定の金融機関は①証拠金の計算や接受、管理に必要なシステム対応②証拠金の接受に必要な人員体制の整備③証拠金のやりとりを行うカストディー機関との所要の契約の締結などの事務手続き④過去の取引対応の検証などガバナンス体制の構築——などについて準備を進めている。

政策・行政

173

地方創生

人口減少、地域社会の衰退などの課題に対応するため、地方創生の取り組みが進められている。地域の資金、情報、人材が集積する金融機関にも積極的な関与が期待されている。

地方創生は2014年に施行された「まち・ひと・しごと創生法」により始動し、その後、2016年3月までは、政府及び各自治体がそれぞれ地方創生を実現するためのプランである「まち・ひと・しごと創生総合戦略」を策定するための期間であった。現在、地方創生は、この総合戦略に従って政府・各自治体が民間とも協働しながら、施策を展開する推進フェーズへと移行している。

地方創生においては、金融機関にも一定の役割を果たすことが求められている。地方創生を効果的に推進するため、自治体、住民代表に加えて産業界・行政機関・大学・金融機関・労働団体・言論界・士業（産・官・学・金・労・言・士）が参画、連携することが期待されている。

2015年には内閣府が『「まち・ひと・しごと創生」と金融機関の役割について』を公表、その中で金融機関への協力のお願いとして、「地方版総合戦略策定への協力」「国や地方版の総合戦略の実施に向けた協力」「地域における金融機能の高度化に向けた取り組み」の三つの項目が明示された。金融機関が持つ知見を生かして国・自治体の総合戦略に協力するとともに、自身の本業である金融機能の高度化を通じて地方創生に貢献することが要請された。

金融機関にとっても、地域の人口減少や産業衰退は他人事として済ますことのできない問題である。特に地元密着を経営の柱とする地域金融機関にとっては、自身の業績に直結する重要問題である。地域の衰退は一金融機関の努力だけで解決できるものではない。国や自治体が主導する地方創生に積極的に関わ

り、地元の人口減少を抑え、地元経済を活性化することは、金融機関の経営にとっても大きな意義がある。そのため、金融機関も積極的に関わる姿勢を見せており、地方創生は経営上の重要なキーワードとなっている。

首相官邸に設置されている「まち・ひと・しごと創生本部事務局」が公表した「地方創生への取組状況に係るモニタリング調査結果（2017年度）」によると、自治体と協働して地方創生に関する事業・施策に取り組む金融機関の割合が2015年度、2016年度、2017年度にかけて37％→75％→83％と着実に増加していることが報告されている。

金融行政においても対応が進んでいる。**金融庁**は「金融仲介の改善に向けた検討会議」を設置し、企業の生産性向上や新陳代謝促進への貢献、担保・保証依存の融資姿勢からの転換など、金融機関のあるべき姿について議論が行われた。その結果を踏まえ、2016年9月には金融機関における金融仲介機能の発揮状況を客観的に評価できる指標として「**金融仲介機能のベンチマー**

ク」が策定・公表された。

このベンチマークは、金融機関が金融仲介の質を一層高めていくために、自身の取り組みの進捗状況や課題等について客観的に自己評価するための指標として位置づけられている。ベンチマークは「共通ベンチマーク」と「選択ベンチマーク」で構成され、合わせて55項目が挙げられている。融資や決済といった基本的な金融サービスの枠にとどまらず、取引先に対する様々な付加価値の提供を評価する内容となっている。

具体的には、本業支援、創業支援、**事業承継**支援、販路開拓支援など取引先の企業価値向上につながるソリューションの提供や、**事業性評価**に基づく担保・保証に過度に依存しない融資の取り組み状況などを数字（件数、金額、割合など）で把握し、その結果を公表する。このベンチマークに対する取り組みを通じて、これまで以上に、金融機関の目線が地元企業の成長・発展に向けられており、地方創生の推進にもつながるものと考えられる。

政策・行政

175

ストレステスト

ストレステストは、金融危機時にも業務継続ができるか銀行の耐久力を図る手法。リーマン・ショックにより銀行経営不振が相次いだ反省を受け、米国と欧州では定期的に実施している。

金融機関におけるストレステストとは、ブラックマンデーやアジア通貨危機、リーマン・ショックなど市場暴落のようなストレス事象を念頭に、シナリオに基づき損失規模を評価するリスク評価手法である。

Value at Risk（VaR）に代表される従来のリスク評価手法では、過去データから統計的に算出したシナリオを用いて損失規模を評価するが、ストレステストでは将来懸念されるストレス事象を用いる。シミュレーションの結果として、自己資本比率が一定水準を下回る、債務超過に陥るといった経営に重大な影響を及ぼす可能性がある場合には、自己資本増強などのプラン策定が必要となる。

なお、狭義の「ストレステスト」は、米国の連邦準備制度理事会（FRB）が2009年の金融危機時から、金融機関の資産の健全性を調べるため米国大手金融機関を対象に実施している健全性審査を指す。「ストレステスト」は、米国の失業率や経済成長率が大きく悪化した場合の損失発生状況を査定し資本不足額を試算したもので、金融機関の資産内容の透明性を高めるとともに資本増強を促し、金融システムを安定化させる狙いがある。米国で事業を展開する大手銀行の持ち株会社35社を対象にした「ストレステスト」は継続しており、邦銀では三菱UFJフィナンシャルグループの米国持ち株会社が対象となっている。

また、欧州連合の銀行監督機関である欧州銀行監督機構（EBA）においても、欧州債務危機以降、欧州主要48行の健全性を点検する「ストレステスト」（資産査定）を定期的に実施している。

ローカルベンチマーク

経済産業省の検討会が2016年に提案した評価ツール。金融機関や支援機関等が、地域の企業のビジネスモデルや生産性を比較検討し、経営判断や経営支援等の際に参考にするためのもの。

金融機関や支援機関等は、企業の経営者等との対話を深めて、互いに課題を客観的に認識し、必要な場合には支援や経営改善に早期に着手することが望まれている。ローカルベンチマーク（ロカベン）は、そうした行動のきっかけになる企業の健康診断ツールとして提案された。

ロカベンは2段階の構成となっている。第1段階は、企業の外部環境である地域の経済・産業の現状と見通しの把握や分析を行うことである。第2段階では、金融機関や支援機関が対象として選んだ個別企業について、財務情報や非財務情報等を基に、対話を通じて企業の成長余力や持続性、生産性等の評価を行う。

第2段階で活用される指標には、財務情報と非財務情報とがある。財務情報は、①売上高増加率（売り上げの持続性）②営業利益率（収益性）③労働生産性（生産性）④EBITDA有利子負債倍率（利益に対する有利子負債の割合で健全性を示す）⑤営業運転資本回転期間（効率性）⑥自己資本比率（安全性）——の六つである。

ロカベンで特徴的なのは、非財務情報からも企業の強みや課題を把握しようとしている点である。具体的には、①経営者への着目②関係者への着目③事業への着目④内部管理体制への着目——の四つの視点が提案されている。

中小企業等経営強化法や補助金申請（例：IT導入補助金）等でロカベンの活用が政策的に進められている。また、金融庁が2016年9月に公表した「金融仲介機能のベンチマーク」において、ロカベンの活用が選択ベンチマークの一つに加えられている。

政策・行政

経営革新等支援機関

国から「中小企業・小規模事業者からの経営相談に対応できる専門的知識や支援に係る実務経験を有する」と認定を受けた個人や法人、認定支援機関。

中小企業などへの支援事業の担い手の多様化と活性化を図るため、2012年8月に施行された「中小企業経営力強化支援法」に基づき、一定レベル以上の専門知識や実務経験を有する個人や法人を公的な支援機関として認定する制度が創設された。具体的には、全国各地の商工会議所、税理士、弁護士、民間コンサルティング会社、地域金融機関などが支援機関として認定されている。2018年8月末時点の全国の認定支援機関の総数は3万341機関。経営相談を希望する中小企業などは、各地の経済産業局のホームページなどから、各支援機関の得意分野や実績を検索することができる。

主な支援内容は、経営の状況に関する調査・分析、事業計画の策定やその実施に必要な指導及び助言である。また、支援を実施した案件の継続的なモニタリングやフォローアップも行っている。さらに、資金調達力の向上を促進させるため、信頼性のある計算書類などの作成及び活用を推奨している。

支援体制のさらなる強化や支援能力の向上を図るため、独立行政法人「中小企業基盤整備機構」(中小機構)では、認定支援機関に対し各種の研修やセミナーを実施している。その他、中小機構の各地域本部での窓口相談や専門家らの派遣による出張相談も行っている。また、中小企業などの多様な経営課題への対応力の強化を図ることを目的に、他の認定支援機関との連携を推奨している。

特に、2014年から全国に設置されている**よろず支援拠点**との積極的な連携の強化を促進している。

政策・行政

中小企業再生支援協議会

経営不振に陥った中小企業に、税理士や弁護士ら知識と経験を持つ専門家が解決に向けた助言や再生支援を行うことを目的に、各都道府県に設置された組織のこと。

中小企業再生支援協議会は、2003年4月施行の産業再生法に基づき、中小企業に再生支援業務を行う者として認定を受けた商工会議所などの支援機関を受託機関として、同機関内に設置されている。同年2月から全国に順次設置され、現在は全国47都道府県に1カ所ずつ設置されている。

各地の中小企業再生支援協議会では、事業再生に関する知識と経験を持つ専門家（金融機関出身者、公認会計士、税理士、弁護士、中小企業診断士ら）が統括責任者として常駐し、経営不振に陥った中小企業からの相談を受け付けている。解決に向けた助言や支援策・支援機関の紹介（一次対応）だけでなく、事業性など一定の要件を満たす場合には、再生計画の策定支援（二次対応）も行っている。

発足以降、2017年度末までに4万248社からの相談に応じ、1万3,140社の再生計画の策定支援を完了しており、着実に成果を上げている。他方、景気の好転を反映してか、2017年度に新たに再生計画の策定支援を開始した社数は1,107社であり、過去3年間でほぼ半減している。なお、これまでに協議会に持ち込まれた相談の累計では、企業からの件数よりも金融機関からの件数が上回っている。特に、信金・信組からの相談持ち込みが約3割を占めている。

あくまでも公正中立な第三者の機関であり、当該企業の事業面や財務面の詳細な調査分析を実施し、債権者である金融機関への調停案の提示を含めた再生計画の策定を支援している。2003年から2007年にかけて存在した産業再生機構とは異なり、不振企業向け債権を金融機関から買い取る機能は持っていない。

政策・行政

よろず支援拠点

中小企業・小規模事業者の経営上の様々な悩みや課題をワンストップで支援することを目的に、2014年6月から全国の各都道府県に設置されている経営相談所のこと。

よろず支援拠点は、売上拡大や経営改善、**事業承継**、創業など、中小企業・小規模事業者のあらゆる悩みの相談にワンストップで対応することを目的に、国が全国の各都道府県に2014年から設置している経営相談所である。「独立行政法人中小企業基盤整備機構」が全国本部として各よろず支援拠点をバックアップしている。利用者は何度でも無料で相談することができるのが特徴。

よろず支援拠点が設置された背景には、アベノミクスにおける成長戦略の一つとして成立した「小規模企業振興基本法」があり、よろず支援拠点が地域活性化の中核的存在となることや、そのノウハウが地域の支援機関に普及することが期待されている。

各支援拠点では、チーフコーディネーターを中心とする専門スタッフが課題を分析し、一定の解決策を提示するとともに、フォローアップを実施している。相談内容に応じて、適切な支援機関や専門家の紹介、国や自治体の支援策の利用促進、その担当者の紹介などを行っている。

2017年度の実績は、相談対応件数が20万194件（前年比6.3％増）、来訪相談者数が10万3,745人（前年比5.7％増）であった。また、相談者に対して実施した満足度調査では、「満足」「やや満足」と回答した総数の割合が全国平均で9割を超えている。さらに、よろず支援拠点全国本部が公表している2017年度の成果事例集では、ITやIoTの導入による経営改善や顧客の新規開拓、事業承継に関する提案などが各地の実績として紹介されている。

政策・行政

180

RESAS（地域経済分析システム）

「Regional Economy (and) Society Analyzing System」の略。地方自治体による地方版総合戦略策定などの基礎データとするための、地域の経済・産業、人口、観光などの分析システム。

　自治体が策定している政策の多くは、長年の経験や慣習などにより決定・実施されてきたが、人口減や少子高齢化など多くの課題を抱える現代では、客観的根拠、すなわちデータに基づく政策決定（Evidence Based Policy）と検証が求められる。そこで、内閣府まち・ひと・しごと創生本部及び経済産業省は、**地方創生**をデータ面でサポートすべく、これまで分野別・自治体別に公開されていた各種統計情報に、民間企業などが有する企業情報やGPSの位置情報などの**ビッグデータ**を加え、情報を一括してウェブブラウザー上で分析できる地域経済分析システム「RESAS」を2015年4月に公開した。

　RESASは、「人口」「観光」「まちづくり」「企業活動」などの「マップ」（分野）に分かれ、各マップに関連する統計情報・ビッグデータが連動し、利用者が課題の発見、施策検討や政策の効果検証などに活用しやすくなっている。グラフやメッシュ（地域を同じ大きさの網の目に分けたもの）、花火図（地域間の取引ネットワークを地図上の曲線で示した図）など、視覚的表現も取り入れているのが特徴。これにより、統計・データ分析が不得手でも直感的に理解できる。

　RESASは個別企業に関わる一部データを除き、自治体のほか企業や市民も利用できる。活用方法に関するセミナーや、毎年RESAS内データを使った政策アイデアコンテスト、活用事例の公開、漫画による使い方解説からAPI提供など、様々な形で普及活動を行っている。自治体だけでなく、企業や市民が広くまちづくりに関与する一助となる役割も期待されている。

政策・行政

6次産業化

農業・水産業などの1次産業の事業者が、加工などの2次産業やサービス・販売などの3次産業の業務も展開し、多角的な経営を行うこと（1次×2次×3次＝6次）。

■メリット

6次産業化のメリットは、1次産業者が生産から販売まで一体的に経営を行うことで1次産業者が中間マージン分を手にすることができ、付加価値を向上させることのほか、地域の農林水産物のブランド化や雇用の拡大を通じた地域の活性化などが挙げられる。**地方創生**を図るための手段として、6次産業化の支援を掲げる自治体も多い。

■進む法整備

6次産業化推進の動きをみると、まず2008年7月に「農商工等連携促進法」が施行され、1次産業者である農林漁業者や2次、3次産業者である商工業事業者との新たな連携の枠組みができあがった。

商工業を営む中小企業と農林漁業者が共同で事業計画を策定し、農林水産相、経済産業相が認定を行うことで、連携事業者は低利の融資や信用保証枠の拡大などといった支援を受けることができる。

2011年3月には「六次産業化・地産地消法」が施行され、6次産業化に向けた動きが本格化した。農商工等連携促進法では中小企業者と農林漁業者との有機的な連携推進に重点が置かれているのに対し、六次産業化・地産地消法では農林漁業者が主体的に行う新たな事業の創出に重点が置かれている。

農林漁業者は、自ら生産した農林水産物を用いた新商品の開発や新たな販売方法、またこれらを行うために必要な生産方式の改善などを盛り込んだ「総合化事業計画」を策定し、農林水産相の認定を経ることで、「農業改良資金融通法等の特例措置」（償還期限や返済据え置き期間の延

長）や農地転用手続きの簡素化といった支援を受けることができる。

■認定件数は2,366件に

同法の施行から約7年が経過した2018年9月現在、総合化事業計画の累計認定件数は2,366件に上る。対象農林水産物の割合として最も大きいものは野菜（31.7％）であり、次いで果樹（18.4％）、畜産物（12.2％）、米（11.8％）となっており、農産物の割合が高い。事業内容は、加工から直売まで行う体制の整備が68.3％と圧倒的に多く、以下、加工のみ（19.2％）、加工・直売・レストラン（6.9％）と続いている。6次産業化を実施した事業者の売上高の状況をみると、申請から2年が経過した事業者の平均売上高の伸び率は24％、3年経過の場合は57％、4年では65％、5年では60％と、取り組みによる効果が確認されている。

■リノベーションなど独自性で差別化が加速

6次産業化を実施する農家・事業者が増加する中、廃校など使われなくなった公共施設を農産物の直売所、レストラン向けにリノベーションして有効活用す

る動きがみられる。また、拡大する訪日外国人客需要を取り込むべく、農業事業者が航空会社と連携して観光農園事業を展開するなど、農業を生かして地域活性化につなげていこうとする動きも広がっている。農林水産省では、地域の特性を生かした6次産業事業を後押しするべく、新商品の販路開拓やブランディングについてアドバイスを行う「6次産業化プランナー」の活動を強化している。

■持続的成長が課題

日欧経済連携協定（EPA）や環太平洋経済連携協定（TPP11）など国際貿易協定の進展により安価な海外産農林水産物が流入し、わが国の農産物が国際的な価格競争にさらされる可能性が高まっている。

そうした中で競争に勝ち残っていくためには、地域の特性や自社の強みを生かした安心安全な商品・サービスを提供することで、安定的な付加価値を生み出し持続的な成長を遂げる礎を築くことが求められる。6次産業化は、そうした取り組みへの重要な鍵となる。

政策・行政

事業引継ぎ支援センター

中小企業・小規模事業者の事業の存続や承継に関する問題について、情報提供や支援を行うことを目的に、全国の各都道府県に設置されている支援機関のこと。

中小企業・小規模事業者は、後継者不足による**事業承継**問題が深刻化している。後継者がいないために廃業を余儀なくされる会社や事業も少なくない。

このような問題には**M&A**（企業買収・合併）の活用が考えられるが、大企業のM&Aとは異なり、中小企業などのM&Aは成約までに要するコストに比べて手数料収入が少なく、十分な規模の民間の市場が成立していない。

事業引継ぎ支援センターとは、これらの問題の改善を図るため、事業承継で悩みを抱える中小企業などに対して、専門家による適切な助言や情報提供、マッチング支援などを実施するために「独立行政法人中小企業基盤整備機構」が設置した公的な支援機関である。

2011年の産業活力再生特別措置法の改正を受けて、まず、全国47都道府県の商工会議所などの認定支援機関に「事業引継ぎ相談窓口」が設置された。そのうち、M&Aの活用を含めたより専門的な支援を実施することを目的に、事業引き継ぎ支援のニーズが高く、かつ支援体制が整った地域についてのみ事業引継ぎ支援センターが設置された。

当初は、東京都内と大阪府内のみに設置されていたが、その後、徐々に拡充が進み、現在では全国47都道府県に開設されている。

2017年度末において、発足以来、2万5,515社の相談に応じ、1,478件の事業引き継ぎを実現している。特に、2017年度は、相談件数、事業引き継ぎ件数ともに、対前年度比で5割以上増加している。なお、これまでの事業引き継ぎの実績の約7割が第三者承継の形態である。

事業再生ADR制度

経済産業大臣の認定を受けた公正・中立な第三者が、金融機関など
の債権者と債務者との間の調整を実施し、法的整理手続きによら
ずに事業再生を図る取り組みを円滑化する制度。

事業再生ADRは、裁判外紛争解決手続き（ADR）の一種である。制度としては、過剰債務に悩む企業の問題を解決するため、2007年度の産業活力再生特別措置法の改正により創設され、2014年1月に施行された産業競争力強化法に引き継がれた。

事業価値の著しい毀損によって再建に支障が生じないよう、会社更生法などの法的手続きによらずに、経済産業大臣から認定を受けた特定認証紛争解決事業者が第三者として手続きをとり、債権者と債務者の合意に基づき債務について猶予・減免などをすることで、企業を再建することを目的としている。

主な手続きの流れは、①債務者が特定認証紛争解決事業者（事業再生実務家協会〔JATP〕）に事業再生ADR制度の利用を申請②認証紛争解決事業者が債務者と連名で債権者に「一時停止」の通知を発出③事業再生計画案の概要説明のための債権者会議を開催④事業再生計画案の協議のための債権者会議を開催⑤事業再生計画案の決議のための債権者会議を開催——である。

⑤の事業再生計画案の決議で、全員の同意を得ることができれば私的整理が成立するが、1人でも不同意がいれば法的整理に移行することになる。このため、事業再生の迅速化・円滑化を目的に、多数決原理の導入が検討されている。

同制度のメリットとしては、①手続きが非公表②上場の維持が可能③「つなぎ資金」の借入制度がある④債務免除に伴う税制上の優遇措置がある⑤**経営者保証**に関するガイドラインの適用が可能——といった点を挙げることができる。

政策・行政

資本性借入金

> 「十分な資本的性質が認められる借入金」を指す。借入金でありながら、債務者区分の検討に当たって資本と見なして取り扱うことが可能である。

資本性借入金は金融検査マニュアル上の概念で、「十分な資本的性質が認められる借入金」を指す。「十分な資本的性質が認められる借入金」とは、借入金でありながら貸し出し条件が資本に準じたものを言い、償還条件（5年超）、金利設定（事務コスト相当の金利）、劣後性（原則として「法的破綻時の劣後性」が確保されていることが必要。必ずしも「担保の解除」は要しない）といった観点から資本類似性を判断することになる。

この取り扱いは、あくまでも借入金の実態的な性質に着目したもので、債務者の属性（債務者区分や企業の規模など）、債権者の属性（金融機関、事業法人、個人など）や資金使途などにより制限されるものではない。資本性借入金の活用により、債務者区分の検討に当たって既存の借入金が資本と見なされるため、債務超過の解消などバランスシートの改善が図られる結果、当該企業が金融機関から新規融資を受けやすくなるなどの効果が期待される。

金融庁は2011年11月、東日本大震災の影響などから資本不足に直面した企業のバランスシートの改善を図り、経営改善につながるよう、資本性借入金の積極的な活用を促す観点から金融検査マニュアルの運用の明確化を図った。この結果、地域金融機関による資本性借入金の活用は2011年度の85件から2012年度に400件超と急増した。

また、日本再生戦略（2012年7月閣議決定）の改革工程表にも「資本性借入金の積極的活用（活用事例・メリットの周知等）」が盛り込まれ、活用が期待されている。

生前贈与

> 贈与は、当事者の一方（贈与者）が自己の財産を無償で相手方（受贈者）に与える行為。贈与者の死亡により効力を生ずる死因贈与に対し、生前に行われる贈与を一般に生前贈与と言う。

贈与（生前贈与）は、民法上「当事者の一方（贈与者）が自己の財産を無償で相手方（受贈者）に与える意思を表示し、相手方が受諾する事によって、その効力を生ずる」とされている。無償契約・片務契約の典型である。

また、贈与者個人からの贈与を受けた受贈者個人には、贈与税が課される。贈与税の原則的課税方式である暦年課税では、超過累進税率（10～55％）が採用されている（特例制度として「**相続時精算課税制度**」がある）。

「平成25年度税制改正の解説」においては、わが国の家計資産の6割を高齢者が保有している一方、被相続人の高齢化が進んでいるため、相続などによる若年世代への資産移転が進みにくい状況にある、と説明されている。

このような状況を踏まえ、政府は高齢者が保有する資産をよ

り早期に現役世代に移転させ、消費拡大や経済活性化を図るべく、2001年以降、贈与税制の抜本的改正と連年の緩和を段階的に進めてきた。

贈与税は、税率の累進構造が相続税率に比して急峻であるが、一定額以下の贈与については、基礎控除の影響などから、相続税額に対して低水準となる。また、各種非課税贈与特例などの施策により、納税負担が軽減されていることや、相続税の課税強化などの影響も相まって、近年は贈与件数が増加傾向にある。

相続実務においては、遺留分算定に際しての生前贈与の取り扱いについて、民法（相続関係）改正の影響が注目される。

贈与は親族間で行われることが多く、税務調査の場面などで、名義預金の問題など契約の有効性がしばしば問題となる。

政策・行政

相続時精算課税制度

贈与税の課税制度の一つ。納税者の選択により暦年課税制度に代えて適用できる。20％の一律税率。この制度を選択して贈与された財産は、相続時において相続税の課税財産に加算される。

高齢者の保有資産を次世代へ移転し、その有効活用を通じて社会経済の活性化を図るなどの趣旨から、2003年度の税制改正において創設された。

相続時精算課税制度は、贈与をした年の1月1日において60歳以上の直系尊属から、贈与を受けた年の1月1日において20歳以上の直系卑属である推定相続人または孫への贈与について、受贈者の選択により適用を受けるものである。選択は、受贈者ごとと、贈与者ごとにできる。

原則的課税制度である暦年課税制度では、基礎控除額（毎年110万円）を超える部分について、超過累進税率（10〜55％）が採用されている。これに対し相続時精算課税制度では、特別控除額（累積で2,500万円）を超える部分について、一律20％の税率により贈与税が課される。

贈与財産は、その贈与者の相続発生時に、贈与時の価額で相続税の課税財産に加算される。当該贈与に係る贈与税額は、相続税額から控除される。相続時精算課税制度を選択した年以降は、その贈与者からの贈与については、この制度が適用され、暦年課税制度へ変更することはできない。

2017年度の税制改正では、「非上場株式等についての贈与税の納税猶予及び免除の特例（一般措置）」の適用にあたり、相続時精算課税制度との併用が認められた。

さらに2018年度の税制改正では、2027年12月31日までの時限措置として、上記特例の特例措置が創設され、併用できる後継者の範囲が第三者（直系卑属である推定相続人または孫以外の者）にまで広がった。

成年後見制度

成年後見制度は、認知症、知的障害、精神障害などの理由で、判断能力が不十分な人を保護・支援するための制度。後見人などの職務怠慢や、横領事件の多発など、問題も指摘されている。

成年後見制度には、法定後見制度と任意後見制度がある。

法定後見制度は、判断能力の程度などにより、後見・保佐・補助に分かれるが、その約80％は"後見"の利用者。

家庭裁判所で選任された成年後見人などは、本人（成年被後見人等）の利益のために、代理権・同意権・取消権により、保護・支援を行う。

任意後見制度は、本人（委任者）の判断能力が十分なうちに、任意後見受任者（選任後は任意後見人）との間で、公正証書による任意後見契約を結ぶ。任意後見人は代理権のみを持ち、本人の判断能力が不十分となった後、契約で定めた事務を通じて保護・支援を行う。

後見人などの職務は、本人の財産管理や法律行為に関するものに限られ、実際の介護などは行わない。また、本人の生活環境の変化や重要な財産の処分などについては、家庭裁判所の許可・報告などが必要になる。

成年後見制度は、新たな不動産投資ができなくなるなど、財産管理が硬直的になるため、近年は財産管理の代替策として、民事信託などが利用されている。

近年、成年後見人などによる横領事件が増加傾向にあったため、「後見制度支援信託」「後見支援預金」「後見監督人制度」の活用など、対策が進められた。

成年後見制度の利用者数は増加傾向だが、認知症高齢者などの数に比べ著しく少ない。この状況を受け、2016年5月「成年後見制度の利用の促進に関する法律」が施行された。さらには、当該法律に基づき2017年3月「成年後見制度利用促進基本計画」が閣議決定された。

政策・行政

休眠預金

長期間にわたって預け入れや引き出し等の取引のない預金。2016年に休眠預金法案が成立し、2019年秋より休眠預金をNPO等の団体に助成や融資する事業が開始される。

長期間、取引のない預金口座は休眠預金として取り扱われる。一般的に、最終取引日から10年経過した時点で雑益として処理する金融機関が多い。民営化前の郵便貯金の定額貯金等に関しては、満期から20年2カ月後に権利が消滅する取り扱いがなされている。

2011年の国会質疑の中で、当時の菅首相が休眠預金の活用について前向きな答弁を行ったことを契機に、休眠預金の活用の検討が開始された。その後、2013年の参院選時の自民党の公約に休眠預金の活用が盛り込まれ、2014年5月には超党派の「休眠預金活用推進議連」が結成された。2016年12月に「休眠預金法案」が成立、2018年1月に施行された。

毎年の休眠預金の発生額から払戻額を差し引いた金額は約700億円であり、このうち将来の払い戻しに備える分を除いた500億円程度が活用される見込みである。具体的には、2019年秋から休眠預金を預金保険機構がとりまとめ、資金分配団体を経由してNPO等が行う公益的な事業活動に融資・出資・助成する制度の運用が始まる予定である。

休眠預金活用の仕組み

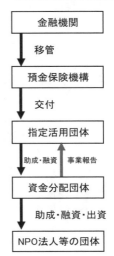

自然災害債務整理ガイドライン

自然災害で既存債務の弁済が困難な個人債務者が、債権者との合意に基づき、特定調停を活用した債務整理を公正・迅速に行うための準則。全国銀行協会が2015年12月に策定、2016年4月から適用。

「自然災害による被災者の債務整理に関するガイドライン」が正式名。全国銀行協会が2015年12月に定めた民間の自主ルールで、2016年4月から適用されている。

同ガイドラインは自然災害によって、住宅ローンや事業性ローンなどを借りている個人・個人事業主が既存債務を弁済できないため、再スタートが困難になることを想定。一定の要件を満たせば、法的倒産手続きによることなく、債権者との合意に基づき、特定調停を活用した債務整理を公正かつ迅速に行うための準則として取りまとめられた。

対象となるのは2015年9月2日以降に「災害救助法」が適用された自然災害による被災者で、法人は対象とならない。そのため、東日本大震災の被災者はガイドラインに基づく債務整理を受けられないが、別途、「個人債務者の私的整理に関するガイドライン」が策定・公表されているため、当該ガイドラインによる債務整理を受けることもできる。

自然災害債務整理ガイドラインに基づく債務整理の手続きの流れは、①手続き着手の申し出②専門家による手続き支援の依頼③債務整理開始の申し出④調停条項案の策定⑤調停条項案提出・説明⑥特定調停の申し立て⑦調停条項の確定——である。ローン借入先の同意や、簡易裁判所の特定調停手続きを利用することが必要となる。

同ガイドラインを活用することで、弁護士などの「登録支援専門家」による手続き支援を無料で受けられるほか、財産の一部を手元に残すことも可能、債務整理の事実が個人信用情報として登録されない、などのメリットがある。

政策・行政

191

東京国際金融都市構想

東京都をロンドンやニューヨークに匹敵する国際金融都市へ発展させる東京都の都市政策。初代「金融市長」として中曽宏氏が任命され、多岐にわたる政策が進行している。

東京都が推進する国際金融都市構想は、すでに様々な政策が実施段階へ移行している。東アジアでは上海、欧州ではブリュッセルなど、これまで同様の政策を掲げてきた都市は数限りない。多くの場合、掲げた政策は具体化されず、実施段階への移行もままならないことが多い。この点、東京都の国際金融都市構想はすでに多くのメニューが実施段階へ移行し、進化する「東京都」の将来が具体化しつつある。

東京都の国際金融都市構想が、これまで頓挫を繰り返してきた諸外国の構想と異なるのは、住宅政策、人材育成、創業ビジネス支援など、単に金融資本市場の改革に留まらないハード・ソフト面でのインフラ整備を網羅している点だ。都市再開発では、外資系企業の誘致を目指し、東京都は都心住宅地の容積率を緩和し、外国人向け住宅の建設やインターナショナルスクールの併設を後押ししている。また、金融教育面ではすでに2016年度より開設された首都大学東京ビジネススクールのファイナンス専門家向け専門課程が、2019年度よりさらに強化される。また、日本社会が歴史的に苦手としてきた起業への支援策も、2020年以降に強化し、人材を国内外から誘致する予定である。

東京都にとっての追い風は、2013年から続く株高で多くの外資系企業が再び東京都への拠点設立に関心を寄せていること、そして20年前に比べ東京都の財政健全化が進み様々な予算措置が可能になっている点である。ロンドン、ニューヨークとは異なる国際金融都市としての「東京スマートシティ」は着々とその姿を整えつつある。

プライマリーバランス

基礎的財政収支のことで、公債発行の収入を除いた歳入と公債の元利払いの支出を除いた歳出の差。その時点で必要とされる政策的経費を、税収などでどれだけ賄えているかを示す指標。

プライマリーバランスが黒字の場合、国などは、税収などの本来の収入の範囲内で、公共サービスなどに必要な費用、すなわち社会保障費、公共事業費、教育費、防衛費などの政策的経費が賄えていると同時に、公債発行収入が公債の元利払い額よりも少ないことを意味する。逆に赤字の場合、公債の元利払い額以上の公債発行収入に依存して政策的経費の一部を賄うことを意味する。

プライマリーバランスが赤字の状態が続けば、公債残高が累増して政策的経費が圧迫されるようになる。また、仮に財政の信認が損なわれれば、政府の資金調達に支障を来し、健全な財政運営が困難になる恐れがある。

国の一般会計でみると、1999年度以降、プライマリーバランスは赤字が続いている。東日本大震災直後の2012年度に24.8兆円と過去最大の赤字を記録、その後、減少基調にはあるものの、2018年度（政府予算案ベース）は依然10.4兆円の赤字が見込まれている（公債発行額を除く一般会計歳入は64.0兆円。国債費を除く基礎的財政収支対象経費は74.4兆円）。

政府は、財政健全化目標を堅持し、国・地方を合わせたプライマリーバランスの早期黒字化を目指しているものの、目標の達成時期が繰り返し先送りされているのが実情である。2018年6月に閣議決定された経済財政運営と改革の基本方針（骨太2018）では、成長低下に伴う税収の伸びの鈍化、消費税率引き上げ延期、補正予算の影響などの要因により、それまで目標としていた2020年度の国と地方のプライマリーバランス黒字化達成が困難と判断、新たに黒字化達成目標を2025年度へ先送りした。

政策・行政

産業革新投資機構

経済産業省が所管する官民ファンド「産業革新機構」を改組して設立された官民出資の投資ファンド。既存案件の管理は別会社に移管し、新しい組織は新規案件に専念する。

2018年5月に成立した改正産業競争力強化法に基づき、経済産業省が所管する産業革新機構を改組して新たに発足した**官民ファンド**である。産業革新機構は、2009年7月、次世代産業を育成・創出することを目的に官民の出資で設立された。2018年8月末までの9年間に計133件、総額1兆945億円の投資実績を有する。設立目的を反映し、これまでの投資決定件数の約8割を、起業直後のアーリーステージ企業やベンチャー企業が占めている。当初、産業革新機構の設置期間は2009～2024年度の15年間であったが、改組後の産業革新投資機構は、33年度まで9年間延長して引き継ぐことが決まっている。

これまで産業革新機構が投資した案件は、個々に経済産業大臣に意見照会をした上で直接出資するケースが多かった。改組後の産業革新投資機構では、経済産業大臣が認可したファンドを通じた出資を原則とし、投資判断の迅速化を目指すとしている。また、旧機構の改組に際し、既存案件の管理は分社化して新設した別会社に移管され、産業革新投資機構は成長分野の新規案件への投資に専念する。旧機構に対しては、政府はこれまで2,860億円を出資しているが、経済産業省は2019年度予算の概算要求で1,600億円積み増す方針を表明した。

成長産業の育成に向けた期待が大きい反面、旧機構がこれまで投資した案件には経営不振企業の救済色の強いものが含まれていたのは事実であり、新しく始動した産業革新投資機構には透明性の高い投資の実行が求められる。

V 世界情勢、国際化

バーゼル銀行監督委員会は、バーゼル3など銀行の監督・リスク管理に関する実務の推進強化に取り組む。写真左は同委員会の事務局が置かれる国際決済銀行(スイス・バーゼル)

TLAC（総損失吸収能力）

ティーラック

公的資金を投入せず、金融システムを不安定化させないように破たん処理を行うことを目的として、グローバルなシステム上重要な銀行に、一定値以上の長期債務などの保有を求める規制。

FSB（金融安定理事会）は、G-SIBs（グローバルなシステム上重要な銀行）に対し、破たん時の損失吸収及び資本再構築に充てるために、自己資本比率規制上の自己資本とTLAC適格債務（付保預金、デリバティブ負債、仕組債などを除く、満期1年超の無担保債務）の合計を、リスクアセット（RWA）比で、2019年1月から16％以上、2022年1月からは18％以上とすることを求めている。

同時にレバレッジ比率規制の分母（総資産の額などをリスクウェートによる調整を行わずに合計した額）比でも、2019年から6％以上、2022年から6.75％以上の保有を求めている。

中国を含むエマージング諸国を本国とするG-SIBsに対しては、適用開始時期を最長で2025年まで後倒しする緩和措置が設けられている。

日本については、預金保険制度の強靭性が評価されたことから、TLAC所要額にRWA比で2.5〜3.5％の算入が認められている。加えて持ち株会社発行のシニア債についてもTLAC適格として認められたことなどから、G-SIBsであるメガバンク3行は、問題なく最低水準を達成できるものとみられている。

すでにG-SIBsによるTLAC適格債の発行が始まっており、銀行発行の既発社債を、持ち株会社発行のTLAC適格債へ転換する動きが進んでいる。

現在、主要各国では国内規制化に向けた動きが進められているが、TLAC適格債務の定義や所要最低水準にばらつきが見られている。このため各G-SIBsは、本国基準への対応に加え、海外拠点の当局が定める基準にも個別に対応する必要に迫られている。

世界情勢、国際化

G-SIFIs

「Global Systemically Important Financial Institutions」の略で、国際金融システム上重要な金融機関。これを銀行に限定したものがG-SIBs（Global Systemically Important Banks）である。

リーマン・ショック後の世界的な金融危機では、経営破たんにより金融システムに大きな混乱を引き起こす恐れのある米保険大手AIGや米シティグループなど大手金融機関が公的資金により救済された。リーマン・ブラザーズのような大手金融機関の経営破たんによるシステミックリスクを回避しつつ、破たん処理が難しい大手金融機関のモラルハザードを防止することが各国の金融当局の共通課題となった。

FSB（金融安定理事会）は2010年11月、G-SIFIsへの規制を強化する方針を公表した。2011年11月のカンヌでのG20首脳会議では、G-SIFIsに関して、追加的な自己資本規制の強化や再建・破たん処理計画の策定を求めることで合意した。FSBは毎年G-SIFIsを指定しており、2013年からは保険会社の指定が始まった。日本では3メガバンクグループが指定を受け、保険会社の指定先はない。G-SIBsに対しては、重要性の区分に応じて1.0〜2.5％の自己資本比率の上乗せが求められる。

FSBは2014年11月、G-SIBsのTLAC（総損失吸収能力）の充実に関する提案を公表し、2015年11月にTLACの具体的な水準を公表した。G-SIBsは損失を吸収できる社債等をリスク資産比で2019年に最低16％、2022年に18％持つこととされた。

TLACの新規制に対応するため、海外大手行によるココ債（自己資本比率が一定基準を下回ると株式へ転換ないし元本が削減される債券）の発行が活発化している。国内メガ銀行は、自己資本対策の一環として、保有する地銀株の削減や持ち合い株の解消を進めている。

世界情勢、国際化

リスクアペタイト・フレームワーク

経営陣らがグループの経営戦略などを踏まえて進んで受け入れるリスクの種類と水準について、対話・理解・評価するためのグループ内共通の枠組み。

リスクアペタイト・フレームワーク（RAF：Risk Appetite Framework）の整備は、2009年10月に公表されたシニア・スーパーバイザーズ・グループ（SSG）の報告書「2008年グローバル金融危機からのリスク管理上の教訓」で、金融機関のリスク管理において今後改善が期待される項目の一つとして示されている枠組み。

これとともに、FSB（金融安定理事会）が2011年10月に公表した報告書「システム上重要な金融機関（SIFIs）への監督の密度と実効性」などにおいて、監督当局の主要課題として認識されてきた。

その後、FSBは2013年11月に「実効的なリスクアペタイト枠組みに係る原則」を公表した。実効的なRAFの導入をコーポレートガバナンスに関する規制上の課題と位置付けて、リスクアペタイトに関連する用語の定義の共通化を図るとともに、RAFに係る諸原則について提言している。

この原則では、リスクキャパシティーを「会社が取得することのできるリスクの最大水準」、リスクアペタイトを「リスクキャパシティーの範囲内で、会社が戦略的な目標やビジネスプランを達成するために進んで取り得る総括的なリスクの水準と種類」としている。

さらに、「リスクアペタイトを定量的、及び定性的な観点から明確に文書化したもの」をリスクアペタイト・ステートメント、「会社全体のリスクアペタイト・ステートメントをビジネスラインや法的主体、特定リスク分野などに配分したフォワードルッキングな（目先のことだけでは

なく、将来まで見据えた）定量的基準」をリスクリミットと位置付けている。その上で、「リスクアペタイトの設定、伝達、及びモニターに係る方針、手続き、コントロール及びシステムを含む全体的なアプローチ」をRAFと定義している。

また、RAFの原則として①社内だけでなく社外の利害関係者にRAFを伝えるプロセスを定めること②トップダウンのみならず全ての層のマネジメントがボトムアップで関与し推進されること③過度なリスクテイクを抑制するものであること④経営判断について討議を促す共通言語となること⑤会社全体の観点からビジネスラインなどのリスクリミットやリスクアペタイトを調整するなどビジネスやマーケットの変化に適用可能であること──などを提言している。

さらに、RAFにおける取締役会及び最高経営責任者（CEO）、最高リスク管理責任者（CRO）、最高財務責任者（CFO）のそれぞれの責任と役割を明確に規定し、社内のトップ層による積極的なリスク管理への取り組みを強く推奨している。

既に、RAFを戦略的な意思決定及びリスクプロファイルの適正化に有効活用している海外金融機関の事例も報告されている。しかし、枠組みの適切な理解浸透に時間がかかること、社内で複数組織の関与の調整は容易でないことなどから、RAFの構築については業界全体としては高度化の途上にある。

日本では、**金融庁**がリスクアペタイトを「自社のビジネスモデルの個別性を踏まえた上で、事業計画達成のために進んで受け入れるべきリスクの種類と総量」と表現し、「資本配分や収益最大化を含むリスクテイク方針全般に関する社内の共通言語として用いる経営管理の枠組み」をRAFと定義した。

環境変化への機動的な対応が求められていることから、**ストレステスト**（あるいはシナリオ分析）などを活用したリスクガバナンスの向上に向けて、RAFの導入及び着実な運営に向けた取り組みが増えていくものと思われる。

世界情勢、国際化

バーゼル3

銀行の資本基盤強化、レバレッジ抑制及び流動性リスク管理強化を目的に、バーゼル2を見直して2010年に合意に達した枠組み。自己資本比率のリスクアセットの見直しを経て、2017年に最終化。

■概要

2008年のリーマン・ショック後の世界的な金融危機を教訓に、銀行の資本基盤強化、レバレッジ抑制及び流動性リスク管理強化を企図した規制の導入が、主要20カ国・地域(**G20**)首脳会議で合意された。

これを踏まえて、**バーゼル銀行監督委員会**は自己資本比率規制の見直しに着手し、2010年に「バーゼル3」として合意された。その後も、自己資本比率のリスクアセット(比率の分母)の計測を中心に見直しが続けられ、2017年12月にバーゼル3の枠組みは概ね完成した(バーゼル3の最終化)。バーゼル3の枠組みは以下の通りである。

①自己資本比率規制

「自己資本の質の強化」及び「リスク捕捉の強化」を目的とした見直しである。

「自己資本の質の強化」は、損失吸収力の高い資本である「普通株式等Tier1」を中心とした資本構成を促すために、従来の自己資本比率8%に加えて普通株式等Tier1比率4.5%及びTier1比率6.0%を最低比率として設定。また、調整項目(従来の控除項目など)の定義を厳格化し、主に普通株式等Tier1で調整するようにした。

「リスク捕捉の強化」は、**デリバティブ**取引に伴うカウンターパーティリスク(取引相手の信用リスク)や大規模な金融機関へのエクスポージャーに関わる資本賦課を強めるものとなった。

日本では、バーゼル3の合意に沿った自己資本比率規制が、国際統一基準行には2013年3月末から導入され、国内基準行には2014年3月末から導入された。国内基準行には、「コア資本」(普通株式及

び内部留保を中心に、強制転換型優先株式などを加えたもの）の概念が導入され、国内独自のルールも設けられた。

②レバレッジ比率規制

過度なレバレッジの積み上がりの抑制を目的として、バーゼル3から新たに導入された規制である。適用時期は2018年1月。

「レバレッジ比率＝Tier1の額÷（オンバランス項目、デリバティブ、証券金融取引及びオフバランス項目の合計額）≧3％」

③流動性規制（**LCR**）

景気後退局面といった「ストレス時」の資金繰りに対応できるように、流動性の高い資産の保有を促進することを目的として、バーゼル3から新たに導入された規制である。2015年3月から段階的に導入され、2019年3月に完全に適用される。

「流動性カバレッジ比率（LCR）＝適格流動資産の額÷30日間のストレス期間に想定されるキャッシュアウト≧100％」

④流動性規制（安定調達比率）

資産の運用と調達の期間のミスマッチを抑制することを目的として、バーゼル3から新たに導入された規制。適用時期は2018年1月。

「安定調達比率＝安定調達額÷運用資産の期間に応じた所用安定調達額＞100％」

■バーゼル3の最終化

バーゼル3の導入後も、内部モデルの使用に伴うリスクアセット計測のバラつきやリスクに対する感応度の向上等を目指し、見直しが続けられてきた。

その結果、2017年12月に、信用リスクの標準的手法、信用リスクの内部モデル手法、資本フロアの設定、**オペレーショナルリスク**の計測手法、CVAリスクの計測手法及びレバレッジ比率について見直しが行われ、バーゼル3の枠組みは概ね完了した（バーゼル3の最終化）。

これらの見直しは、2022年から段階的に実施される予定であるが、これまで内部モデルを採用していた銀行（特に大規模な銀行）は、内部モデルの使用の制限や資本フロアの導入に伴うリスクアセットの増加などにより、各行のリスク管理やビジネス戦略に影響を与えることが予想されている。

IRRBB(銀行勘定の金利リスク)

「Interest Rate Risk in the Banking Book」の略。金融機関の「バンキング勘定」が保有する、金利リスクの監督上の取り扱いに関する最終文書とそれに基づく基準。

金融機関が保有する勘定には、短期売買の意図がある「トレーディング勘定」と、預金・貸出金を中心とする「バンキング(銀行)勘定」がある。バーゼル2規制下においては、トレーディング勘定が保有する国債などの金利リスクは、「第1の柱」(最低所要自己資本比率)として自己資本賦課の対象となった。一方、バンキング勘定の金利リスクは「第2の柱」(金融機関の自己管理と監督上の検証)として、自己資本賦課の対象とはならずアウトライヤー基準の対象となった。

2010年に発生した欧州ソブリン危機において、多くの欧米金融機関が、短期売買目的の国債を運用していたトレーディング勘定で、想定をはるかに上回る損失を計上した。この結果、**バーゼル銀行監督委員会**はトレーディング勘定に対する監視を強化

したが、これを受けて欧米の金融機関は国債などの運用をトレーディング勘定からバンキング勘定へとシフトするようになった。

こうした点や、足元の低金利環境を踏まえ、金利変化に対するエクスポージャーから生じる潜在的な損失をカバーしうる適切な資本保有を促進し、トレーディング勘定と銀行勘定の間や、異なる会計上の取り扱いに従う銀行勘定ポートフォリオ間の資本アービトラージのインセンティブを抑制することを目的に、2018年から国際統一基準行へIRRBBの適用が開始された。

新基準(IRRBB)では、旧基準対比で金利リスク測定時に求められる金利ショックの想定が複雑化することに加え、旧基準上Tier1とTier2合計の20%とされているアウトライヤー比率が、Tier1の15%に変更された。

世界情勢、国際化

202

LCR（流動性カバレッジ比率）

銀行が、30日間ストレスにさらされ続けた場合でも耐えられるような、良質の流動資産を保有しているかどうかを測る基準。バーゼル銀行監督委員会が2015年1月から導入した。

LCRは、リーマン・ショックの時に多くの銀行で資金繰りが一時困難に陥ったことを受け、**バーゼル銀行監督委員会**が検討・決定した、銀行の新たな流動性規制比率の一つ。

計算では、銀行の資産のうち、ストレス時にも大きく減価することなく容易に換金できる「適格資産」を、換金しやすさなどの順にレベル1資産（預金、国債など＝掛け目100％）、レベル2資産（政府・公共セクターの債券、高格付け非金融社債、事業会社のCPなど＝掛け目85％）、レベル3資産（AA以上の格付けのRMBS、A＋〜BBB－の非金融社債、上場株式＝掛け目75〜50％）などに分ける。

これらを合算し、30日のストレス期間で流出する可能性のある資金で割る。まずは60％が最低比率とされ、2019年の100％まで毎年10％ずつ引き上げられる。

2017年からは、それまでの月次計算方法から厳格化され、日次で計算することになった。

別途、1年間のストレスを想定し、安定的に利用可能な調達手段の確保が可能かを測る「安定調達比率（NSFR：Net Stable Funding Ratio）」も規制対象である。

国によって、導入時期や計算方法が異なる。米国ではシステム上重要な銀行への適用が、2015年1月から月次開示で開始したが、規模が特に大きい金融機関（資産7,000億米ドル超または預かり資産10兆米ドル超）では、同年7月から日次計算が求められている。

日本では、国際基準行は2015年6月からLCRの値の開示が始まっており、2017年4月からは国内基準行も**金融庁**への報告が求められている。

アジア諸国でもLCRの導入が進められている。

世界情勢、国際化

CRS（共通報告基準）

「Common Reporting Standard」の略。外国の金融機関に保有する口座を利用した国際的な脱税や租税回避を防止するためにOECDが策定した、口座情報を税務当局間で自動交換する制度。

CRSは、外国の金融機関に保有する口座を利用した国際的な脱税や租税回避行為を防止するために、経済協力開発機構（OECD）が策定した、非居住者に係る金融口座情報を各国の税務当局間で自動的に交換するための制度。現在、日本を含む100以上の国と地域がCRSに参加している。

CRS参加各国に所在する金融機関は、口座保有者の中から税務上の非居住者を特定し、特定した口座の情報を自国の税務当局に報告する必要がある。口座情報の報告を受けた税務当局は、租税条約等の情報交換規定に基づき、その非居住者の居住地国の税務当局に対して当該情報を提供することにより、各国の税務当局間で情報が相互に共有される。これにより、各国の税務当局がそれまで把握が困難であった国際的な脱税や租税回避行為の情報をタイムリーに把握することができるようになった。

日本においては、改正「租税条約等の実施に伴う所得税法、法人税法及び地方税法の特例等に関する法律（実特法）」が2017年1月より施行され、CRSが導入された。

同法の施行以降、新たに金融機関に口座開設を行う場合は、当該金融機関に対して、税務上の居住地国名等を記載した届出書の提出が必要となっている。届出書の報告を受けた金融機関は、当該金融口座情報を所轄税務署長に報告することが義務付けられている。

報告された情報は、租税特約等の情報交換規定に基づき、各国税務当局との間で自動的に交換されることになる。

ヘッジファンド規制

ヘッジファンドの取引の透明性を高めるため、業者登録や情報開示を義務付け、活動を監視、抑制する規制。資金取引規模の膨張を防ぎ、突発的な危機を防止する目的もある。

2008年リーマン・ショック以降、主要7カ国（G7）や主要20カ国・地域（G20）などの国際会議でヘッジファンドへの規制がたびたび議論・検討の対象となる背景には、ヘッジファンドによる運用資金の急速な拡大がある。ヘッジファンドが従来型の投資信託と異なる点は、運用成果に連動する報酬を前提に短期雇用された、ヘッジファンドの最高経営責任者（CEO）が、ハイリスク・ハイリターンの投資活動を行うことにある。投資家の資金にレバレッジをかけて運用するため、想定元本の規模は各国の実物経済のみならず、世界全体の金融市場の規模をも大きく凌駕する。

1990年代から2000年代にかけて進行した金融規制の緩和を背景に、ヘッジファンドの取引規模は著しく増大した。かつての

ヘッジファンドへの規制は、ブローカーなどのヘッジファンドを取り次ぐ業者への間接規制や、自己資本比率規制などに限定されていた。ところが2008年以降の世界金融危機を契機に、ヘッジファンドが将来の国際金融システムの甚大なリスクとなる懸念が高まり、2009年から2016年にかけて集中的にファンドの規制に関する議論が進行した。

米国では、2010年7月に発効した**金融規制改革法**第4章で、ヘッジファンドに証券取引委員会（SEC）への登録、運用報告を義務付け、SECの検査・監督管轄下に入ることも記された。G20でもヘッジファンド規制を目指す動きが活発化し、先進国・新興国ともにファンドの業者登録と監督当局への運用報告の義務化が進んでいる。

世界情勢、国際化

205

GDPR（EU一般データ保護規則）

2018年5月施行の欧州31カ国での個人情報保護規制。氏名、メールアドレス、クレジットカード情報、インターネット検索履歴等、個人情報の加盟国外への持ち出しが禁じられている。

欧州では現在、インターネット検索サイトなどで情報検索を行うたびに、このCookie情報二次利用の同意を求めるポップアップ画面が出現する。これは2018年5月に施行されたGDPR（一般データ保護規則）に伴う措置である。GDPRは、2018年5月25日より施行された新個人情報保護規制である。加盟国は、欧州経済領域（EEA）と呼ばれる、欧州連合28カ国と、アイスランド、リヒテンシュタイン、ノルウェーが参加する。規制導入の背景には、サイバーテロを始めとする情報通信網経由での犯罪が近年、急増していることがある。

日本の個人情報保護法とは次の点が異なる。まず、EEA内の日本企業現地法人が、域外の支店との間で、従業員、顧客の氏名、メールアドレス、取引情報を共有することはできない。例えば、EEA内のドイツの日本企業現地法人がEEA外のセルビア支店との間で顧客情報をやり取りした場合、違反制裁金が課せられる。違反制裁金は、年間売上高の4％もしくは2,000万ユーロ以下のいずれか高い額とされている。また、個人を特定する情報のみならず、メールアドレスやインターネット検索履歴情報、IPアドレスなど、個人の情報通信活動に関する情報も保護対象となる。このため、検索サイトを用いた利用者の履歴情報を入手し、この情報を用いた販売促進を行うことも規制対象となる。

ただし、現時点で「個人の同意」や「適用除外」についての定義があいまいであり、規制の運用は今後、各国間でのコンセンサスが形成される見通しである。

世界情勢、国際化

ASEAN経済共同体(AEC)

「ASEAN Economic Community」。東南アジア諸国連合(ASEAN)に加盟する10カ国が、域内の市場統合により成長の加速を図る経済連携の枠組み。

ASEANは2015年12月末に、政治・安全保障、経済、社会・文化についての共同体を設立した。このうち、具体的な取り組みが進んでいるのが経済共同体であるAEC。AECの発足により、人口6億人超、域内総生産が2兆5,000億米ドルの巨大市場が誕生した。AECの原点は1993年に開始されたASEAN自由貿易地域(AFTA)であるが、2003年にはすでに、対象をモノだけでなく、サービスや投資にも広げ、AECに発展させることで合意していた。域内関税撤廃による外資の誘致を図るため、国境を跨った分業体制や生産拠点の変更などが、日本企業を含め進行している。

欧州連合(EU)と比べると、共通通貨・共通の金融政策(一部諸国を除く)や共通関税にまで踏み込んだ施策は採られておら

ず、サービスや投資の分野での自由化は遅れており、熟練労働者の移動自由化も進んでいない。各国に規制、非関税障壁が残存しているのが実情。

ASEANにはTPP(環太平洋パートナーシップ協定)の参加国と非参加国が混在する。TPP参加国が非参加国よりも大きな経済効果を享受できる可能性がある。しかし、2017年1月に発足した米国のトランプ政権はTPPからの離脱を表明。これにより同協定はTPP11として再出発することとなったが、AECにおいてTPPと遜色のない自由化が推進されるのか、今後の行方を見極める必要がある。なお、日本、中国、韓国、オーストラリア、ニュージーランド、インド+ASEAN10カ国の16カ国は「東アジア地域包括的経済連携(RCEP)の2019年の妥結に向けて動いている。

世界情勢、国際化

ABMI(アジア債券市場育成イニシアティブ)

「Asian Bond Markets Initiative」(アジア債券市場育成イニシアティブ)の略。効率的かつ流動性の高い債券市場をアジアで育て、アジア域内の貯蓄を同域内の投資に生かす取り組み。

ABMIは、現地通貨建ての域内債券市場育成のための取り組みで、2003年の第6回東南アジア諸国連合(ASEAN)プラス3(日本、中国、韓国)財務相会合での合意に基づいている。その枠組みは①現地通貨建て債券発行の促進②現地通貨建て債券の需要の促進③規制枠組みの改善④債券市場関連インフラの改善——というタスクフォースと技術支援調整チーム(TACT)からなる。これまでの取り組みで、日韓両国政府の協力の下での国際的な債券担保証券(CBO)の発行、タイ・マレーシア・インドネシアにおける国際協力銀行(JBIC)や日本貿易保険(NEXI)による信用補完を通じた日系現地合弁企業による起債が行われている。2010年9月には、ASEANプラス3域内のクロスボーダー債券取引の促進を目的に、クロスボーダー債券取引に係る市場慣行の標準化や規制の調和を図るため、官民一体のフォーラムとしてASEANプラス3債券市場フォーラム(ABMF:ASEAN＋3 Bond Market Forum)を設置した。ABMFは各国の規制及び取引慣行に関する調査を行い、その結果を基に「ASEAN＋3債券市場ガイド」を策定し2012年4月に公表。また、域内のプロ投資家向け債券市場への上場プロセスの共通化を目的に、「ASEAN＋3債券共通発行フレームワーク」(AMBIF)を進めており、2015年9月にはAMBIFに基づくパイロット債が発行された。なお2016年5月に、中期ロードマップが策定された。

また2017年4月には、現地通貨建て債券市場育成に関する、域内、域外との知見共有を目的に、ABMIの取り組みの一環として、Good Practicesが作成された。

ボンドコネクト(債券通)

2017年7月に開始した、中国本土と香港間の債券相互取引。香港の決済機関に口座を開設すれば、海外投資家が中国当局の認可なしで、中国本土の債券を直接売買できるようになった。

■債券通開始の背景と意義

　従来は、海外投資家が中国本土の債券市場に参加する際には、中国当局からの認可を取得する必要があったが、債券通の開始により許可は不要となった。

　債券通においては、海外投資家は中国内に債券口座がなくても、香港の決済機関に口座を開設すれば、中国本土の債券を直接売買できる。債券通を通じた投資額に上限はない。

　債券通を利用する海外投資家は、英文表示の電子取引プラットフォームを通じ、中国人民銀行管轄の中国外国為替取引システム(CFETS)を用いて取引を行う。債券決済は、香港金融管理局管轄の香港証券保管決済機関(CMU)においてなされる。

　海外投資家は中国人民銀行に事前に登録し、CMUは中国本土の決済機関に債券口座を開設

し、自社名義で海外投資家のために債券を保有する。

■北行きと南行き

　債券通には、海外投資家が中国本土の債券を取引する「北行き(Northbound)」と、中国本土の投資家が香港で債券を取引する「南行き(Southbound)」がある。

　北行きはすでに開始したが、南行きはまだ始まっていない。

■債券通に係る課題

　南行きが開始すれば、中国内外の資本移動は格段に自由になり、人民元の国際化にも資することになるが、中国政府は大規模な資本流出の懸念から、南行きの実施には慎重である。

　なお、債券通の下での債券売買に係る課税制度が不明確である、債券通の売買実績などの統計が未整備でその公表も十分でない、といった問題点も指摘されている。

世界情勢、国際化

209

LTRO(長期リファイナンスオペ)

欧州中央銀行(ECB)が採用した量的緩和策の手段を意味する。ECBが市場で銀行から国債や資産担保証券を買い取り、これらの資金を銀行へ供給する金融調節手段。

欧州は、2008年リーマン・ショックの影響に加え、2009年以降は欧州債務問題の二つの深刻な金融危機に直面したため、その経済対策としてECBが景気刺激策と銀行システム安定化策の実施を同時に行ってきた。LTRO（Long-Term Re-financing Operation)は、主として3年物国債などをECBが買い入れることでインターバンク市場へ資金を供給し、政府の財政拡張政策を後押しすると同時に域内商業銀行の経営安定を目的としている。

欧州債務問題後の欧州経済の状況は複合的で、中央政府の債務履行能力がその後も不安視される国もあれば、商業銀行の連鎖破たんが懸念される国もある。一つの中央銀行が複数の危機の原因に対処しなければならない場合、中央銀行がインターバンク市場で流動性を供給しただけでは危機からの回復効果は小さい。欧州のケースでは、経済対策として複数の課題解決を同時に目指している点がFRB（米連邦準備制度理事会）の量的緩和策(QE)と異なる。

LTROでは、格付けが低い南欧諸国の国債を中央銀行が購入することで、①インターバンク市場への流動性供給②南欧諸国の長期金利上昇の抑制③南欧政府の債務履行能力の改善④銀行バランスシートの健全化の同時達成——を試みている。①と④は銀行の経営安定化を目指し、②と③は国債のデフォルト不安の解消策である。財政再建を積極的に進めるユーロ加盟国の国債などを優先的に買い入れることで、域内の財政再建を中央銀行が後押しする効果も目指している。

FSB（金融安定理事会）

「Financial Stability Board」の略。金融システムの安定化を図ることを目的とした、監督当局などから構成される国際的な組織。日本からは金融庁、財務省、日本銀行が参加している。

FSBは、2009年4月の第2回金融・世界経済に関する首脳会合（ロンドンサミット）の宣言を踏まえ、金融安定化フォーラム（FSF：Financial Stability Forum）の組織基盤を強め、能力を拡大することによって設置された。

FSBの役割は、①国際金融システムに影響を及ぼす脆弱性の評価と、それに対処するために必要な措置の特定・見直し②金融の安定に責任を持つ当局間の協調と情報交換の促進③市場の進展とそれが規制・政策に与える影響の監視・助言――など。

FSBは、全ての**G20**に所属する国及び地域、さらに香港、オランダ、シンガポール、スペイン、スイスの国内当局（監督当局、財務省、中央銀行）のほか、国際通貨基金（IMF）などの関係国際機関、**バーゼル銀行監督委員会**（BCBS）などの金融分野の国際基準設定主体などから構成されている。

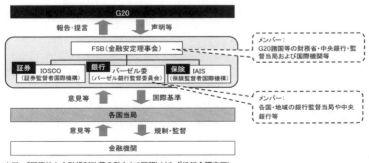

出所：「国際的な金融規制改革の動向（10訂版）」（みずほ総合研究所）

世界情勢、国際化

FRB（米連邦準備制度理事会）

米国の中央銀行として位置づけられる米連邦準備制度の中核機関。それぞれの地域において金融機関の監督や紙幣の発行を行う12の地区連邦準備銀行を統括し、金融政策などを実施する。

国土面積が広大な米国では、東海岸地域と西海岸地域では金利水準を始め経済状況がしばしば異なる。このため、**日本銀行**やイングランド銀行とは異なり、米国ではニューヨーク連邦準備銀行（連銀）やサンフランシスコ連銀など、12の地区連銀が存在し、それぞれの地域において商業銀行の監督や紙幣の発行を行っている。FRB（連邦準備制度理事会）は、この地区連銀のとりまとめ役としてワシントンDCに本部を置く。

FRBの重要な任務である金融政策は、米公開市場委員会（FOMC）の決定をもとに実施される。FOMCでは、フェデラル・ファンド・レート（FF金利）の誘導目標が決定され、FRBが短期金融市場においてこの金融調節を実施する。この金融政策を決定するFOMCは、大統領に指名される7人のFRB理事と5人の地区連銀総裁により構成される。議決権を持つ5人の地区連銀総裁を含むことで、異なる地域の経済動向を一つの金融政策に反映することを目指している。FRBは、1913年の連邦準備法に基づき設立された連邦準備局を前身とし、1935年の銀行法施行以降、現在の名称が掲げられている。FRB理事7人から議長、副議長が選任され、4年ごとに改選される。

FRBは諸外国同様、中央銀行としての独立性が法制度上、保証されている。しかし、大統領が理事7人を指名し、かつ議会の承認を要することから、政治的な影響を遮断することは難しい。2018年2月に就任したパウエルFRB議長に対し、トランプ大統領が影響を及ぼすことが危惧されるのはこのためである。

世界情勢、国際化

金融規制改革法(米)

世界的な金融危機を背景に、オバマ前米大統領の主導で2010年7月に成立。1930年代以来の包括的な金融改革法と評価されているが、トランプ政権下で見直しが行われている。

米金融規制改革法(ドッド・フランク法)は、2008年のリーマン・ショックを発端とした世界金融危機で高まった金融機関、金融監督体制への批判を背景に成立した。骨子は以下の通り。

①金融監督体制の整備

金融システム全体の安定を確保するための金融安定監督評議会(FSOC)の設立、ノンバンクを含む大規模金融機関への健全性基準などの規制監督の強化(**ストレステスト**などを含む)、消費者金融保護局(CFPB)の設立

②ボルカー・ルール

銀行などの業務範囲の制限(自己勘定取引の原則禁止、ファンド出資の禁止など)

③**デリバティブ**等規制

店頭デリバティブ取引の中央清算機関(CCP)での清算の義務付け、銀行本体によるデリバティブ(スワップ関連)取引の子会社への移転(リンカーン条項)など

④秩序ある清算手続きの確立

FDIC(米連邦預金保険公社)の権限強化、清算手続き費用捻出のための清算ファンドの設立

⑤その他

格付け機関の内部統制、開示義務等強化、証券化商品組成者の信用リスク保有義務、役員報酬の株主総会議案化など

■規制見直しへ

トランプ政権の下で、同法を含めた既存の金融規制の見直しが指示され、2017年6月(銀行セクターに係る規制)と同年10月(資本市場に係る規制)に米財務長官によるレビューレポートが公表された。その後、2018年5月に強化された健全性基準等の見直しが行われている。また、遵守要件の簡素化・合理化を図るとの観点から同年6月にはボルカー・ルール規則の改正案が公表された。

世界情勢、国際化

213

欧州銀行同盟

ユーロ加盟国間でそれぞれ異なる銀行監督行政を欧州中央銀行へ一元化し、共通の銀行監督の下で域内銀行システムの安定化を目指す銀行監督共通化への動き。

欧州銀行同盟は、各国の銀行監督行政を欧州中央銀行（ECB）へ一元化することを最終目標としている。単一銀行監督メカニズム（SSM）、単一銀行破たん処理メカニズム（SRM）、欧州預金保険制度（EDIS）の三つの制度から構成される。これまで欧州の銀行監督行政は、1992年、1999年以降の欧州市場統合、通貨統合にも関わらず、現在まで国ごとの監督当局がそれぞれ異なるルールの下で行われてきた。2009年のギリシャ・ショックを契機に、異なる銀行行政が、特に南欧諸国での銀行産業の経営不安定化をもたらしたとの反省から、ユーロ加盟国内でのECBによる銀行監督行政の一元化が望まれてきた。

まず単一銀行監督メカニズム（SSM）は、ユーロ圏内の資産規模が大きい銀行を直接監督する。ここでは、銀行が経営破たんした際の破たん処理スキームも一元化し、現在は各国銀行監督当局が担っている国内金融機関の破たん時の処理もECBが引き継ぐことで、その監督行政の対象銀行を大幅に増やす見通しである。米国同様、欧州における統一的な破たん処理制度の考え方も、より迅速かつ裁量的であることを重視する方向へ向かっている。

2019年以降へ先送りされる欧州銀行同盟の課題は、欧州連合諸国との銀行監督制度の調整、そして欧州預金保険制度（EDIS）の創設である。一方で、イタリア政府が2017年に経営が困難化した大手行モンテ・デイ・パスキ・ディ・シエナの国有化へ個別に関与するなど、欧州銀行同盟の創設に相反する動きも懸念されている。

世界情勢、国際化

214

ECB（欧州中央銀行）

欧州連合参加国のうち19カ国が加盟する中央銀行。1999年に設立され、最大の任務である加盟国の物価安定を維持し、単一通貨ユーロの国際的な価値を保つための金融政策を行う。

　欧州では、欧州中央銀行（ECB）が1999年以降、加盟国の物価安定を目標とする金融政策を行っている。この欧州連合参加国28カ国のうち、19カ国が加盟する単一通貨ユーロの通貨管理体制を総称して、ユーロシステムと呼ぶ。ECBの組織は、6人の常務理事会、加盟19カ国の中央銀行総裁から構成される政策理事会が、金融政策に関わる意思決定を行う。常務理事会、政策理事会では、政策金利であるリファイナンス金利の水準ほか、近年はこれらに単一監督メカニズム（SSM）に基づく、銀行監督が新たな任務として加えられている。

　金融政策に関わる意思決定を議論する政策理事会、この討議内容に関わる報道発表は6週間ごとに実施される。**日本銀行**の金融政策決定会合（MPM）、米国の連邦公開市場委員会（FOMC）の開催頻度が年間8回であることと比較すると、ECB政策理事会は他の先進主要国よりも高い頻度で開催されていることになる。ユーロシステムは1988年以降、欧州理事会、欧州委員会が欧州通貨同盟（EMU）の計画に基づき、段階的に現在の枠組みの構築を進めてきた。

　マリオ・ドラギECB総裁の任期満了にともなう2019年秋の新総裁人事が、注目を集めている。この理由は、ECB総裁、欧州委員長、欧州大統領のEU主要3人事を加盟国間でどのように割り当てるかが、欧州外交の現在の焦点となっているためである。その意味では、現在の統一通貨ユーロは、その経済効果よりもECB人事を巡る国際政治的な駆け引きにより注目を集まる時代を迎えている。

世界情勢、国際化

MiFID II（第2次金融商品市場指令）

2018年1月に導入された欧州連合の金融資本市場に関する新金融規制。市場環境の変化と取引手段の多様化を踏まえ、2007年施行のMiFIDを強化する新規制が加えられている。

2008年リーマン・ショック、2009年危機からほぼ10年が経過した現在、世界では、市場を取り巻く環境はすでに大きく変化している。例えば、コンピューターによる自動売買、**HFT・アルゴリズム取引**の増加や新たな**デリバティブ**商品の普及により、現在のマーケットはかつてないほど投資家にとって取引内容が見えにくく、リスクの把握が難しい状況にある。こうした市場環境の変化を踏まえ、MiFID II（第2次金融商品市場指令）は2018年初以降、施行されている新規制である。

2007年施行のMiFIDに新たに加えられた規制の内容は、次の通りである。まず、資産運用会社に対し運用委託手数料と調査費用を分割して投資家に開示する義務が設けられている。それまで、投資家が資産運用会社に支払う手数料は、運用委託手数料と、証券アナリストの調査にともなう費用の二つが合算されて支払われてきた。これを分割し、運用委託手数料の透明化を図ることで、資産運用ビジネスにおける競争原理を働かせることが新規制の目的とされている。さらに投資会社、資産運用会社には、運用取引注文に関わる通話・通信記録の金融当局への提出ならびに一定期間の保管も新たに義務付けられている。

欧州市場では新規制導入後、競争原理が働くことで、委託手数料の低下が進行している。また、証券アナリストがアナリスト・レポートを無償で投資家に提供する代わりに、運用委託を受ける商慣行が新規制により困難化している。資産運用会社には新規制に対応する新システム投資の負担も生じている。

世界情勢、国際化

バーゼル銀行監督委員会

主要国の中央銀行と銀行監督当局の代表などで構成し、銀行監督などに関する国際協調を担う。バーゼル規制など銀行の監督・リスク管理に関する実務の推進強化に取り組んでいる。

バーゼル銀行監督委員会（BCBS）は、1975年にG10諸国の中央銀行総裁会議により設立・開催された委員会で、銀行の健全性維持を目指した自己資本比率基準やリスク管理指針などを協議する場である。上位機関に中央銀行総裁・銀行監督当局長官グループ（GHOS）がある。メンバーは、日米英独仏や新興5カ国で構成するBRICSを含む主要国などの中央銀行と銀行監督当局の代表である。委員会は通常、事務局のあるスイス・バーゼルの国際決済銀行（BIS）で開かれる（日本は**日本銀行**と**金融庁**が参加）。

同委員会には銀行に対する直接的な監督権限はない。合意事項も法的拘束力がないが、多くの国で実施されている。1988年策定の「自己資本の測定と基準に関する国際的統一化」による規制（バーゼル1）は、2004年にリスク算出基準が精緻化された（バーゼル2）。その後、世界的な金融危機の再発防止の観点から2010年に**バーゼル3**として、自己資本の最低水準引き上げや質の厳格化に合意した。また、信用リスク・アセット算出方法の大幅見直し、良質な流動資産確保を求める**LCR**（流動性カバレッジ比率）や安定調達比率の導入、レバレッジ比率の最低水準設置及び国際金融システムで重要な銀行（G-SIBs）に対する追加措置などにも最終合意し、2022年より段階実施の予定である。

同委員会は銀行監督の国際的な基準設置団体としての機能を強めており、これらマクロプルーデンスの観点からの措置が銀行システムの安定性を高めたようにもみられる。他方、厳格な資本規制による銀行活動への負の影響を懸念する声もある。

世界情勢、国際化

外国口座税務コンプライアンス法(FATCA)

FATCAは米国の税法である「Foreign Account Tax Compliance Act」の略。米国人の海外口座を使った租税回避を阻止する上で、米国外の金融機関に顧客口座から米国人を特定し報告する義務を課す法律。

FATCAは、2010年3月18日に米雇用関連法の一部として成立し、即日施行された。法律の適用日は2013年1月1日であったが、経過措置により実質的には2014年7月1日から適用が開始されている。

金融機関で預金口座などを初めて開設する場合や、米国へ転居する場合などに、米国の納税義務者に該当するかの確認が行われる場合がある。該当する場合には、本人の同意のもと、米内国歳入庁(IRS:Internal Revenue Service)に預金口座の情報などが報告される。

FATCAでは、外国金融機関(FFI:Foreign Financial Institution)がIRSと契約を締結した上で、FFIに開設されている米国口座の保有者に関する情報を収集し、IRSに対して報告を行うことを求めている。なお、FATCA

ではFFIが非常に広範に定義されており、銀行、証券、保険、農・漁協、信金・信組、労金、投資信託、投資組合などが幅広く対象となっている。FFIがIRSと契約を締結しない場合には、FFIが受領するUS Asset(米国債券・株式等)の利息・配当及びその譲渡対価に対して、原則として30％の源泉徴収が行われる。FFI契約を締結すると、口座残高に応じて口座保有者に米国人であることを示す兆候がないかを確認し、米国当局に報告することなどの義務を負うことになる。

FATCAは米国の税法であるが、米国以外の金融機関も影響を受けるため、日米両政府はFATCAが日本の国内法に抵触することなく円滑に実施されるよう相互に協力するための声明を発表。その中で日本の金融機関が実施すべき手続きが示されている。

現在予想信用損失（CECL）

現在予想信用損失（CECL）とは、金融危機の反省から考案された金融商品の新しい引き当て方法であり、引き当てを行う時点の金融商品の残存期間に予想される事象を織り込んで引き当てる。

従来の貸し倒れ引き当て方法では、損失の発生の可能性が高い場合に引当金を計上できるとされてきた（企業会計原則注解18など）。この方法では、損失発生の可能性が高くなった段階で引当金額を見積もること、かつ、金額の見積もりにあたっては、将来キャッシュフローの見積もり、または過去の毀損額を基にした実績率による見積もりを行う。しかし金融危機の場合などには、引き当ての計上が「遅すぎ、かつ、少なすぎ」になると批判されてきた。これを受けて、発生損失に基づく引き当てに代えて、導入を検討されているのが、現在予想信用損失（Current Expected Credit Losses）に基づく引き当てである。この方法では、金融商品の残存期間にわたって予想される損失を見積もるために、該当金融商品の信用情報、過去の情報、現在の状況及び実施可能にして合理的な限りにおいて予測可能な情報（フォワードルッキング情報）を用いて引き当てなくてはならない。予測情報には、個別の企業の状況だけではなく、マクロ経済状況に関する予測なども含まれるとされる。予想損失モデルの対象は、貸出金だけではなく、ローンコミットメント、金融保証を含む。

現在予想信用損失に基づく引き当てを含むIFRS第9号は2018年1月1日以降開始事業年度より適用されている。日本基準での導入については現在検討段階であるが、導入された場合は、バーゼル銀行監督委員会が公表している11のガイドラインに沿った組織体制が必要となるため、地域金融機関の引き当て実務に対する影響が大きくなるものと思われている。

世界情勢、国際化

ベイルイン

> 金融機関の破たん処理で、預金や債券などの債権者が、債権放棄他により損失を被る方式。他方、政府など債権者・株主以外の第三者が損失を被る方式をベイルアウトと呼ぶ。

■破たん処理方式の考え方

金融機関の破たんがシステミック危機に至らないための、事後的プルーデンス政策の基本である預金保険制度は、形態や規模は異なるが、ほとんどの国が設けている。他方、破たんに際し、株主・債権者(預金者)に損失負担を求めるベイルインと、公的資金などを注入して債権者の損失を縮小するベイルアウトのいずれを採るかについては、議論が定まっていなかった。

■欧米ではベイルインを模索

日本は1990年代後半に頻発した金融機関の破たんに際し、ペイオフは行わず、国有化・公的資金注入・資金援助などのベイルアウトで対応した。

これに対し2007年以降の欧米では、ベイルインがなされた事例があった。

例えば、2008年のリーマン・ブラザーズ破たんでは、米国は公的資金を注入せず、2013年のキプロス救済では、預金課税により預金者に負担を求めた。

また欧州連合(EU)は2016年、公的資金を銀行に注入する際に、あらかじめ株主・債券保有者に負債の8%相当額の負担を求める「銀行再生・破たん処理指令(BRRD)」を導入した。

しかし、BRRDに則りベイルインで破たん処理されたのは、2017年6月のスペインのポプラール銀行だけであり、イタリア大手行のモンテ・パスキ銀行他の金融機関の救済においては実施されなかった。ベイルインの実施については、債権者の抵抗が強く、金融市場の不安定化を招く懸念があることが背景にある。

ベイルインとベイルアウトのいずれで対応すべきかについては、さらなる議論を要する。

ISO20022（金融ISO）

XMLを記述言語とする金融通信メッセージの国際標準規格。全銀システムを含む国内外の多くの金融市場インフラが対応。国内では従来の固定長電文の2020年廃止を受け普及加速の兆しがある。

柔軟性や拡張性に優れたコンピューター言語であるXML（eXtensible Markup Language）が1998年に登場した後、XMLベースの通信メッセージ規格が乱立した。ISO20022はこの状況を改善するために、金融業務分野全般において横断的に適用できるXMLベースの通信メッセージ規格として2004年に制定された国際標準規格である。

従来の通信メッセージ規格があらかじめメッセージ作成のための構文の仕様を詳細に定めるのに対し、ISO20022は構文を作成する際の基本的な技術・方法のみを定めるアプローチを採用。業務プロセスのモデル化から具体的な通信メッセージの作成という実装手順が可能となることや、既存の通信メッセージについてもISO20022メッセージへと作り変えることが可能という

技術的な特徴を持っている。

これらにより従来の規格に比べて柔軟性や拡張性に優れたデータ活用が期待できることから、ISO20022に基づくXMLベースの金融通信メッセージ規格は、欧州などの主要決済インフラにおいて導入が進められている。

日本でも全銀システムにおいて2011年にISO20022に基づくXML電文を導入したものの、利用実績は乏しかった。その後、2015年12月の**金融審議会**「決済業務等の高度化に関するワーキング・グループ報告」を受けて、全国銀行協会を中心に全銀システムとは別に2018年12月にXML電文に対応する新システム「ZEDI」を稼働させるとともに、従来の固定長電文については2020年に廃止する方向で取り組みが進められている。

世界情勢、国際化

221

金融包摂

全ての人々が基本的な金融サービスにアクセスでき、またそれを利用できる状況を言う。G20では、2000年代から最重要政策課題の一つとして認識され、積極的な取り組みが行われている。

人々に経済的、社会的、文化的な生活に参加する機会や資源を与えることを「社会包摂」と言う。社会包摂の中でも、金融サービスに焦点を当て、基本的な金融サービスにアクセスでき、またそれを利用できる状況を「金融包摂」(Financial Inclusion)という。

他方、金融サービスにアクセスできない状態を「金融排除」といい、2016事務年度金融行政方針でも「**日本型金融排除**」が重要論点として採り上げられており、企業価値の向上等の実現に向けた金融機関の取り組みが期待されている。

金融機関から正規の融資を受けられないなど、一般的な金融サービスにアクセスできない成人は、世界中で生産年齢人口の31％に上ると言われており、貧困問題の解決には金融サービスへのアクセスが重要であるとの認識が高まっている。こうした中、2009年9月の**G20**ピッツバーグ・サミットにおいて「金融包摂」を首脳声明で初めて採り上げ、2010年11月のG20ソウル・サミットでは、金融包摂グローバル・パートナーシップを立ち上げたほか、7項目からなる「G20金融包摂行動計画」を採択した。近年、フィンテックを活用した金融サービスのイノベーションが活発化しており、維持コストの高い既存の金融インフラを必要としない金融サービスの低コスト化によって金融包摂が促進されている。

金融包摂の進展によって、発展途上国はもとより先進国においても、人々の生活の向上、取引コストの削減、経済活動の促進、様々な社会サービスの提供——が可能になることが期待されている。

G20

主要先進7カ国G7に新興国12カ国及び欧州連合などを加えた20カ国・地域を意味する。近年、その経済規模の全世界に占める比率が高まり、国際会合の開催頻度も高まっている。

1980年代後半には全世界経済の7割を超えた主要先進7カ国（米国、カナダ、日本、ドイツ、フランス、英国、イタリア）の経済規模の比率は、現在は40％台に低下している。この間、新興国の経済シェアが高まったことから、次第にこれらの国々の国際社会における発言力が高まっている。特に2008年リーマン・ショック後はその傾向が強まったため、開催頻度も高まっているのがG20会合である。

G20に参加する新興国は、アルゼンチン、豪州、ブラジル、中国、インド、インドネシア、韓国、メキシコ、ロシア、サウジアラビア、南アフリカ、トルコの12カ国である。これら12カ国にG7諸国、欧州連合を加えた20カ国・地域の財務大臣・中央銀行総裁から構成されるのが、G20財務大臣・中央銀行総裁会議である。2017年の全世界の国内総生産（GDP）の規模が約81兆ドル（世界銀行）であるのに対し、金融資本市場の資産負債残高は251兆ドル（国際金融協会）に達する。この全世界のGDPの3倍を超える国際資本を管理するには、経済シェアが低下したG7諸国のみでは力不足である。このため近年、G20財務大臣・中央銀行総裁会議がこうした問題に対処することを目的として、開催頻度を高めている。

中国のGDPが2030年前後には米国を逆転することがほぼ確実視される中、他の新興国諸国のGDP規模も、高い成長率が見込まれている。このため、今後もG20に参加する新興国12カ国の発言力が一層強まり、G7の枠組みが次第に形骸化することが予想される。日本は、G7とG20の橋渡し役を期待されている。

世界情勢、国際化

アジア開発銀行（ADB）

「Asian Development Bank」のことで、略称はADB。アジア・太平洋の経済成長・経済協力の助長、途上国の経済開発を目的とする。67カ国・地域が加盟している。

1963年の第1回アジア経済協力閣僚会議において設立が決議され、1966年に発足した。日本は原加盟国であり、米国とともに最大の拠出国。アジア・太平洋の経済成長・経済協力の助長、途上国の経済開発を目的とする。ADBの主な機能は、①発展途上国に対する資金の貸し付け②開発プロジェクト・プログラムの実行のための技術支援や助言③開発目的のための支援の促進④途上国の開発政策の調整支援──などである。

財源としては、通常資本財源（OCR）と主に低所得国向けに条件を緩和したアジア開発基金（ADF）、さらに加盟国からの拠出金とOCR・ADFが用いられる特別基金があったが、OCRとADFは統合して貧困層向け支援が強化された。本部はフィリピン・マニラに置き、歴代総裁は全て日本人が務めている。日本を含む域内加盟国は48、域外加盟国（米国・欧州）は19となっている。

2018年には、2030年までの長期戦略が発表され、優先する支援対象として、気候変動への対応、男女平等、食糧安全保障の促進など、従来からのインフラ投資を重視しつつも業務の幅が広がっている。

2015年に中国が主導する形で発足したAIIB（アジアインフラ投資銀行）は、57カ国が創設時のメンバーであったが、2018年9月現在87カ国となり、ADB加盟国を上回った。一方、日本と米国は参加を見送っている。AIIBとADBは協調を打ち出しているが、競争の動きが出てくることも否めない。新興国が、ADBとAIIBを天秤にかけることも懸念される。

VI 基礎用語

銀行法改正

フィンテックの登場を踏まえ、銀行法が2016年と2017年に改正された。フィンテック企業に対し、銀行が口座情報などを安全に提供しやすくする2017年改正は2018年6月から施行された。

「2016年改正」では、銀行の出資上限が緩和され、金融機関がフィンテック企業への出資や買収をしやすくなった。2017年4月に施行され、三井住友フィナンシャルグループが第1号案件として**金融庁**の認可を取得。NTTデータなどと共同でフィンテック企業「ポラリファイ」を設立し、指紋、顔、声など複数の生体情報を組み合わせた本人認証サービスの事業を開始した。

2018年6月に施行された「2017年改正」では、銀行や信用金庫などの預金を扱う金融機関に対し、フィンテック企業へのAPI（アプリケーション・プログラミング・インタフェース）公開の努力義務を課した。APIは銀行が保有する口座情報などにアクセスする手順を指し、フィンテック企業によるサービスを安全に連携できる。従来、フィンテック企業は顧客からインターネットバンキングのIDとパスワードを預かる手法で資金管理サービスを提供するなどリスクが大きかった。

フィンテック企業へのAPI公開は**オープンAPI**と呼ばれる。銀行とフィンテック企業の連携を通じ、利便性の高い金融サービスの開発を促すのが狙いだ。銀行システムに接続するフィンテック企業には登録を義務づけた。

各金融機関は改正法を受け、2017年3月までにフィンテック企業など**電子決済等代行業者**との連携方針を公表。2018年度中には国内の230機関が整備する考えを示している。個人客の参照系APIは120行程度が提供する方針だ。政府は2017年6月に策定した「未来投資戦略」で3年後に80行以上のオープンAPIを目指すとしていたが、目標を大幅に上回る見通しになっている。

金融商品取引法

従来の縦割り業法を見直し、投資性の強い金融商品を幅広く対象とする横断的な制度を整備することを目的に、名称を「証券取引法」から変更して2007年9月に施行された法律。

2006年6月、証券取引法の改正という形で金融商品取引法が成立した。その際、金融先物取引法、投資顧問業法、外国証券業者に関する法律、抵当証券業の規制等に関する法律、投資信託法は金融商品取引法に統合された（投資信託法は一部のみ）。金融商品取引法は2007年9月から施行されたが、四半期報告制度及び内部統制報告制度は2008年4月以後に開始する事業年度から適用されている。金融商品取引法では、規制対象商品の拡大、規制対象業務の横断化、行為規制の整備・柔軟化などのほか、開示制度の充実、各種罰則規制の強化が図られている。

なお、預金取り扱い金融機関や保険会社のように、免許制の下でより高度な業規制が課せられている業者については、金融商品取引法の直接的な規制対象

とせず、別途、各業法を改正して必要な行為規制が整備された。具体的には、外貨預金、仕組み預金、変額年金保険、各種デリバティブのように投資性の高い商品を取り扱う場合には、金融商品取引法の行為規制を業法において準用することとし、主に広告規制、契約締結前・契約締結時の書面交付、不招請勧誘（顧客からの依頼がない勧誘）・再勧誘の禁止（一定の業務）、損失補てんの禁止、適合性の原則——などの行為規制が課された。

施行後も逐次金融商品取引法の一部改正が行われており、金融ADR制度の創設、開示制度の見直し、特定投資家（プロ）と一般投資家（アマ）の移行手続きの見直し、デリバティブ取引に係る勧誘行為規制の強化、**インサイダー取引**規制の見直しなどが行われている。

基礎用語

金融機能強化法

資本増強が必要な金融機関に公的資金を注入し、金融仲介機能を維持するための法律。2016年の法改正で、国の資本参加を求める金融機関の申請期限が2022年3月末まで5年間延長された。

同法は、ペイオフの全面解禁（2005年4月）を翌年に控えた2004年8月に施行された。銀行救済のための公的資金注入を定めた他の法律とは異なり、債務超過に陥っていない金融機関にも公的資金を予防的に注入できるのが特徴だ。

期限が来れば失効する時限立法のため、2008年3月末に最初の申請期限を迎えたが、政府はリーマン・ショックの発生を受けて法改正し、申請期限を2012年3月末まで5年間延長した。同時に、公的資金申請時に金融機関が提出する「経営強化計画」の目標が未達だった場合のペナルティーを免除するなど、制度の使い勝手を高めた。その結果、地域銀行の申請が相次いだ。

2011年7月には、東日本大震災を受けて2017年3月末まで再延長された。震災の影響で資本増強が必要となった金融機関には、①経営陣の経営責任を問わない②収益性やリストラなどの数値目標を課さない③国に支払う優先株の配当や劣後ローンの金利を引き下げる——などの震災特例が新設された。また、信用金庫、信用組合などの協同組織金融機関に対しては、合併・事業譲渡などを条件に公的資金の返済義務を免除する特例も設けられた。

さらに2016年11月には、英国の欧州連合離脱（ブレグジット）に伴う市場リスクに対応するため、2022年3月末までの再々延長が実現。その際、震災特例については延長が見送られた。

同法施行から約14年間の利用実績は総額6,748億円（2018年3月末時点）。返済分を除いた利用残高は4,943億円（同）となっている。

中小企業等経営強化法

国が中堅・中小企業や小規模事業者の生産性向上を支援するため、2016年7月に施行された法律。国の認定を受けた事業者には、税制優遇や公的資金による支援などの特例措置がある。

国内では人口減少や少子高齢化の進展で人手不足が深刻化しており、労働生産性の向上が喫緊の課題となっている。そのため、中堅以下の企業の生産性向上を支援する目的で中小企業等経営強化法が制定された。

同法の規定に基づいて経済産業省が基本方針を定め、それに沿って関係省庁が所管業種別に「事業分野別指針」を策定している。それらの指針には、各業種の優良事例を参考にした生産性向上の方法が示されている。企業は事業分野別指針に沿った「経営力向上計画」を作成することで、国から認定を受けられる。2018年9月末時点の認定状況は7万1,195件。業種別では製造業が45％を占めている。

経営力向上計画には、例えば最新設備の導入による効率化や顧客データの分析を通じた商品・サービスの見直し、情報技術（IT）を活用した財務管理の高度化など、具体的な施策が盛り込まれる。申請企業が自社の人材だけで計画を策定するのが難しい場合は、商工会議所や金融機関、税理士などの専門家にサポートを求めることも可能だ。認定事業者は税制優遇や金融支援などの特例措置を受けられる。

また、産業競争力強化法が改正され、2018年7月から施行された。それに伴い、経営力向上計画の対象には合併・買収（M&A）などによる再編が追加された。中小企業の事業承継を加速させるのが狙いで、登録免許税などの特例が受けられる。親族以外に承継する際には引き継ぐ企業なども金融支援の対象になる。さらに、金融機関など認定経営革新等支援機関には更新制が導入された。

229

債権法

2017年6月、約120年ぶりに債権法分野を中心とした民法改正法が公布。2020年4月1日施行。判例の明文化、社会・経済変化への対応などを目的とし、約200の事項について改正が行われている。

債権法分野を中心とした、民法制定（1896年）以来約120年ぶりとなる民法改正法が2017年6月2日公布された。2020年4月1日から施行される。

改正は①判例の明文化②用語の平易化③社会・経済変化への対応——などを目的としており、約200の多岐にわたる事項について改正が行われた。金融実務に影響が大きいものとして、①定型約款の規定新設②個人保証の保護政策の強化③法定利率の変更④譲渡禁止特約の効力変更——などの改正が行われている。

■定型約款

預金や保険に関する取引など、不特定多数を相手方とする内容が画一的な取引（定型取引）に用いられる「定型約款」に関する規定を新設し、定型約款の要件や、表示・変更のための要件などが定められた。

■保証

個人が事業用融資の保証人になる場合について、公証人による保証意思確認手続を新設し、一定の例外を除き、この手続きを経ない保証契約を無効としている。また、保証人への情報提供義務規定を新設した。

■法定利率

現行民法の「年5％」の固定制を、「年3％」の変動制（3年ごとに見直し）に変更した。併せて、商事法定利率を削除し一本化した。

■債権譲渡

譲渡制限特約（現行の譲渡禁止特約を用語変更）が付された場合であっても債権の譲渡を有効とし、悪意または重過失の譲受人に対して、履行の拒否や譲受人への弁済等を対抗できるにとどめることとした。ただし、預貯金債権に関する譲渡制限特約については従前どおり。

雇用保険法

失業等給付、雇用保険二事業の根拠法。労働者の生活・雇用の安定を図り就職を促進すること、失業を予防し雇用機会を増大させ、労働者の能力の開発・向上を図ることなどを目的とする。

雇用保険法(1975年施行)は、失業した人や子育て・介護のために休業した人などが生活に困らないように給付を行い、労働者が自ら教育訓練を受けた場合に給付を行うなどして、労働者の生活・雇用の安定並びに就職の促進を図る「失業等給付」と、失業の予防、雇用機会の増大、労働者の能力開発などを目的とする雇用保険二事業(雇用安定事業、能力開発事業)を実施する「雇用保険制度」の根拠法である。

「失業等給付」には、「求職者給付」のほか、「雇用継続給付(高年齢雇用継続給付・育児休業給付・介護休業給付)」「就職促進給付」「教育訓練給付」がある。

雇用保険二事業のうち、「雇用安定事業」は、失業予防に努める事業主を支援する雇用調整助成金や就職困難者の雇用を支援する助成金の支給などを行う。「能力開発事業」は職業訓練施設の整備、労働者の教育訓練受講の援助などを行う。

雇用保険は政府管掌の強制保険で、農林水産業の小規模個人事業のみを暫定的に任意加入事業としているほかは、原則として、労働者が雇用されるすべての事業を強制適用事業とみなしており、適用事業に雇用される労働者を当然に被保険者としている。

財源は、事業主と労働者が負担する保険料と、国庫負担によって賄われる。

雇用保険法は、その時々の課題に対応するため、適宜、改正されてきた。最近の主な改正では、政府が提唱する「一億総活躍社会」などの実現に寄与すべく、育児や介護と仕事の両立、高齢者の就職・転職等を後押しする施策などが盛り込まれている。

犯罪収益移転防止法

> マネーロンダリング（資金洗浄）を防止するための法律。金融機関等に本人確認や取引記録の保存、疑わしい取引の届け出義務を課している。2016年10月に改正法が施行された。

犯罪収益移転防止法（犯収法）は、犯罪により得た収益が組織犯罪を助長するために使用されたり、犯罪で得た資金が移転して事業活動に用いられることによって健全な経済活動に悪影響を及ぼしたりすることを防止し、併せてテロリズムに対する資金供与の防止を図るため、2008年に施行された。

その後、犯収法は改正され2013年4月に施行された。主な改正点は、①取引時の確認事項の拡大②「ハイリスク取引」の類型の追加③取引時確認を適格に行うための措置の追加——である。

2014年11月に犯収法は再改正され2016年10月に施行された。これにより、①疑わしい取引の届け出の判断方法の明確化②法人の実質支配者の確認の強化③写真のない身分証明書を使用す

る場合の本人確認手続きの厳格化④外国において重要な公的地位にある者との取引時の確認の厳正化⑤体制整備の努力義務の拡充——などが導入された。

従来、金融機関のマネーロンダリング対策は確認書類を徴収することが中心であったが、近年は取引内容に応じたリスクの特定や評価、リスク縮減対策が求められるようになっている。コンプライアンス負担が増加していることに対応するため、一部の金融機関では、AI（人工知能）を利用した**レグテック**をマネーロンダリング対策に導入し始めている。

一方、2018年秋には犯収法の規則が改正され、法人の預金口座の開設時に必要な本人確認の手続きがネット上の手続きのみで完結できる規制緩和措置が実施された。

プライムレート

銀行の最優良企業向け貸し出しに適用される金利。期間1年以内の短期貸し出しに適用される「短期プライムレート」と、期間1年超の長期貸し出しに適用される「長期プライムレート」がある。

短期プライムレートは、銀行が信用力の高い最優良企業に対して、期間1年以内の短期貸し出しを行う際に適用される最優遇の貸出金利を指し、かつては公定歩合に一定の利率を上乗せして決定されていた。金融の自由化が進んだ1989年以降は、各金融機関によって市場金利の実勢や運用・調達構造に合わせて独自に設定されている。

近年は、大企業向け貸し出しを中心に短期金融市場金利に一定の利幅を上乗せして貸出金利を設定する「スプレッド融資」が普及しているが、中小企業向け貸し出しでは引き続き短期プライムレートを基準とする貸し出しも多い。また、変動金利型の住宅ローン金利も短期プライムレートに連動する形で設定されている。メガバンク各行の2018年9月末時点の短期プライムレートは1.475％である（変更時に適用レートを公表）。

長期プライムレートは、銀行が信用力の高い最優良企業に対して、期間1年超の長期貸し出しを行う際に適用される最優遇の貸出金利を指す。

かつては長期信用銀行が設定する長期プライムレートが長期貸し出しの基準金利として幅広く採用されてきたが、近年はその位置付けが低下し、スプレッド融資や短期プライムレートを基準として貸出期間に対応した利率を上乗せする「短期プライムレート連動長期貸出金利」（いわゆる「新長期プライムレート」）を基準金利とする貸し出しが主流となっている。なお、みずほ銀行の2018年9月末時点の長期プライムレートは1.00％である（原則、毎月9日に適用レートを公表）。

M&A

M&Aは、Mergers and Acquisitionsの略で企業の合併・買収を指す。M&Aは、企業や事業の経営権を移転させる事であり、部門売却や営業権の譲渡も含まれる。

M&Aには、株式譲渡・新株引き受け・株式交換、事業譲渡、合併、会社分割など様々な手法がある。

買い手側は、事業をそのまま引き継ぐことで新事業立ち上げに伴う時間的コストを削減できる。また、既存事業を買うことにより収益やリスクの予想がしやすく、人材や技術の確保により短期的に企業の業容を拡大できる。

売り手側は、創業者利潤の獲得に加え、不採算部門を切り離すことで経営資源を戦略部門に重点投入できる。

中小企業庁によると、今後10年間に70歳を超える中小企業経営者245万人のうち、約半数が後継者未定とされ、**事業承継**が問題となっている。この解決手段としてもM&Aが浸透しつつある。売り手側にとって後継者対策の切り札となり、会社が存続することになるだけでなく、会社が安定することで社員の生活を守ることにもつながる。

メガバンク、証券会社、M&A専門会社、地域金融機関などは、対象企業の選定から買収方法の選択・実行だけでなく、買収先企業の経営者や株主との折衝などの下準備、買収資金の調達方法の選択なども含めた、一連のプロセスにおいて総合的なM&Aサービスを提供することで、手数料収入を得ている。例えば、三菱UFJ銀行では東京・名古屋・大阪に専門拠点を設け、M&Aアドバイザリーサービスを三菱UFJモルガン・スタンレー証券と協働の上、提供している。

日本銀行の**マイナス金利**政策の影響により利ざやが縮小する中、金融機関の多くは数少ない有望分野としてM&A手数料収入の獲得やM&A資金の貸し出しを目指している。

LBO

「Leveraged Buy-Out」の略。てこの働き（レバレッジ）に似たM&A。被買収企業の資産を担保に金融機関から融資を受け、少ない自己資金で買収すること。

てこの原理は、小さな力（資本）で大きな力を生み出す働き。LBOは、買収資金の大半を投資家からの資本と金融機関からの融資に依存するため自己資金は少なくて済むが、資金調達と返済・回収のリスクがあり、買収後は借入資金返済のため不採算部門を売却することが多い。買収には、少資本で特別目的会社（SPC）を設立し、必要資金を調達後、営業部門を取得する「営業譲渡方式」と、目的会社が対象会社を吸収合併する「株式買取方式」がある。いずれも事業再編、会社売却、有望事業取得などが目的。

LBOでは、株式を非公開とし一般株主からの干渉を排して大胆な改革を行い、高収益を得る可能性がある。一方、急激な景気後退期には借入資金の償還が困難となった事例が多く、有利子負債の増加に市場が嫌気を差すこともある。LBO市場への投資は2010年を最低として急激に減少し、混乱の収束に時間を要した。しかし、2012年頃より再び活発になりつつある。

日本では、2015年5月施行の改正会社法で「三角合併」の手法が認められたことから、海外ファンドによるLBOの矛先が日本企業に向かうと予想される。**財務省**を事務局とする「金融・資本市場活性化有識者会合」（座長：伊藤隆敏教授）では2015年6月、「重点的に取り組むべき事項」で、海外の優良企業を買収する際にSPCが巨額の買収資金を調達する新たな融資手法として「LBOファイナンス」の導入を提言した。また、国際協力銀行は買収先からの現金収入を担保に資金を貸し付けるLBO支援を始めた。

事業承継

事業承継とは、会社の経営を後継者に引き継ぐことをいう。銀行や証券会社では事業承継ビジネスを強化しており、事業承継に係る不動産仲介など規制緩和要望も出されている。

事業承継には、①親族内承継②親族外（役員や従業員など）承継③M&A——の3通りがある。中小企業経営者の高齢化と後継者難が深刻化しており、親族内承継に代わり、親族外承継が全体の6割超となるなど急速に増加している。このため、事業承継税制の特例が創設されるなど税制面での対応も行われている。

銀行や証券会社では①後継者対策②自社株対策③相続対策——の支援を柱に事業承継ビジネスを強化している。①後継者対策では、早い時期に後継者を決め自社株の計画的な売買・贈与などにより後継者に移転する必要がある。②自社株対策では、非上場企業株式で高い評価となる場合には、自社株の評価額引き下げ対策が必要となる。③相続対策では、経営者に相続が発生した場合、自社株の評価額が高く

なり多額の相続税が発生したり、相続人の間で自社株が分散し経営基盤が不安定になったりするため、遺言などで後継者に自社株が集中する対策が必要となる。

高齢化や後継者難が続く中、事業承継においても不動産売買や遊休地の有効活用など不動産を含む総合的な金融サポートニーズが高まっており、これら不動産仲介業務を銀行本体でできるようにすることも検討課題として挙げられよう。

また、事業承継では株価算出、相続税額・贈与税額の算出が必要となるが、規制上、金融機関は相談を受けても対応ができない。税理士資格を有する銀行員らが税理士業務を行うことができれば、銀行本体でスキーム提案、クロージングまでをワンストップで対応可能になることから、規制緩和要望が出されている。

PFI

「Private Finance Initiative」の略。公共施設等の設計、建設、維持管理及び運営に、民間資金とノウハウを活用することで、事業コストの削減や効率的かつ効果的な公共サービスを目指す。

PFIは「小さな政府」を目指すサッチャー政権以降の英国で1992年に導入されたのが始まり。PFIは今や財政再建と経済成長を同時実現する上で欠かせないツールの一つとなっている。

PFIの最も重要な概念にVFM（バリュー・フォー・マネー）がある。VFMは、一定の支払いに対し、最も価値の高いサービスを提供するという考え方である。VFMを徹底することで、公共部門から民間部門へリスクが移転され、公共事業に競争原理が導入されることで、事業コストの削減やより質の高い公共サービスの提供が期待できる。

これまで、日本のPFIは公共施設整備が中心だったが、2011年の改正PFI法により、対象が公的な賃貸住宅、船舶・航空機、人工衛星など幅広い分野に拡大された。

改正PFI法で特に重視されたのが、国や自治体に所有権を残したまま運営権を民間事業者に売却する「コンセッション方式」の導入である。同方式により、民間事業者による自由度の高い運営が可能になる。2018年6月に成立したPFI改正案でも同方式の促進が盛り込まれた。

日本のPFIの事業規模は2013〜2016年度の累計で11.5兆円であり、このうちコンセッション方式による事業は5.6兆円と半分近くを占める。最近では、国の重要文化財である「旧奈良監獄」をコンセッション方式でホテルなどに再利用する事業が進められている。

政府は、コンセッション事業の促進を軸に、10年間（2013〜2022年度）で21兆円の事業規模を目指している。

基礎用語

237

FX（外国為替証拠金取引）

証拠金を業者に預託し、差金決済により外国為替を売買する取引。ハイリスク・ハイリターンの取引であり、近年、FXに関わる規制は強化されている。

FXはForeign eXchangeの略。1998年の改正外国為替法の施行により銀行以外の業者による外国為替の取り扱いが解禁された。この規制緩和を契機に、FXの取り扱いが開始された。ハイリターンを狙えるFXの取引高は右肩上がりで推移してきたものの、2016年度以降は減少に転じ、2017年度の取引金額は4,179兆円と、前年度比15％減となった。2017年度は、投資家の資金の一部が**仮想通貨**取引にシフトしたことが影響した模様である。

FXの特徴としては、①少ない証拠金で多額の取引が可能②外貨預金や外貨MMFなどに比べて取引手数料が安い③パソコンなどを使用して24時間取引が可能④差金取引のため売りから取引を開始可能⑤システムトレードが利用できる場合が多い——などが挙げられる。

2010年2月には、①顧客から預かった証拠金の金銭信託による区分管理②対個人取引に関するロスカットルールの導入——が業者に義務付けられた。FXの証拠金倍率（レバレッジ）は証拠金の何倍まで取引できるかを示す指標であるが、2010年8月から対個人取引についてレバレッジの上限規制が導入され、2011年8月に上限は25倍とされた。2017年2月以降は、法人取引に関しても**金融庁**告示に基づく規制が導入されている。

一時、金融庁はレバレッジの上限を一律に引き下げる方向で検討を進めていたが、見送られた。これに代わり、今後はFX事業者の経営体力を**ストレステスト**により評価し、健全性の低い事業者の上限を引き下げる新規制が導入される予定である。

CRM

「Customer Relationship Management」の略。顧客情報を生かしニーズに適した商品・サービスを提供することで顧客満足度を高め、収益力の向上を目指す顧客中心主義の経営を意味する。

個人の多様化やIT化の進展、経営効率化への注目などを背景に、複数の金融機関でCRMの構築に向けた取り組みがなされている。基本的には、顧客の定性的・定量的データベースに基づき、ニーズ把握のための統計的手法を駆使しつつ営業戦略を策定し、それを実現するための各種営業チャネルの効率的な活用の手法を導き出すことである。つまり顧客に対する理解に基づく金融機関の対応力の面から差別化を進め、その結果として顧客満足度向上やビジネス拡大に効果がもたらされる。

金融機関は、顧客の特性に沿って多様な対応ができる。例えば顧客がどのチャネルをいつどのように利用したかという接触履歴を一元管理した上で、適切な顧客に、適切な商品を、適切な時に、適切なチャネルを通じて提案する。顧客の購買行動を分析し、次回購入する可能性が高い商品を顧客に勧めることで、クロスセリングを効果的に推進している事例もある。また、**ビッグデータ**解析もCRMに有効なツールとなっている。重要な点は、該当顧客のレベルに応じて対応することに加え、当初の新規顧客を固定客にまで育成していくことで継続的に成果を上げる仕組みを作ることにある。

CRMを機能させるには、金融機関自身の組織体制や業務フローを変革しつつ機動力を高め、環境を整える必要がある。なお、CRMの本質が「顧客理解」にあることから、他社との連携などにより収集するデータの枠を、ライフスタイルや価値観、嗜好などにまで広げ、顧客像と顧客の行動を深く理解する仕組みを築くことも求められる。

基礎用語

239

EBM

「Event Based Marketing」の略。金融機関が持つ顧客データを分析することで金融商品に対するニーズを判別し、成約の見込みが高い顧客を対象に効率的に営業するマーケティング手法のこと。

投資信託や保険などの金融商品は、多くの人にとって日常的に取引ニーズがあるわけではなく、購入のタイミングは限定されている。例えば、ボーナス支給や定期預金の満期到来で大きな入金があった場合や、結婚・出産・退職・相続などの大きなライフイベントがあった場合などである。このため、無作為にセールスしても効率的ではない。

EBMとは、自社で保有している顧客データを分析し、金融取引へのニーズが高い顧客を特定することによって効率的にセールスする試みである。金融機関は顧客の性別、年齢などに加え、入出金や残高増減などの口座情報を長期間にわたって把握している。EBMでは、これらの情報を分析し、顧客の金融取引へのニーズを判別する。

低金利下で手数料収益の重要性が増す中、金融機関の中には収益拡大に向けてEBMを重視する動きもある。今日ではコンピューターの性能が向上し、いわゆる**ビッグデータ**の分析が可能になるなど、EBM実現に向けた環境が整ってきている。複数の金融機関が共同でデータベースを構築している事例もある。

従来、顧客の取引ニーズの判断は営業職員に依存するところが大きかった。他方、EBMでは属人的なスキルに依存せず、顧客ニーズをシステムで自動的に判別する。とは言うものの、投信や保険の販売には、顧客保護などの観点から金融機関に対して様々な義務が課せられている。EBMで判別した顧客に自動的にセールスするのではなく、その顧客が本当に金融商品取引を必要としているかについて、職員が判断する必要がある。

インサイダー取引

インサイダー取引とは、公表前の企業の重要な情報を利用して利益を得る、あるいは損失を回避する取引のことであり、金融商品取引法において厳しく規制されている。

インサイダー取引とは、会社の内部情報に接することができる会社役員や従業員、取引先・取引銀行、顧問弁護士等の会社関係者などが、その情報が公表される前に当該会社の株式売買などの証券取引を行うことである。この種の取引が行われると一般の投資家を著しく不公平な立場に置くことになり、証券市場の公正性、健全性を損ない、投資家の信頼を失う恐れがある。

このため金融商品取引法（166条など）は重要な情報の公表時期、規制対象となる取引主体、情報を定義し、罰則規定を定めている。この「公表」とは、重要な事実が①上場取引所の所定のホームページに掲載され公衆縦覧②二つ以上の報道機関に公開され12時間経過③記載された有価証券報告書などの公衆縦覧——の要件が満たされることを指す。

なお、規制対象となる重要情報の範囲は金融庁がガイドラインで示す。

規制対象の取引主体は、職務に関して重要な事実を知った会社関係者や、そこから重要な事実を伝達された情報受領者ら。2013年6月成立の改正金商法では制裁の観点が強まった。2014年4月施行の改正では、インサイダー取引の情報提供側にも刑事罰や課徴金が課された。なお、売買によって実際には利益を上げていない場合も規制の対象となり得る。罰則は5年以下の懲役、もしくは500万円以下の罰金、またはこれらの併課となる。

インサイダー取引の未然防止の観点から、上場会社、証券取引所、証券会社などの体制整備が必要である。一方、その過度の懸念は、取引を萎縮させ証券市場の機能を低下させ得る。

基礎用語

PBR（株価純資産倍率）

Price Book value Ratioの略称で、株価純資産倍率のこと。会社の財産状況に着目した指標で、株価を判断する際の指標の一つとして利用される。

株価を分子、1株当たりの純資産を分母として算出する比率のこと。株価の割安・割高を判断する際の代表的な指標である。PBRの分母である1株当たりの純資産は、その会社が解散した時に1株を保有する株主が分配を受けられる額であり、解散価値と考えられる。株式会社はその事業を通じて収益を生み、資産を増やしていくことが期待されている。今後の資産増加期待を織り込むと、理論的にはPBRは1以上になる。

しかし、業績が低迷すると会社の資産は減少していくため、PBRが1を下回ることもあり得る。好業績にも関わらずPBRが1を下回っている場合、その会社の株価は割安であると判断される。実際に、PBRが1を下回るケースは多々見られる。景気悪化などで株式相場全体が低迷して

いる場合には、東証上場株全体のPBRが1を下回って推移することもある。

そのためPBRは、絶対水準の評価に加え、企業間比較による相対的な評価も必要である。PBRの水準は企業の成長段階によっても異なるため、同業種・同ステージの企業間で比較する。設立後間もない成長企業の場合、事業拡大のための投資意欲が活発であり、会社の財産が比較的少ないためPBRは高めになる。一方で成熟した企業の場合、ある程度会社の財産が蓄積されていることからPBRは低めになる傾向がある。

なお、株価を判断する尺度としてはPBRだけではなく、株価を1株当たりの利益で割った株価収益率（PER）などの収益面の指標も併せて利用することが一般的である。

OHR(粗利経費率)

「Over Head Ratio」の略。経費の粗利益に対する比率のことで、金融機関の経費に関する効率性を評価する指標。経費を分子、粗利益を分母として算出され、値が低いほど効率が高い。

経費を粗利益で割った比率（経費÷粗利益×100）であり、粗利経費率と呼ばれる。粗利益1円を得るためにどれだけの経費を投入したかを示しており、金融機関の経費に関する効率性を測る指標として用いられる。OHRが低いほど、少ない経費で多くの粗利益を生んでいることになる。

OHRを改善する（引き下げる）方法は、分子の経費を減らすか、分母の粗利益を増やすかのいずれかである。リストラなどを実施し、経費を削減すればOHRは改善する。しかし、やみくもに経費削減することにより一時的にOHRを改善することはできても、中長期的には粗利益が減少してしまう可能性もある。無駄の削減や業務の効率化であればいいが、必要な投資のカットは将来の収益減少につながり、縮小スパイラルに陥ることにもなりかねない。

望ましいのは、粗利益拡大によるOHRの改善である。収益基盤の拡大、適正なプライシング（金利設定）の確保などの結果としてOHRが改善するのが理想である。

OHRは単年度の数値で判断するのではなく、一定期間、時系列で見ることが望ましい。単年度では経費や粗利益の額にぶれがあり、また、経費はアウトプットである収益を得るためのインプットという一面もあることから、一時的な値で判断するとミスリードする可能性もある。

金融機関は規模の経済が働く業態である。大規模金融機関ほどOHRは低い傾向にある。複数金融機関を比較する場合は、同規模の金融機関と比較することが望ましい。

基礎用語

経営者保証

中小企業などが金融機関から融資を受ける際、経営者が企業の債務返済を保証すること。2014年から適用が始まったガイドラインでは、その弊害を是正する各種の内容が定められている。

中小企業などが金融機関から融資を受ける際、経営者やその家族など個人が企業の債務返済について保証することが一般的に行われている。融資を行う金融機関の立場から見れば、経営者の経営責任を明確にする狙いがあり、債権回収の確実性を高める効果がある。しかし、借り手が事業などに失敗した場合、個人保証があると経営者や家族に返済義務が及ぶことになり、成長が期待できる事業を計画している経営者であっても、借り入れをためらうことが少なくない。このことが、中小企業の活力を阻害しているとの指摘が以前からなされてきた。

2017年5月に国会で可決、成立した民法改正法案では、経営者や、経営者と一定の関係にある者（取締役や従業員として籍を置く配偶者など）以外の第三者による個人保証は原則的に無効

とされた。この改正は、2020年4月に施行される予定である。

また、日本商工会議所と全国銀行協会が共同で定め、2014年2月から適用が始まった経営者保証に関するガイドラインでは、法人と個人が明確に分離されている場合に経営者の個人保証を求めないことや、保証債務の履行時に返済しきれない債務残高を原則として免除することなどが盛り込まれている。従来の経営者保証の弊害を解消し、経営者の積極的な事業展開や早期の事業再生などを支援することを目的としている。ガイドラインの成果は着実に表れており、2017年度における政府系金融機関の新規融資に占める経営者保証に依存しない融資割合は、件数で34％、金額で52％を占めている。件数、金額のいずれとも、単年度当たりの割合は増え続けている。

基礎用語

244

ファイアウォール規制

銀行・証券会社・保険会社などの金融グループ会社間における弊害防止措置を指す。規制緩和が進んでおり、役職員の兼職規制撤廃や非公開情報授受の制限緩和などが行われている。

日本のファイアウォール規制（弊害防止措置）は、1993年の業態別子会社方式による銀行・証券会社間の相互参入解禁時に、利益相反や優越的地位の乱用の防止などを目的に導入された。主なファイアウォール規制としては、役職員の兼職規制（現在は撤廃）、金融商品取引にかかるアームズ・レングス・ルール（**金融商品取引法44条の3第1・2項第1号**）、信用供与を利用した抱き合わせ行為の禁止（金商法44条の3第1・2項第2号）、非公開情報の授受の禁止（金商法44条の3第1・2項第4号）――などがある。

一方で、利用者や顧客の利便性向上、金融グループとしての効率的な業務運営の確保などの観点から、店舗の共用制限及びコンピューターの共用制限の廃止、内部管理業務のための非公開情報の授受の容認（個別承認制）など、累次の規制緩和が行われてきた。

2007年12月に**金融庁**が策定した「金融・資本市場競争力強化プラン」では、金融グループ内における業務の相互補完や効率化によるシナジーの発揮を通じて、顧客利便の向上や金融グループの総合的な内部管理の強化の要請に応える観点からファイアウォール規制を見直し、新たな枠組みを導入することが盛り込まれた。

具体的には、利益相反管理体制の整備を義務付ける一方、役職員の兼職規制を撤廃するとともに、法人顧客に関する証券・銀行・保険会社間の非公開情報の授受制限の緩和や内部管理の目的での顧客情報の共有を可能とするため、金商法や政令・内閣府令、監督指針などが改正され、2009年6月に施行された。

官民ファンド

政府と民間企業が共同で資金を出して設立する、出資や貸し付け等を行う機関。政策的意義が高く、リスクの高い分野に資金を供給することで民間投資の「呼び水」となることが期待されている。

官民ファンドは第2次安倍政権が発足した2012年以降に数多く創設され、2018年3月末時点で14本存在する。ベンチャーや先端事業を支援する産業革新機構、PFI事業などを通じてインフラ事業を推進する民間資金等活用事業推進機構などが参画する。政府の成長戦略の実現、地域活性化への貢献、新たな産業・市場の創出等が期待されている。

2018年3月末までに支援決定した案件は855件、支援決定額は累計2兆2,078億円、実投融資額は1兆6,966億円となる。官民ファンドの投融資が呼び水となって民間投資が誘発された額は約3兆7,592億円と、実投融資額の約2.2倍の呼び水効果があったとされる。

一方、官民ファンドの苦戦を示すケースも目立つようになってきた。肝心の投資額が伸びず

資金が有効活用されていない、ファンドの数が多いなどの批判が強まっている。会計検査院の調査によると、2017年3月末時点で全体の4割強にあたる六つの官民ファンドが損失を抱えた状態にあった。

そこで政府は2018年9月、産業革新機構を改組して新たに**産業革新投資機構**を設立し、同機構が司令塔役となって既存の官民ファンドを再編・集約化する。これまで個別に扱っていた出資案件の情報を一元管理し、目利き力を強化することで、成長分野への効果的な資金供給と収益構造の改善を目指す。

投資案件の多くが損失状態にある海外需要開拓支援機構（クールジャパン機構）官民イノベーションプログラムなどを対象に、2021年までに官民ファンドの統廃合を判断する。

金融庁

内閣府の外局として設置され、わが国の金融の機能の安定を確保し、預金者、保険契約者、有価証券の投資者などの保護を図るとともに、金融の円滑を図ることを任務とする行政機関。

金融庁は、2001年1月の中央省庁再編に先行して2000年7月、金融監督庁を改組して設立された。金融庁の所管大臣は内閣総理大臣だが、特命担当大臣（金融担当大臣）が内閣総理大臣を補佐し、金融円滑化の総合調整機能を担うとともに、金融行政を指揮・監督する。

2018年7月に大幅な組織再編が行われ、それまで総務企画局、検査局、監督局の3局体制であったのが、総務企画局及び検査局が廃止され、①総合政策局②企画市場局③監督局——の3局体制となった。

この組織再編は、金融行政が抱える課題の変化に的確に対応していく観点から、金融行政の戦略立案や総合調整の機能を強化するとともに、金融システム全体のリスクや業態横断的な課題に対応するため、専門分野別機能を強化すること（総合政策局の新設、同局総合政策課、リスク分析総括課の新設）、市場機能の強化や技術の進展等に応じた制度などの施策の企画能力を強化すること（企画市場局の新設）、金融機関との継続的な対話を効果的・効率的に行うためオンサイトとオフサイトの**金融モニタリング**を一体化すること（監督局）が目的とされている。また、当該3局以外には、**証券取引等監視委員会**や公認会計士・監査審査会が設置されている。

金融庁は毎年、金融行政が何を目指すかを明確にするとともに、その実現に向け当該事務年度においていかなる方針で金融行政を行っていくかを、「金融行政方針」として公表している。銀行、保険会社、証券会社などに、同庁が期待・要請する論点が取りまとめられている。

基礎用語

金融審議会

金融庁設置法第6条に基づく諮問機関。内閣総理大臣などの諮問に応じ、国内金融に関する制度の改善事項などを調査・審議し、意見などを表明するための組織。

金融審議会の下には金融分科会、金利調整分科会、公認会計士制度部会、自動車損害賠償責任保険制度部会が設置されている。具体的な政策課題を金融審議会に諮問し、政策課題ごとに検討が終了した段階で解散するサンセット方式のワーキング・グループを設置し、実務的・専門的な観点から検討している。

直近では、2018年6月に「ディスクロージャーワーキング・グループ」において、企業情報の開示・提供のあり方を検討・審議した結果を報告書として公表した。

また、「金融制度スタディ・グループ」においては、情報技術の進展などの環境変化を踏まえた金融制度のあり方について検討を行っており、2018年6月に中間整理が公表された。同中間整理においては、ITの進展や利用者ニーズを起点としたアンバンドリング・リバンドリングの動きなどを踏まえると、各プレーヤーを各業法の業態に当てはめて規制するよりも、金融規制体系をより機能別・横断的なものとし、同一の機能・同一のリスクには同一のルールを適用することも視野に検討が行われている。議論の方向性によっては、従来の業態別の規制体系から大幅な変更があり得ることから、その動向を多くの金融関係者が注視している。

2016年4月に、市場・取引所を巡る諸問題に関する検討を行うために設置された「市場ワーキング・グループ」は、顧客本位の業務運営や取引の高速化などについて審議を行い、同年12月に報告書を公表した。さらに「高齢社会における金融サービスのあり方」など「国民の安定的な資産形成」を中心に議論を深めるため、2018年9月に再開された。

基礎用語

日本銀行

日本の中央銀行。銀行券の発行、物価の安定を図り、国民経済の健全な発展及び決済システムの円滑を確保し、信用秩序の維持に資することを目的としている。

日本銀行は、1882年の「日本銀行条例」により設立された。1942年には旧「日本銀行法」が制定されたが、当時は政府からの独立性が低かった。その後、大蔵省（現**財務省**）改革の一環で1997年に旧日銀法が全面改正されて新「日本銀行法」が成立し、1998年4月に施行された。

新日銀法では、政府の広範な監督権限を合法性のチェックに限定し、政策委員会の政府代表委員制度の廃止などによって、独立性の確保が図られた。また、金融政策決定会合の議事要旨の公開の仕組みなどにより透明性の向上が図られ、業務内容の明確化の観点から、金融機関に対する考査の法定化がなされた。

日銀は、政策委員会を最高意思決定機関としており、その構成員（総裁、副総裁及び審議委員）は国会の同意を得て内閣が任命する。任期は5年。

本店には、①政策委員会の議事運営などを担う「政策委員会室」②通貨・金融調節に関する基本的事項の企画・立案を担う「企画局」③信用秩序の維持に関する基本的事項の企画・立案や考査などを担う「金融機構局」④決済システムに関する基本的事項の企画・立案などを担う「決済機構局」⑤金融市場調節の実施内容の決定などを担う「金融市場局」⑥国内経済・財政の調査・分析、統計に関する事務を担う「調査統計局」⑦外国中央銀行との連絡・調整などを行う「国際局」⑧銀行券に関する事務などを担う「発券局」⑨貸し付けや債券の売買などを行う「業務局」——など14室局及び金融研究所が設置されている。

本店以外に、国内32支店・14事務所、海外7駐在員事務所の拠点を有している。

財務省

国の予算・決算の作成、内国税制度、関税制度の企画・立案、国債・貨幣の発行、外国為替・国際通貨制度の企画・立案などを担当する組織。2001年に大蔵省を改組して発足した。

1997年に、大蔵省から金融機関などに対する検査・監督の機能が新設の金融監督庁に移管され、同庁が2000年7月に**金融庁**に改組されると、金融危機管理（共管）を除く金融制度の企画・立案機能も移管された。

その後、大蔵省は2001年1月の中央省庁再編で財務省に改組された。

財務省の機構は本省と外局に分かれており、本省は内部部局、施設等機関、地方支分部局によって構成されている。

このうち内部部局は、①総合調整、**政策金融機関**に関する制度の調査・企画・立案、金融危機管理に関する企画・立案及び預金保険機構の監督などを行う「大臣官房」②国の予算・決算及び会計制度の企画・立案などを行う「主計局」③内国税制度の企画・立案などを行う「主税局」④関税

制度の企画・立案などを行う「関税局」⑤国庫制度や公債・貨幣の発行及び財政投融資などを行う「理財局」⑥外国為替・国際通貨制度の安定に関する調査・企画・立案及び外国為替相場に関する事務を行う「国際局」——によって構成されている。

施設等機関は、財務省所掌の政策や内外財政経済に関する基礎的・総合的な調査・研究を担当する財務総合政策研究所を始めとして、会計センター、関税中央分析所、税関研修所の4機関で構成されている。

地方支分部局は、財務局（全国9カ所）、税関（同8カ所）及び沖縄地区税関で構成されている。

外局としては国税庁があり、内国税の賦課徴収、税理士制度の運営などを担当。また、造幣局及び国立印刷局、並びに日本政策投資銀行などを所管している。

証券取引等監視委員会

市場の公正性・透明性の確保や投資者の保護、経済の健全な発展のために、市場監視を行うことを目的とした機関。略称は「SESC（Securities and Exchange Surveillance Commission）」。

1992年に発足した、**金融庁**に属する機関である。証券市場では近年、取引や金融商品などの多様化・複雑化・グローバル化が進展している。またIT技術の急速な発展に伴いフィンテックの動きも加速している一方、サイバー攻撃の脅威も増し、金融商品取引業者によるシステムの安定稼働が求められている。

他方、グローバル企業では、大規模な不適正会計や海外子会社の問題などもあり、市場監視を行う必要性は増している。

インサイダー取引を取り締まるイメージが強いかもしれないが、証券取引等監視委員会の仕事には、市場分析審査、証券検査、取引調査、開示検査、反則検査、違反行為の裁判所への申し立てなどがある。その中で最もよく知られているのが、証券モニタリングであろう。監視委員会は、オフサイトモニタリング及びオンサイトモニタリングにより法令遵守態勢、内部管理態勢、リスク管理態勢、財務の健全性などをモニターしている。

例えば、大手証券グループについては、ビジネスモデルの動向、ガバナンス機能、リスク管理態勢、内部管理態勢の適正性に重点を置いた証券モニタリングを行っている。問題が認められた場合には、その問題の根本的な原因を究明し、必要に応じて改善を促す。金融商品取引業者の検査は、「金融商品取引業者等検査マニュアル」に従って行われる。オンサイトの検査では、ある期間、検査のために社内の部屋に監視委員会が常駐し、聞き取り調査や、社内規則などの文書の確認などが行われる。監視委員会には情報提供窓口が設けてあり、外部からの通報を受け付けている。

政策金融機関

特別法に基づき設立された金融機関。中央省庁の政策を融資・保証などの金融手段を通じて実現する「政策金融」を担っている。資金は主に国の財政投融資や政府保証付き借入金で調達する。

政策金融機関は、公益性の高い分野でありながら民間金融機関だけで対応するにはリスクの大きい領域への資金供給について、民業を補完するのが主な役割。戦前から、様々な政策目的を実現するために数多くの政策金融機関が設立されてきた。

しかし、次第に官業の肥大化による民業圧迫が問題視され、2001年に発足した小泉純一郎政権が政策金融改革に取り組んだ。「民にできることは民に」「官から民へ」をキャッチフレーズに、2005年に「政策金融改革の基本方針」をとりまとめ、政策金融機関の整理統合を進めた。

その後も再編が続き、現在は日本政策金融公庫（日本公庫）、国際協力銀行、日本政策投資銀行（政投銀）、商工組合中央金庫（商工中金）、沖縄振興開発金融公庫（2022年度以降に日本公庫へ統合される予定）、住宅金融支援機構、地方公共団体金融機構の7機関に集約されている。

2008年に株式会社化された政投銀と商工中金は2013〜2015年度をめどに政府保有株式を処分する方針だった。だが、経済危機時の安全網の役割が重視され、2015年5月に完全民営化を先送りする改正法が成立した。

政策金融の必要性は危機時に高まる一方、平時には民間金融機関から民業圧迫との批判が強まる。ここ数年は批判が強く、特に商工中金による危機対応融資での不正を機に高まった。批判は地域金融機関との競合が多い日本公庫にも向かった。関係省庁は金融界との意見交換会を開き、今後、一定程度は民間の意見を反映させる見通し。日本公庫などは地域金融機関との連携を強化、新たな関係を模索している。

監査法人

監査法人とは、監査業務を組織的に行うことを目的として、公認会計士法に基づき設立される法人であり、設立には5人以上の公認会計士が必要である。

監査法人は、組織的な監査の実施をより効果的に行うことで、公認会計士監査を拡充・強化することを目的としている。法人化により大企業に対しても組織的監査を容易に実施でき、経済的基盤が強化されることで損害賠償能力も強化される。

監査業務とは、企業が作成した決算書類が妥当な会計処理で正しく示されているかを調べる業務であり、調査結果は①無限定適正意見②限定付適正意見③不適正意見④意見不表明——のいずれかが表明される。

国内の四大有限責任監査法人は大手グローバルファームと提携しており、新日本はアーンスト＆ヤングと、あずさはKPMGと、トーマツはデロイトトウシュトーマツと、PwCあらたはPwCとそれぞれ提携。4法人で国内上場企業の会計監査の9割以上を行っている（時価ベース）。2018年7月には、業界5番手の太陽有限責任監査法人が優成監査法人と合併するなど、企業の国際化や監査業務の高度化に対応する動きも進んでいる。

2011年のオリンパスの巨額損失隠し事件や、大王製紙事件に続き、2015年の東芝の不正会計事件では、監査を担当した新日本や会計士が**金融庁**により行政処分を下された。2017年には、東芝において米原発損失に関する意見対立の末、PwCあらたが限定付適正意見を発表した。

相次ぐ会計不祥事を受け、大手監査法人ではAI（人工知能）を活用した会計監査が広がっている。会計の異常値や財務情報を自動分析するシステムの導入により不正を発見するとともに、業務効率化で会計士不足に対応する狙いもある。

基礎用語

地域経済活性化支援機構

2009年10月に企業再生支援機構として設立した株式会社。2013年3月の法改正で社名の変更や事業拡大などを実施した。REVIC（Regional Economy Vitalization Corporation of Japan）とも言う。

2013年3月の法改正により「株式会社地域経済活性化支援機構法」（機構法）を根拠法として、一部の支援対象除外事業者（大規模事業者・地方三公社・第三セクターなど）以外の全事業者を対象に地域活性化支援を行う組織。

2018年5月の機構法改正を受けた現在の主な業務として、①「人材派遣業務」特定専門家派遣により金融機関等が行う**事業性評価**や事業者の課題解決に対する助言などを行う②「ファンド運営業務」地域経済をけん引する事業者支援を目的に、金融機関等と共同して地域活性化ファンドを運営する③「ファンド出資業務（特定組合出資）」地域活性化ファンドや事業再生ファンドへのLP（有限責任組合員）出資を通じ地域経済活性化・事業再生を支援する④「再チャレンジ支援業務（特定支援）」**経営者保証**の付いた貸付債権等を金融機関等から買い取り、事業者の全ての金融債務の整理と「経営者保証に関するガイドライン」に沿った経営者個人の保証債務の整理を一体で行う⑤「事業再生支援業務」有用な経営資源を有しながら過大な債務を負う事業者・病院・学校などに対して、事業再生計画に基づき、過大な債務の削減などを通じた財務の再構築や事業内容を見直し、十分な事業利益の確保により、競争力の回復と事業再生を支援する⑥「事業再生ファンド業務」事業再生ファンドの運営を通じて、窮境にある事業者に対する貸付債権を金融機関から買い取るほか、再生に必要な新たな資金を社債や融資の形で提供する——などを公的・中立的な第三者の立場から実施している。

基礎用語

CSR

CSR（Corporate Social Responsibility）は、営利組織たる企業が事業を営む上で、自社の経済利益のみならず、ステークホルダーや社会全体に与える影響を踏まえた責任ある行動をとること。

CSRは、企業の社会的な責任のこと。営利組織たる企業が事業活動を行う上で、経済的な利益のみを最優先させるのではなく、社会課題やステークホルダーとの関係を重視しながら本業を通じてその責任を果たし、企業価値の向上と中長期的な成長を目指すことを言う。

CSRという言葉は、2001年の米国のエンロン社の不正な経理操作の事件をきっかけに、企業のあり方を問うコーポレートガバナンス（企業統治）重視の経営を求める機運が高まり、注目されるようになった。

さらに、ISO（国際標準化機構）が2010年11月1日に発行した、組織の社会的責任に関する国際規格ISO26000では、ISO規格として初めてマルチステークホルダープロセスがとられた。幅広いセクターの代表がこの議論に参加し、持続可能な社会の発展に向けて、消費者、取引先、地域社会、株主、従業員などの要請にいかに応えるかの指針を提示している。

CSRは多義的であり、法令を遵守し人権侵害や環境問題などに配慮するいわば「守り」のCSRに対し、近時は「攻め」の戦略的CSR、ひいてはCSV（Creating Shared Value）という考え方が提唱されている。社会的状況や経済状況に鑑み、中長期的な視野を持って事業活動を行っていくことで、社会と株主双方にとっての共通利益の創出を目指す企業も誕生している。

CSRは多面性を有し、またコミットメントのレベル設定は企業それぞれの判断に委ねられているだけに、経営の創意工夫が改めて問われているテーマでもある。

基礎用語

ダイバーシティー経営

女性、高齢者、外国人、障がい者などの多様な人材を生かし、その能力を最大限引き出すことによってイノベーションを生み出し、企業価値の創造につなげていく経営手法。

少子高齢化の進展に伴う労働人口の減少、グローバル競争激化や産業構造の変化など、企業は様々な変化への対応を求められている。そうした中、性別や年齢、国籍など属性の多様性を生かし、個々の人材が活躍できる機会を提供することで企業価値を高めていくことを経営課題として捉え、取り組みを推進する企業が増えている。

経済産業省は、2017年に「ダイバーシティ2.0行動ガイドライン」を公表、ダイバーシティー経営を実践するためのポイントとして、①中長期的・継続的な実施と経営陣によるコミットメント②経営戦略と連動した全社的な取り組みと体制の整備③情報発信と外部ステークホルダーとの対話④女性活躍推進に加え、国籍・年齢・キャリアなどの様々な多様性の確保——の4点を挙げ、

七つのアクションを提示するとともに、表彰制度「新・ダイバーシティ経営100選」の実施等により、取り組みを促している。

昨今、年金積立金管理運用独立行政法人（GPIF）などの中長期投資家を中心に、企業の非財務面を重視するESG投資が拡大している。GPIFは、女性の管理職や採用比率などが高い企業で構成される「MSCI日本株女性活躍指数（WIN）」を含むESG指数を選定し、ESG投資を強化している。企業の持続的な成長を測る指標の一つとして、ダイバーシティー経営の水準を評価し、投資判断に活用する動きもある。

企業においては、形式的なものでなく、自社の経営戦略や中長期的な企業価値拡大の観点から、人材の獲得や競争力強化に資するダイバーシティー経営の実践と情報開示が求められている。

グリーフケア

大切な人の喪失では、深い悲しみ（グリーフ：悲嘆）に陥り、個人差はあるが、想定を超える多様な感情に翻弄され、心理的、身体的不調を来す。そのために必要な人情的なケアを指す。

大切な人を亡くした深い悲しみは、本能にも根差した"愛着"という形の自分の身体の一部、または無意識なほど馴染んだ存在の消失により起きる。悲嘆の深さは、故人との関係性、自立度合い、依存の内容、そして現在の遺族環境などに影響を受けるため、個別性が大きい。一般には、死が突然であり、納得できない暴力、または不慮の事故の死、そして比較的若い人の死で悲嘆が深く長引く。

「死」という絶対的な別離は、たとえ認知上（思考上）で納得はしても、心理的には即刻には受け入れがたく、強い失望感、衝撃、時に強烈な不安、孤独を伴う深い悲しみを味わう。日本人では粗削りの悲しみ緩解に3〜5年（平均4.5年）かかっている。

死別の反応では、故人について不意にまたは意識的・無意識に思い出す思慕を中心とした感情と、現状を何とかしたいと対処を試みる行為が交互し、日が浅い時には日内、週内変化を繰り返すため、この不安定感への不気味さや、心身の疲弊、そして鬱にも似た身体反応・閉塞感に圧倒される。これらほぼ全てをもたらす悲しみであるため、容易には乗り越えられず、人によるケア「グリーフケア」が必要かつ重要となる。

悲嘆の重みは、時代背景や社会状況下でも変化し、戦下では、個々人のグリーフを社会全般が理解する余裕がなく、一方平安が続く世であれば、やはり死別の悲しみは苦悩の一つとして際立つ。

歴史的には、悲嘆は万葉集までさかのぼり、死を悼む詩歌が多数ある。また悲しみは、伝統的な緩和・対処法や宗教の影響も受けるため、伝統的かつ日本的なケアも組する必要がある。

情報銀行

情報利用信用銀行のこと。消費者の個人情報を、個人との契約に基づきデータ管理し、第三者に提供し、データ活用による便益が個人に還元されることが期待される事業を指す。

買い物の履歴や健康情報といった消費者の個人情報は、企業にとってはマーケティング上、ぜひ手に入れたい宝の山だ。しかし、それを企業が単独で集めることはコスト面でも効率面でもハードルが高い。そこで考えられたのが、「情報銀行」という新しい事業の仕組みである。

情報銀行は消費者の個人情報を、個人の同意の下にデータ管理し、第三者である企業に提供する。企業はそのデータを市場調査や商品開発に活用し、個人はその対価としてお金やサービスを受け取る。情報銀行は企業から仲介手数料を受け取るという仕組みである。三菱UFJ信託銀行や電通などの大手企業が、2018年からの参入を目指しており、新たなデータビジネスに商機を見出そうとしている。個人は、データ提供とそれを換金化する選択肢を有することになる。

事業化に当たっては、個人情報の悪用や転用、流出リスクといった、データ管理に関する不安要素が懸念される。そこで、総務省や経済産業省が中心となり、消費者個人が安心して情報銀行を活用できるよう、有識者会議などで体制整備に向けた議論を進め、2017年6月に指針がまとめられた。また、総務省と企業が連携した実証実験も行われている。

さらに、IT企業らで作られる民間団体が、情報管理体制や財務状況などの経営条件、ガバナンス（企業統治）体制など多岐にわたる要件を設け、参入を目指す企業が要件を満たしているかを審査・認定する制度を、2018年内に開始する見通しである。

事業化と個人情報の適切な管理のための、官民一体となった活動が求められる。

地域通貨

地域通貨とは、各国の中央銀行などが発行する法廷通貨とは異なり、ある特定の地域やコミュニティー内に限定して流通される通貨のこと。

　地域通貨は、1832年にロバート・オーウェンがロンドンで始めた「労働交換券」による実験が起源とされており、1929年に発生した世界恐慌を契機に、欧州で広まっていったものとされている。

　ドイツ人のシルビオ・ゲゼルの提唱した考えに基づき、貨幣価値は時間が経つにつれて減少するという性質を持たせることで、経済の循環を促進させることを目的として、世界恐慌下の欧米各地に地域通貨が導入された。

　近年の代表的な事例としては、カナダで開始されたLETSや、米国のイサカアワーが挙げられる。

　LETSでは会員が自分の口座を開設した上で、財やサービスを提供した側の通帳に黒字（プラス）、購入した側の通帳に赤字（マイナス）を記録することによって取引が成立し、事務局は口座の管理は行うが、通貨そのものを発行することはない。

　一方で、米国のニューヨーク州イサカ市で流通するイサカアワーでは、LETSの例とは異なり事務局によって紙幣が発行されるため、参加者が残高管理を行う手間がない。

　日本では、1990年代後半から2000年代前半にかけて多くの地域通貨が発行されたが、運営コストや利用者の拡大・定着が進まないなどの課題もあり、現在まで継続して利用されているものは多くない。

　昨今では、スマートフォンアプリやブロックチェーン技術を活用することで、低いコストで安全な取引を実現することに成功した地域通貨の取り組み事例として、岐阜県高山市の「さるぼぼコイン」や、会津大学の「萌貨」が注目されている。

サイバーセキュリティー

電子的・磁気的方式などで記録され、送受信される情報の漏えいや毀損（きそん）などを防止する安全管理の措置。情報システムや情報通信ネットワークの安全性や信頼性を確保する措置も含む。

■政府の政策対応

現代の経済・社会活動では、電子情報を記録したり送受信したりする情報システムや情報通信ネットワークが重要なインフラとなっている。一方で、ハッキングによる個人情報やビジネスの機密情報の漏出、身代金を要求するランサムウェア、フィッシング詐欺など電子情報にかかわる犯罪が増加している。加えて、大量のデータを送りつけてサーバーを停止状態に追い込むDDoS攻撃のように、情報システムを不全にする犯罪も登場している。

サイバー犯罪の深刻化や犯罪活動のグローバル化に対応するため、国の責務や方針を定める必要があり、2015年にはサイバーセキュリティー基本法が施行された。その後、2015年に発生した日本年金機構の情報漏えい事件を受け、2016年10月に改正法が施行された。

政府内でサイバーセキュリティーを所管する部署として、内閣にサイバーセキュリティー戦略本部が設置され、内閣官房に内閣サイバーセキュリティーセンターが設置されている。

■ネットバンキング犯罪と対策

ネットバンキング関連の代表的な犯罪の手口としては、①ユーザーのキー入力を不正に読み取る「キーロガー」②メールで偽サイトに誘導する「フィッシング」③利用者のパソコンを乗っ取り不正送金する「マン・イン・ザ・ブラウザ（MITB）」——などがある。これらの犯罪被害を防止するため、金融機関ではワンタイムパスワードや、パソコン以外の別端末により送金取引の最終承認を行う二経路承認の手続きを導入するなどの取り組

みを行ってきた。これらと並行して、各金融機関はネット取引利用者に対する啓蒙活動も強化している。具体的には、①OSや各種ソフトを最新版に更新する②セキュリティー対策ソフトを導入する③パスワードの使いまわしは避けこまめに変更する④金融機関が提供しているワンタイムパスワード等の犯罪対策を積極的に利用する⑤不審メールのリンクからサイトにアクセスしない⑥不用意にメールの添付ファイルを実行したり、作成者が不明なファイルを利用したりしない──などが挙げられる。

■金融機関を標的とした犯罪の登場と対策

従来のサイバー金融犯罪は主としてネットバンキングの利用者を狙ったものであった。近年は、金融機関のシステムに不正に侵入し、資金を不正に送金する事件が増加している。わが国では、2018年1月に**仮想通貨**交換会社のコインチェック、9月にはテックビューロで多額の仮想通貨流出事件が発生した。2016年にはバングラデシュの中央銀行が不正送金で8,100万ド

ルを喪失する事件が起きている。

金融機関を対象としたサイバー犯罪は、組織内の人物や取引先等になりすました標的型攻撃と呼ばれるメールを送りつけ、ウイルスを仕込んだ添付ファイルを開封させたり、閲覧するとウイルスに感染するウェブに誘導したりする手口が多いとされる。このため、多くの金融機関は標的型攻撃の模擬メールによる訓練を実施している。併せて、組織内から外部への不審なデータ送信をいち早く把握したり、ウイルスの感染を早期に検知したりすることにより、被害を最小限に食い止めるシステム対応も実施されつつある。

■2020年の五輪を前に金融機関のサイバー対策は一段と強化へ

五輪開催国は国際的な注目が集まるため、海外からのサイバー攻撃が集中しやすいとされている。2020年の東京五輪が近づくなか、国民生活の重要なインフラの担い手である金融機関に対しては、サイバー対策の一層の強化が要請される見通しである。

多重債務問題

貸金業法改正後に多重債務者が減少した。一方、近年の銀行カードローン急増に伴い多重債務者増加が懸念されており、金融庁が銀行カードローンを監視する動きがある。

消費者が多くの業者から借り入れを行い返済不能に陥る問題、いわゆる多重債務問題は、2000年代の消費者金融市場の拡大に伴い顕在化した。この問題により改正貸金業法が2010年に完全施行した。改正貸金業法の主な内容は総量規制、上限金利引き下げである。総量規制は、原則として利用者の年収3分の1以上の貸し付けを禁止するものであり、上限金利は15～20％まで引き下げられた。

日本信用情報機構によると、貸金業法施行前後の多重債務者の人数（5件以上無担保無保証借り入れの残高がある人数）は2007年に171万人であったのに対して、2018年には9万人まで減少しており、法改正後に多重債務者が減少している。また、**金融庁**によると消費者向け無担保貸金業者の貸付残高は、2007年には10.8兆円だったが、2017年には

2.7兆円となり、貸し出しが大幅に縮小した。同時に無登録業者（ヤミ金）の利用など、違法な借り入れが増加した。

貸金業法施行後、銀行のカードローンによる消費者向け貸し出しが増加した。銀行からの借り入れは総量規制の対象外であり、貸金業者からの借り入れにおいて必要となる所得証明等の書類の提出が、銀行からの借り入れ申し込み時において必ずしも必要ではない。そのため、銀行からの借り入れの手続きは貸金業者の手続きよりも簡便になるため、銀行からの借り入れの方が比較的利用しやすい。

「**日本銀行**統計」によると、国内銀行及び信用金庫の「個人向け貸出金」のうち、「消費財・サービス購入資金」の残高は2011年まで減少傾向だったものの、それ以降は増加傾向に転じ、2018

年の国内銀行、信用金庫の残高は、それぞれ10.5兆円、2.2兆円である。特に国内銀行の残高の増加が顕著であり、2012年以降、年平均で約6％増加した。近年、金融機関の個人向け貸出残高が貸金業者の貸出残高を上回っており、銀行が消費者金融市場の主な供給者となっている。

この傾向の背景には、既存貸出先の資金需要の低迷と**マイナス金利**などに代表される異例の金融緩和政策がある。また、貸金業者が主要な業務を貸し出しから銀行の消費者向け貸し出しに対する保証業務へシフトさせたことも、銀行のカードローン増加の大きな要因である。銀行の貸出増加の多くは貸金業者の保証により保全されており、貸金業者が貸し出しのリスクを負担している。

最近のカードローンの急増により、銀行による過剰な融資が懸念されている。2000年代後半から減少傾向であった自己破産の申請件数が近年は増加しており、カードローン急増による影響を不安視する声がある。

前述の通り、金融機関からの借り入れは総量規制の対象外である。しかし、近年のカードローンによる借り入れの増加に伴う自己破産申請件数の増加により、金融機関からの借り入れも総量規制の対象とすべき、との意見がみられるようになった。

代表的な意見として、日本弁護士連合会は銀行等の貸し付けに対して総量規制を適用すること、貸金業者が銀行の貸し付けに対して保証を行う場合も、総量規制の対象とすることを、金融庁、金融機関に対して求めている。

一方、全国銀行協会（全銀協）や日本貸金業協会は、さらなる総量規制の強化に反対するとともに、全銀協は2017年に「銀行による消費者向け貸付けに係る申し合わせ」を発表し、多重債務につながる過剰な融資を促進しないよう、各銀行と申し合わせを行っている。

金融庁はメガバンクや地銀などが過剰な融資を行っていないか、立ち入り検査を実施し、保証会社の審査に依存するのではなく、自行の審査体制によるモニタリングを実施することや、年収証明書の取得及び融資上限枠の設定などを銀行に求めている。

人生100年時代

平均寿命が着実に伸びる中、100歳まで生きることを前提に人生計画を講ずる時代が到来しつつあり、それを表現する言葉。「健康寿命」と「資産寿命」の延伸が重要となる。

日本人の平均寿命は、1955年時点で男性63.60歳、女性67.75歳だったが、2016年には男性80.98歳、女性87.14歳まで伸びた。女性の2人に1人、男性の4人に1人が、90歳まで生存するとされており、人生100年は現実味を帯びている。

政府は2017年9月、「人生100年時代構想会議」を立ち上げ、長寿時代の日本の社会・経済のあり方を議論した。これが一つの契機となり、「人生100年時代」という言葉が普及した感もある。

人生100年を幸せに過ごすには、健康で長生きする期間、すなわち、「健康寿命」を伸ばすことが不可欠である。また、従来の教育・仕事・引退の3ステージではなく、就労期にも次を見据えた教育を受けることなどが重要になると考えられる。

これらと併せて、資金面でも生涯にわたり十分な機能を維持することが求められる。

従来は、老後の生活費は主に公的年金で賄うのが一般的だったが、少子高齢化が進む中、より多くの個人が老後のための資産形成を強化する必要性が高まる。また、長生きを前提に、資産枯渇を回避し「資産寿命」を伸ばすための運用と取り崩しも重要になる。

他方、一般に加齢に伴い認知機能は低下するので、家族を交えた計画策定や適宜専門家の支援を得ることも要検討となる。

老齢期の課題は多様だが、それらを学際的に研究するジェロントロジー、さらには、その成果に立脚しつつ老齢期の金融問題を研究する「金融ジェロントロジー」という学問がある。人生100年時代の人生計画や資産管理においては、そのような知見も有用であろう。

農協改革

農業者の所得向上を通じて農業を活性化するために、2016年4月施行の改正農協法により、農協組織の位置づけ・役割・体制などを見直した改革。

農業協同組合（農協）は、農機具、農業用資材等の調達、営農指導、農作物の販売などを通じて農業者を支援する組織である。農協には、地域農協、地域農協を都道府県単位でとりまとめる都道府県農業協同組合中央会（中央会）、中央会をとりまとめる全国農業協同組合中央会（全中）がある。

歴史的な結びつきから農協には「農業者は農協を利用するのが当たり前」とする意識が強い一方、農産物をより高く市場で売る、生産資材をより安く調達する取り組みが不十分だったため、農協は農業者に十分なメリットを還元できず、農業者による農協離れと農協のシェア低下が続いてきた。

農業者の所得向上を通じて農業を活性化するには、全中が地域農協を指導するのではなく、地域農協が各地の実情に応じて創意工夫と自由な経済活動がで

きる環境を整備することが必要との考えから、2016年4月に改正農業協同組合法（農協法）が施行された。1954年の全中発足以来、全中の権限縮小と組織形態の変更につながる、約60年ぶりの大改革となった。

具体的には、全中の農協への監査権が廃止され、公認会計士による監査が義務付けられた（2019年10月に完全移行）。また全中は、2019年9月末までに農協の上部団体という農協法上の位置づけがなくなり、農協への指導、監督権限を持たず、賦課金を強制的に徴収することができない一般社団法人に移行することとなった。地域農協においては、農産物販売などを積極的に行い農業者にメリットを出せるようにするために、理事の過半数を、認定農業者や農作物販売等のプロとすることなどの規定が設けられた。

基礎用語

265

シェアリングエコノミー

個人所有の資産（知識・スキルなど無形のものを含む）を、インターネットやスマートフォンなどを活用して他者と共有（シェア）するための仲介サービスや考え方が浸透した社会・経済のこと。

シェアリングエコノミーは、端的に言えば「新しい所有の形態」と言える。自動車や家などの資産は、従来は購入者のみがそれを使用するため、日中は稼働せず眠っていることのほうが多かった。一方、シェアリングエコノミーの考え方は、個人が保有する資産を他の個人にも利用可能とするものである。この際にインターネットやスマートフォンなどを活用し、個人間の需給の迅速なマッチングが図られる。

従来から企業が営むレンタカーやホテルなどのビジネスは存在したが、シェアリングエコノミーは、資産を個人が所有し、個人へサービスを提供する個人間取引という点で既存ビジネスと異なる。

シェアリングエコノミーの代表的なビジネスは、民泊や、車を使った移動サービス（ライドシェア）などが挙げられ、米欧中など各国で拡大が著しい。例えばUberは米国で拡大したサービスで、スマートフォンを利用し、個人のドライバーを呼び寄せ行きたい場所まで運んでもらうことができる。

シェアリングエコノミーには課題もある。法基盤の整備もその一つだ。個人に宿泊のための住宅を貸し出す「民泊」は外国人観光客の増加による宿泊施設の不足もあり、住宅宿泊事業法（民泊新法）が2017年6月に成立した。一方、ライドシェアビジネスが認められている形態はまだ一部にとどまる。道路運送法では自家用車で許可無しに行う有償の旅客運送業は「白タク」とみなされ禁止されている。今後は、消費者保護と利便性向上の両面からシェアリングエコノミーに対応した社会制度の整備が求められる。

VII
特別資料

業態別金融機関計数

全国銀行主要計数

全国信用金庫主要計数

地域銀行の持ち株会社

金融界10大ニュース

業態別金融機関計数

機 関 数

	1980年	90年	2000年	10年	14年	15年	16年 °	17年	18年
都 銀	13	13	9	6	5	5	5	5	5
長 信 銀	3	3	3	–	–	–	–	–	–
信 託 銀	7	7	7	6	4	4	4	5	5
その他銀行	–	–	–	13	14	14	14	13	13
地 銀	63	64	64	64	64	64	64	64	64
第 二 地 銀	71	68	60	42	41	41	41	41	41
信 金	462	454	386	272	267	267	265	264	261
信 組	483	414	291	159	155	154	153	151	148
小 計	1,102	1,023	820	562	550	549	546	543	537
労 金	47	47	41	13	13	13	13	13	13
農 協	4,546	3,737	1,542	724	699	679	659	653	652
ゆうちょ銀	1	1	1	1	1	1	1	1	1
合 計	5,690	4,808	2,404	1,300	1,263	1,242	1,219	1,210	1,203

店 舗 数

(単位＝店)

	1980年	90年	2000年	10年	14年	15年	16年	17年	18年
都 銀	2,780	3,653	3,042	2,475	2,528	2,864	2,851	2,819	2,835
長 信 銀	63	93	88	–	–	–	–	–	–
信 託 銀	319	419	424	281	287	282	278	305	308
その他銀行	–	–	–	376	276	274	241	252	247
地 銀	5,498	7,456	7,924	7,521	7,518	7,505	7,505	7,507	7,496
第 二 地 銀	3,734	4,626	4,569	3,089	3,054	3,057	3,056	3,054	3,055
信 金	5,379	7,936	8,638	7,619	7,451	7,398	7,379	7,361	7,347
信 組	2,505	2,945	2,573	1,765	1,718	1,709	1,695	1,691	1,660
小 計	20,278	27,128	27,258	23,126	22,832	23,089	23,005	22,989	22,948
労 金	483	646	693	665	638	626	624	618	627
農 協	16,893	16,314	14,100	8,707	8,252	8,116	7,963	7,805	7,682
ゆうちょ銀	22,850	23,503	24,768	24,185	24,208	24,167	24,113	24,060	24,019
合 計	60,504	67,591	66,819	56,683	55,930	55,998	55,705	55,472	55,276

職 員 数

(単位＝人)

	1980年	90年	2000年	10年	14年	15年	16年	17年	18年
都 銀	181,007	152,237	119,076	96,395	99,211	100,617	102,769	106,096	106,033
長 信 銀	9,408	10,814	8,284	–	–	–	–	–	–
信 託 銀	33,762	31,193	30,113	23,858	23,970	24,018	24,107	26,393	26,524
その他銀行	–	–	–	7,278	9,046	9,657	9,137	9,199	10,228
地 銀	158,962	158,243	152,370	125,069	131,331	124,356	124,110	124,416	123,691
第 二 地 銀	89,992	86,845	75,308	47,884	44,912	44,755	44,746	44,706	44,333
信 金	144,023	151,932	144,807	115,638	112,525	111,477	110,428	109,587	106,302
信 組	43,189	44,288	33,074	21,811	21,015	20,892	20,689	21,147	19,899
合 計	660,343	635,552	563,032	437,933	442,010	435,772	435,986	441,544	437,010

①各年3月末。4月1日付けの合併などに伴う変動は調整していない　②信託銀、その他銀行の対象は次ページの注釈の通り
③店舗数には仮想店舗、海外店舗を含み、移動出張所、外貨両替専門店、海外駐在員事務所、店外ATM・CD、代理店は含まない
④ゆうちょ銀、農協の店舗数は、預貯金取扱店　⑤信金・信組の職員数には常勤役員を含む

特別資料

資金量

(単位＝億円、％)

	1980年	90年	2000年	10年	14年	15年	16年	17年	18年
都　銀	1,043,141	3,519,095	2,483,633	2,814,023	3,354,973	3,560,694	3,841,347	4,051,554	4,206,487
	28.9	33.6	22.1	25.7	27.4	27.9	28.1	29.7	30.0
長信銀	234,243	661,606	392,061	–	–	–	–	–	–
	6.5	6.3	3.5	–	–	–	–	–	–
信託銀	321,962	1,296,508	1,399,201	1,182,384	1,341,465	1,436,997	1,535,225	1,571,052	1,597,402
	8.9	12.4	12.4	10.8	10.9	11.3	11.2	11.5	11.4
その他銀行	–	–	–	202,290	260,493	276,776	268,206	262,612	287,985
	–	–	–	1.8	2.1	2.2	2.0	1.9	2.1
地　銀	574,153	1,570,825	1,751,270	2,075,477	2,361,886	2,438,742	2,489,647	2,549,847	2,625,827
	15.9	15.0	15.6	19.0	19.3	19.1	18.2	18.7	18.8
第二地銀	253,201	549,327	598,696	567,701	615,006	632,551	642,267	657,857	668,286
	7.0	5.3	5.3	5.2	5.0	5.0	4.7	4.8	4.8
信　金	314,083	750,795	1,020,320	1,173,805	1,280,600	1,319,294	1,650,449	1,378,999	1,409,643
	8.7	7.2	9.1	10.7	10.4	10.3	12.1	10.1	10.1
信　組	80,100	198,617	191,966	167,335	186,715	191,986	253,817	199,312	203,324
	2.2	1.9	1.7	1.5	1.5	1.5	1.9	1.5	1.5
労　金	26,155	65,660	111,791	160,429	175,521	178,515	243,270	185,214	189,625
	0.7	0.6	1.0	1.5	1.4	1.4	1.8	1.4	1.4
農　協	244,253	510,722	702,556	844,774	915,077	936,754	959,125	984,198	1,013,018
	6.8	4.9	6.2	7.7	7.5	7.3	7.0	7.2	7.2
ゆうちょ銀	513,819	1,345,723	2,602,932	1,757,977	1,766,127	1,777,107	1,778,719	1,794,346	1,798,827
	14.3	12.9	23.1	16.1	14.4	13.9	13.0	13.2	12.8
合　計	3,605,110	10,468,878	11,254,426	10,946,195	12,257,863	12,749,416	13,662,072	13,634,991	14,000,424

融資量

(単位＝億円、％)

	1980年	90年	2000年	10年	14年	15年	16年	17年	18年
都　銀	771,718	2,534,649	2,422,242	2,084,722	2,342,759	2,475,432	2,523,771	2,548,488	2,510,829
	35.1	41.5	39.0	36.8	37.9	38.4	37.7	37.4	36.1
長信銀	168,869	522,021	340,477	–	–	–	–	–	–
	7.7	8.6	5.5	–	–	–	–	–	–
信託銀	209,049	625,768	464,984	379,020	414,984	442,286	467,585	496,070	504,257
	9.5	10.2	7.5	6.7	6.7	6.9	7.0	7.3	7.2
その他銀行	–	–	–	100,579	126,702	140,493	149,666	165,615	193,782
	–	–	–	1.8	2.1	2.2	2.2	2.4	2.8
地　銀	414,552	1,131,744	1,345,082	1,549,613	1,726,082	1,794,169	1,857,985	1,931,075	2,010,128
	18.9	18.5	21.7	27.4	27.9	27.9	27.7	28.3	28.9
第二地銀	200,214	446,845	505,738	434,891	461,999	474,975	492,107	507,987	523,824
	9.1	7.3	8.1	7.7	7.5	7.4	7.3	7.5	7.5
信　金	245,642	538,005	687,159	641,573	644,790	656,360	739,378	690,130	709,346
	11.2	8.8	11.1	11.3	10.4	10.2	11.0	10.1	10.2
信　組	64,335	151,618	142,433	94,023	97,683	99,968	112,214	106,305	110,608
	2.9	2.5	2.3	1.7	1.6	1.6	1.7	1.6	1.6
労　金	17,777	31,415	73,830	112,183	118,542	118,736	123,845	122,243	127,446
	0.8	0.5	1.2	2.0	1.9	1.8	1.8	1.8	1.8
農　協	103,314	123,542	215,586	227,148	213,836	210,446	206,654	203,866	205,040
	4.7	2.0	3.5	4.0	3.5	3.3	3.1	3.0	2.9
ゆうちょ銀	2,047	6,164	9,793	40,225	30,763	27,839	25,420	40,641	61,455
	0.1	0.1	0.2	0.7	0.5	0.4	0.4	0.6	0.9
合　計	2,197,517	6,111,771	6,207,324	5,664,037	6,178,140	6,440,704	6,698,625	6,812,420	6,956,715

特別資料

①上段は資金量、融資量。下段は業態合計に占める割合。資金量には債券発行高、信託勘定、オフショア勘定を含み、譲渡性預金は含まない
② 2018 年の信託銀は主要行（三菱ＵＦＪ信託銀、みずほ信託銀、三井住友信託銀、野村信託銀、SMBC 信託銀）のみ
③その他銀行は、ジャパンネット銀、セブン銀、ソニー銀、楽天銀、住信 SBI ネット銀、じぶん銀、イオン銀、大和ネクスト銀、オリック
ス銀、新銀行東京、新生銀、あおぞら銀、SBJ 銀の 13 行

全国銀行主要計数（2018年3月末）

銀　行　名	資金量 （億円）	融資量 （億円）	自己資本比率 （％）	総資金利ざや （％）	銀　行　名	資金量 （億円）	融資量 （億円）	自己資本比率 （％）	総資金利ざや （％）
み　ず　ほ	1,104,159	709,977	＊ 12.34	▲ 0.22	常　　　陽	85,090	60,635	11.30	0.26
三　菱　Ｕ Ｆ Ｊ	1,454,926	792,132	＊ 11.85	▲ 0.04	筑　　　波	22,862	16,328	8.33	▲ 0.03
三　井　住　友	1,126,584	742,949	＊ 15.29	0.44	武　蔵　野	40,361	34,708	9.03	0.17
り　そ　な	389,583	193,667	10.00	0.07	千　　　葉	120,170	98,160	＊ 13.18	0.30
埼玉りそな	131,233	72,102	11.37	0.24	千　葉　興　業	24,493	20,562	8.24	0.02
三菱UFJ信託	523,136	148,214	＊ 16.21	0.55	旧 東 京 都 民	23,159	18,601	6.58	▲ 0.05
みずほ信託	274,459	42,040	＊ 19.99	0.49	横　　　浜	137,729	107,541	＊ 13.80	0.60
三井住友信託	745,473	295,654	＊ 10.85	0.34	第　　　四	46,413	32,461	9.65	0.11
野 村 信 託	28,358	8,324	16.27	▲ 1.08	北　　　越	24,633	16,981	8.58	0.12
ジャパンネット	7,503	738	28.99	1.31	山 梨 中 央	28,754	16,265	13.54	0.09
セ　ブ　ン	6,227	237	55.48	2.45	八　十　二	65,983	50,876	＊ 20.51	0.12
ソ　ニ　ー	22,193	15,963	10.45	0.16	北　　　陸	63,943	46,701	9.02	0.23
楽　　　天	21,277	8,018	10.74	1.29	富　　　山	4,468	3,015	8.82	0.42
住信SBIネット	44,260	31,851	9.36	0.68	北　　　国	33,685	24,129	＊ 12.32	0.27
じ　ぶ　ん	9,068	5,114	11.95	2.37	福　　　井	22,193	16,288	9.07	0.06
イ　オ　ン	30,538	19,594	12.43	0.98	静　　　岡	95,397	82,874	＊ 15.95	0.27
大和ネクスト	35,060	13,128	32.36	0.30	ス　ル　ガ	40,896	32,459	12.75	1.68
オ　リ　ッ　ク　ス	16,489	18,915	10.93	2.15	清　　　水	13,506	10,970	10.06	0.06
新 銀 行 東 京	2,698	2,108	20.34	0.49	大 垣 共 立	49,093	40,421	8.98	0.04
新　　　生	57,958	46,379	14.85	0.59	十　　　六	54,541	42,335	8.54	▲ 0.01
あ　お　ぞ　ら	29,210	26,247	10.25	0.20	三　　　重	16,787	13,695	7.81	▲ 0.08
Ｓ　Ｂ　Ｊ	5,715	5,483	10.08	1.88	百　　　五	47,228	31,020	10.27	0.14
北　海　道	46,489	35,192	9.28	0.26	滋　　　賀	46,896	36,314	＊ 16.98	0.15
青　　　森	23,895	17,445	9.35	0.19	京　　　都	68,881	52,741	11.01	0.20
み　ち　の　く	19,531	15,269	8.12	0.14	近 畿 大 阪	32,500	24,151	9.85	▲ 0.03
秋　　　田	25,500	16,761	10.75	0.14	池 田 泉 州	49,539	39,080	10.54	0.14
北　　　都	12,094	8,119	10.98	0.08	南　　　都	48,269	33,408	9.64	0.15
荘　　　内	12,243	9,407	9.38	0.23	紀　　　陽	38,894	28,762	9.29	0.33
山　　　形	22,094	17,355	11.19	0.09	但　　　馬	9,495	7,903	8.43	0.09
岩　　　手	30,801	17,559	12.11	0.10	鳥　　　取	9,367	7,631	9.40	0.02
東　　　北	8,071	5,524	8.34	0.15	山 陰 合 同	40,092	30,165	13.48	0.38
七　十　七	74,730	46,271	10.18	0.19	中　　　国	64,236	46,761	＊ 13.22	0.13
東　　　邦	52,298	32,654	8.73	0.03	広　　　島	71,834	58,523	10.79	0.31
群　　　馬	66,691	55,186	＊ 12.41	0.30	山　　　口	48,494	38,338	＊ 16.34	0.36
足　　　利	55,298	45,172	8.27	0.36	阿　　　波	27,260	18,357	11.09	0.30

銀　行　名	資金量 (億円)	融資量 (億円)	自己資本比率 (%)	総資金利ざや (%)
百　十　四	39,634	28,378	9.04	0.16
伊　　　予	50,996	42,926	＊ 14.31	0.27
四　　　国	26,284	16,764	9.71	0.18
福　　　岡	101,831	95,120	8.54	0.48
筑　　　邦	6,797	4,811	7.56	0.03
佐　　　賀	22,377	15,152	8.14	0.51
十　　　八	25,613	16,703	11.32	0.13
親　　　和	22,126	15,507	9.26	0.30
肥　　　後	45,843	32,464	11.03	0.25
大　　　分	28,084	17,983	10.11	0.17
宮　　　崎	23,591	19,346	9.47	0.45
鹿　児　島	37,733	32,398	10.72	0.29
琉　　　球	20,885	16,194	8.57	0.22
沖　　　縄	19,769	15,609	10.14	0.29
西日本シティ	76,731	68,362	9.91	0.29
北　九　州	10,374	11,322	11.52	0.19
北　　　洋	83,509	63,093	12.97	0.04
きらやか	12,529	10,209	8.56	0.10
北　日　本	13,378	8,907	10.11	0.18
仙　　　台	9,085	7,025	9.05	0.08
福　　　島	7,016	5,051	9.13	0.02
大　　　東	6,921	5,197	8.88	▲ 0.08
東　　　和	19,528	14,107	11.58	0.30
栃　　　木	26,403	18,882	11.89	0.08
京　　　葉	44,215	34,543	10.95	0.24
東　日　本	17,851	17,609	7.58	0.27
東京スター	18,873	17,339	8.54	▲ 0.05
神　奈　川	4,343	3,469	7.98	0.11
大　　　光	13,006	10,260	9.16	0.20
長　　　野	10,138	5,961	10.46	0.14
富山第一	11,582	8,417	11.25	0.28
福　　　邦	4,269	3,073	8.14	0.02
静　岡　中　央	6,018	4,941	10.35	0.24
愛　　　知	27,548	18,093	10.86	0.10
名　古　屋	33,503	24,582	＊ 12.63	▲ 0.04

銀　行　名	資金量 (億円)	融資量 (億円)	自己資本比率 (%)	総資金利ざや (%)
中　　　京	17,730	13,044	8.33	0.04
第　　　三	18,120	12,765	8.16	0.09
関西アーバン	40,760	39,590	6.03	0.27
大　　　正	4,458	3,992	6.02	0.39
み　な　と	32,385	25,273	6.74	▲ 0.03
島　　　根	3,645	2,682	8.00	▲ 0.08
ト　マ　ト	11,236	9,790	8.12	0.15
も　み　じ	28,762	22,123	9.86	0.32
西　　　京	13,776	11,038	8.72	0.44
徳　　　島	14,616	10,650	8.87	0.48
香　　　川	14,455	12,213	9.82	0.30
愛　　　媛	19,463	16,311	8.15	0.43
高　　　知	9,207	6,951	9.65	0.17
福　岡　中　央	4,570	3,744	7.28	0.36
佐　賀　共　栄	2,254	1,841	8.07	0.29
長　　　崎	2,246	2,425	8.72	0.33
熊　　　本	14,240	13,146	9.70	0.41
豊　　　和	5,166	4,078	8.44	0.24
宮　崎　太　陽	6,341	4,755	10.22	0.25
南　日　本	7,422	5,662	8.41	0.43
沖　縄　海　邦	6,548	4,941	8.35	0.12
旧　八　千　代	21,171	16,052	8.54	0.00

注：①資金量は譲渡性預金を含まない
　　②大手行の資金量には債務を含むところがある
　　③信託銀行の資金量には信託勘定を含む
　　④信託銀行以外の銀行でも信託勘定を含む場合が
　　　ある
　　⑤自己資本比率に＊印がついている場合は国際
　　　基準（普通株式等 Tier1 比率）で連結ベース。
　　　無印は国内基準で単体ベース
　　⑥総資金利ざやは原則、全店ベース。野村信託銀
　　　行以外の信託銀行、ジャパンネット銀、セブン
　　　銀、住信 SBI ネット銀、じぶん銀、大和ネク
　　　スト銀、オリックス銀、SBJ 銀の総資金利ざ
　　　やの欄は、資金運用利回りと資金調達利回りの
　　　差（「資金粗利ざや」など）。▲印はマイナス

特別資料

全国信用金庫主要計数（2018年3月期）

信用金庫名	資金量 （億円）	融資量 （億円）	自己資本比率 （％）	総資金利ざや （％）	信用金庫名	資金量 （億円）	融資量 （億円）	自己資本比率 （％）	総資金利ざや （％）
北 海 道	10,514	5,763	16.51	0.10	宮 城 第 一	1,274	657	8.77	▲ 0.06
室 蘭	3,427	1,549	22.84	0.05	石 巻	2,038	653	32.83	0.14
空 知	2,979	1,270	18.60	0.06	仙 南	1,850	891	10.53	0.26
苫 小 牧	4,081	2,232	25.40	0.29	気 仙 沼	1,493	454	36.80	▲ 0.08
北 門	2,571	1,060	15.71	0.01	会 津	1,954	852	18.14	0.00
伊 達	1,573	551	15.12	0.20	郡 山	2,055	915	16.04	▲ 0.10
北 空 知	1,143	606	9.96	0.21	白 河	2,210	939	21.57	▲ 0.03
日 高	1,200	564	23.86	0.13	須 賀 川	2,070	1,004	10.56	▲ 0.03
渡 島	1,632	1,042	9.83	0.49	ひ ま わ り	2,394	1,050	10.56	0.03
道南うみ街	2,741	1,214	15.18	▲ 0.04	あ ぶ く ま	2,791	864	32.63	0.18
旭 川	8,258	3,059	21.13	0.23	二 本 松	1,295	500	12.81	0.06
稚 内	4,292	846	54.04	0.05	福 島	3,777	1,795	12.12	0.11
留 萌	2,035	947	14.95	0.24	高 崎	4,722	2,236	10.31	0.02
北 星	2,616	1,022	15.74	0.21	桐 生	4,949	3,132	10.28	0.10
帯 広	7,027	2,997	18.62	0.17	ア イ オ ー	2,898	1,814	9.03	0.05
釧 路	2,189	880	13.61	0.00	利 根 郡	1,698	905	10.67	▲ 0.14
大地みらい	3,344	1,387	25.69	▲ 0.04	館 林	1,241	694	10.84	▲ 0.01
北 見	4,852	1,919	23.94	0.01	北 群 馬	1,408	867	11.30	0.13
網 走	2,771	950	31.74	0.14	し の の め	9,751	4,465	7.38	0.05
遠 軽	3,085	1,562	20.05	0.11	足 利 小 山	2,982	1,388	9.21	0.02
東 奥	1,631	839	15.29	0.24	栃 木	2,700	998	5.72	▲ 0.16
青 い 森	6,096	2,284	12.41	▲ 0.04	鹿 沼 相 互	2,058	971	7.05	0.02
秋 田	1,256	674	12.82	0.22	佐 野	1,077	461	10.51	▲ 0.02
羽 後	1,347	672	16.44	0.15	大 田 原	1,129	689	11.22	0.14
山 形	1,222	756	9.65	0.26	烏 山	1,815	686	10.44	0.06
米 沢	1,271	583	17.21	0.38	水 戸	11,215	4,547	7.77	0.27
鶴 岡	1,879	841	28.82	0.02	結 城	3,598	1,390	12.57	0.16
新 庄	681	404	11.59	1.06	埼 玉 縣	27,021	16,343	8.51	0.08
盛 岡	2,338	1,117	12.11	0.16	川 口	8,292	4,239	10.88	▲ 0.02
宮 古	719	295	41.34	0.02	青 木	7,406	3,790	7.37	▲ 0.05
一 関	2,099	817	12.19	0.01	飯 能	12,435	5,046	13.18	0.30
北 上	894	464	16.92	0.00	千 葉	10,520	5,659	8.15	0.10
花 巻	867	385	17.99	0.07	銚 子	4,898	1,390	12.35	0.03
水 沢	1,220	502	14.76	0.17	東 京 ベ イ	5,145	3,186	8.29	0.25
杜 の 都	5,142	3,413	8.13	0.14	館 山	1,540	676	15.91	0.19

信用金庫名	資金量(億円)	融資量(億円)	自己資本比率(%)	総資金利ざや(%)	信用金庫名	資金量(億円)	融資量(億円)	自己資本比率(%)	総資金利ざや(%)
佐原	2,042	725	12.09	▲ 0.02	新発田	793	354	17.33	0.04
横浜	17,509	9,767	10.14	0.00	柏崎	900	431	12.09	0.14
かながわ	10,376	5,165	7.30	0.04	上越	2,132	715	14.71	▲ 0.05
湘南	11,189	6,583	5.24	0.20	新井	1,048	404	15.13	0.09
川崎	19,376	11,026	13.08	▲ 0.04	村上	798	353	26.86	0.00
平塚	4,947	2,105	10.51	0.09	加茂	764	376	18.28	0.03
さがみ	7,281	3,165	10.09	▲ 0.02	甲府	4,244	1,844	15.60	0.10
中栄	4,196	1,647	18.59	0.11	山梨	4,243	1,740	11.02	0.11
中南	2,966	799	14.10	0.10	長野	7,708	3,243	25.06	0.07
朝日	17,616	10,273	9.05	0.23	松本	3,948	1,859	16.16	0.04
興産	3,337	1,864	9.01	0.05	上田	2,482	1,123	16.66	0.00
さわやか	14,723	8,120	7.81	▲ 0.03	諏訪	3,688	1,654	22.08	0.23
東京シティ	6,699	4,173	8.05	0.16	飯田	5,272	2,446	17.42	0.46
芝	11,089	5,076	11.16	0.10	アルプス中央	3,148	1,270	11.32	0.01
東京東	18,284	9,796	11.02	0.03	富山	4,056	1,707	17.21	▲ 0.02
東栄	1,281	601	12.21	0.17	高岡	3,686	1,602	13.64	0.00
亀有	5,355	2,334	18.00	0.06	新湊	852	237	16.78	0.13
小松川	1,372	764	10.14	0.13	にいかわ	1,677	666	9.03	▲ 0.02
足立成和	4,929	2,356	8.98	0.00	氷見伏木	828	237	21.26	0.02
東京三協	1,516	997	8.98	0.09	砺波	795	402	15.19	0.07
西京	6,337	3,580	9.61	0.20	石動	515	214	19.02	0.17
西武	19,351	16,618	9.31	0.55	金沢	4,984	2,286	10.21	0.07
城南	36,324	21,967	9.74	0.07	のと共栄	3,112	1,743	13.30	0.04
昭和	4,107	1,853	9.92	0.05	北陸	1,707	1,090	7.07	0.01
目黒	1,674	906	10.23	0.06	鶴来	1,200	612	8.34	0.03
世田谷	2,081	1,217	7.96	0.00	興能	2,421	1,150	17.75	▲ 0.19
東京	9,225	6,409	8.17	0.35	福井	7,891	3,901	16.06	0.03
城北	24,376	12,029	7.83	0.22	敦賀	1,281	517	12.44	0.00
瀧野川	6,535	3,111	10.33	0.17	小浜	978	414	24.42	0.01
巣鴨	17,783	8,812	10.50	0.05	越前	1,610	442	21.04	0.21
青梅	7,574	4,268	9.73	0.25	しずおか	8,749	4,607	13.29	0.03
多摩	27,027	10,330	8.36	0.18	静清	7,262	3,483	17.36	0.08
新潟	2,948	1,433	15.80	0.04	浜松	16,555	9,044	14.10	0.08
長岡	2,028	860	14.82	0.09	沼津	5,140	2,214	15.72	▲ 0.02
三条	3,842	1,916	17.64	0.37	三島	8,672	4,508	21.73	0.05

特別資料

特別資料

信用金庫名	資金量(億円)	融資量(億円)	自己資本比率(%)	総資金利ざや(%)	信用金庫名	資金量(億円)	融資量(億円)	自己資本比率(%)	総資金利ざや(%)
富士宮	3,132	1,271	28.08	▲ 0.02	湖東	2,054	822	14.03	▲ 0.10
島田	4,926	2,198	12.61	0.02	京都	24,326	16,369	8.51	0.14
磐田	7,045	3,556	13.50	0.06	京都中央	45,861	25,658	10.95	0.19
焼津	6,126	2,559	16.05	0.04	京都北都	7,547	3,520	10.27	0.07
掛川	3,955	1,353	32.74	0.04	大阪	27,261	13,930	8.80	0.34
富士	3,358	1,530	15.64	0.09	大阪厚生	11,441	5,146	9.87	0.89
遠州	4,297	2,204	13.29	0.04	大阪シティ	24,798	13,185	8.72	▲ 0.01
岐阜	22,946	13,021	9.46	0.01	大阪商工	5,671	3,883	8.85	0.44
大垣西濃	7,409	3,347	13.83	0.01	永和	5,509	2,864	10.41	0.07
高山	2,332	1,191	9.58	0.02	北おおさか	13,068	6,655	10.60	0.03
東濃	10,824	5,341	16.66	0.11	枚方	3,656	1,747	11.51	0.14
関	2,353	1,079	14.80	0.02	奈良	3,467	2,051	9.10	0.05
八幡	1,110	302	39.99	▲ 0.05	大和	6,056	2,830	11.41	0.11
愛知	2,462	908	15.71	▲ 0.03	奈良中央	4,766	1,699	18.05	0.11
豊橋	8,635	4,226	15.93	▲ 0.08	新宮	1,052	420	23.68	0.14
岡崎	30,432	15,842	12.47	▲ 0.01	きのくに	10,633	3,700	17.54	0.09
いちい	10,226	4,080	11.35	0.00	神戸	4,486	2,338	12.90	0.05
瀬戸	20,828	9,600	13.86	0.02	姫路	8,477	5,229	8.24	0.05
半田	3,035	1,325	10.20	0.00	播州	11,381	7,069	8.73	0.13
知多	7,494	3,893	11.17	▲ 0.04	兵庫	6,882	3,264	9.03	0.09
豊川	8,085	4,307	10.05	0.05	尼崎	25,346	12,632	16.72	0.00
豊田	14,801	7,271	12.89	0.08	日新	7,164	3,361	10.30	0.11
碧海	20,435	10,420	15.84	0.09	淡路	5,634	1,779	21.52	▲ 0.04
西尾	11,681	5,523	19.63	0.20	但馬	4,406	1,743	25.42	▲ 0.04
蒲郡	12,471	5,860	14.59	0.13	西兵庫	4,518	2,011	19.07	0.30
尾西	4,416	1,859	9.32	0.12	中兵庫	5,273	1,540	24.83	0.14
中日	3,003	1,393	10.41	0.09	但陽	7,323	2,861	17.33	0.05
東春	2,895	1,281	10.06	0.06	鳥取	1,759	1,044	7.92	0.21
津	1,092	188	30.33	0.06	米子	1,850	1,104	7.23	0.16
北伊勢上野	4,154	1,976	8.22	0.01	倉吉	757	402	13.84	0.36
三重	2,617	1,118	8.08	0.14	しまね	923	565	12.43	0.15
桑名	4,739	2,023	19.80	0.02	日本海	998	499	13.38	▲ 0.02
紀北	850	198	37.98	▲ 0.02	島根中央	1,986	1,144	9.04	0.24
滋賀中央	4,287	2,247	9.86	0.23	おかやま	4,954	2,201	10.80	▲ 0.10
長浜	2,922	1,213	21.72	0.57	水島	2,242	884	11.22	▲ 0.01

信用金庫名	資金量 （億円）	融資量 （億円）	自己資本比率 （％）	総資金利ざや （％）
津　　　　山	1,419	648	10.06	0.06
玉　　　　島	3,591	1,717	12.04	▲ 0.03
備　　　　北	1,062	444	18.27	0.16
吉　　　　備	1,673	605	13.19	0.07
日　　　　生	996	519	10.10	0.18
備　　　　前	1,289	597	13.67	0.22
広　　　　島	13,737	9,395	12.13	0.14
呉	7,046	3,993	12.62	0.17
し ま な み	3,483	1,448	10.04	0.01
広 島 み ど り	879	336	19.99	0.16
萩　　　山　口	1,987	868	12.28	0.03
西　　中　　国	5,376	2,513	9.77	▲ 0.20
東　　山　　口	2,078	923	10.62	0.00
徳　　　　島	2,051	965	8.67	0.19
阿　　　　南	865	475	9.54	0.19
高　　　　松	4,084	2,036	10.66	0.17
観　　音　　寺	2,921	1,235	23.53	0.53
愛　　　　媛	6,179	3,013	21.32	0.22
宇　　和　　島	1,068	691	10.16	0.33
東　　　　予	1,036	460	13.61	0.19
川　　之　　江	797	363	20.31	0.14
幡　　　　多	1,447	674	21.82	0.32
高　　　　知	7,348	623	43.68	0.46
福　　　　岡	1,138	700	8.35	0.12
福 岡 ひ び き	6,694	3,379	11.86	0.08
大 牟 田 柳 川	1,864	889	15.35	0.07
筑　　　　後	1,521	949	18.40	0.06
飯　　　　塚	2,377	1,401	16.74	0.48
田　　　　川	637	311	8.65	0.10
大　　　　川	1,273	613	17.05	0.08
遠　　　　賀	2,100	1,273	13.86	0.36
唐　　　　津	821	452	8.02	0.16
佐　　　　賀	1,197	602	12.21	0.01
伊　　万　　里	755	504	12.49	0.19
九 州 ひ ぜ ん	1,358	785	9.56	0.16

信用金庫名	資金量 （億円）	融資量 （億円）	自己資本比率 （％）	総資金利ざや （％）
た　ち　ば　な	1,169	724	8.40	0.18
熊　　　　本	1,613	878	10.18	0.12
熊　本　第　一	2,760	1,545	8.81	0.39
熊　本　中　央	1,864	954	8.92	0.34
天　　　　草	1,287	609	17.39	0.40
大　　　　分	2,126	897	23.56	0.05
大 分 み ら い	3,813	1,936	13.95	0.18
日　　　　田	417	230	9.28	0.14
宮　崎　都　城	1,362	829	7.41	0.17
延　　　　岡	614	311	11.42	0.26
高　　　　鍋	2,404	1,015	14.12	0.12
南　　　　郷	803	370	14.84	0.12
鹿　児　　島	3,106	2,088	8.09	0.30
鹿 児 島 相 互	5,569	3,764	7.34	0.20
奄　美　大　島	763	538	15.43	0.41
コ　　　　ザ	1,801	1,242	8.67	0.32

特別資料

地域銀行の持ち株会社

- ■ 地方銀行のみ
- ▨ 地銀＋第二地銀
- □ 第二地方銀行のみ

FG はフィナンシャルグループ、HD はホールディングス、FH はフィナンシャルホールディングス。
年月は持ち株会社の設立時期（名称変更は対象外）、地図の位置は持ち株会社の本店所在地

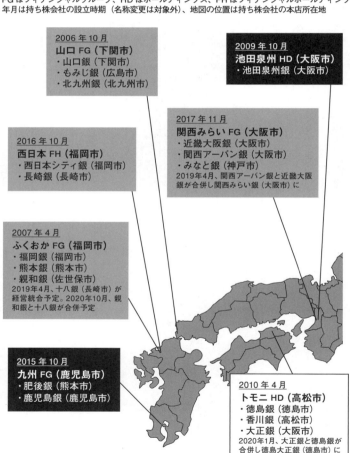

2006 年10月
山口 FG（下関市）
・山口銀（下関市）
・もみじ銀（広島市）
・北九州銀（北九州市）

2009 年10月
池田泉州 HD（大阪市）
・池田泉州銀（大阪市）

2017 年11月
関西みらい FG（大阪市）
・近畿大阪銀（大阪市）
・関西アーバン銀（大阪市）
・みなと銀（神戸市）
2019年4月、関西アーバン銀と近畿大阪銀が合併し関西みらい銀（大阪市）に

2016 年10月
西日本 FH（福岡市）
・西日本シティ銀（福岡市）
・長崎銀（長崎市）

2007 年4月
ふくおか FG（福岡市）
・福岡銀（福岡市）
・熊本銀（熊本市）
・親和銀（佐世保市）
2019年4月、十八銀（長崎市）が経営統合予定。2020年10月、親和銀と十八銀が合併予定

2015 年10月
九州 FG（鹿児島市）
・肥後銀（熊本市）
・鹿児島銀（鹿児島市）

2010 年4月
トモニ HD（高松市）
・徳島銀（徳島市）
・香川銀（高松市）
・大正銀（大阪市）
2020年1月、大正銀と徳島銀が合併し徳島大正銀（徳島市）に

特別資料

金融界10大ニュース

「金融界10大ニュース」は、金融総合専門紙『ニッキン』(日本金融通信社発行)読者が関心を持ったその年の出来事。時代を象徴するようなショッキングな事件や金融・経済の流れを変えた分岐点、世界を揺るがした危機などが見て取れる。

2017年

順位	ニュース	得票率(%)
1位	平均株価、史上初 16 連騰	81.5
2位	商工中金、危機対応融資で不正	80.6
3位	みずほ FG、1 万 9,000 人削減	79.5
4位	衆院選、与党圧勝	64.3
5位	東芝、異例の決算発表	64.1
6位	つみたて NISA 受け付け開始	51.1
7位	iDeCo、加入対象拡大	47.5
8位	金融庁、検査局を廃止	47.2
9位	金融庁、金融レポートで警鐘	43.8
10位	顧客本位の原則を最終化	41.3

2016年

順位	ニュース	得票率(%)
1位	日銀、マイナス金利を導入	97.2
2位	次期米大統領にトランプ氏	94.1
3位	英、EU 離脱決定	84.0
4位	熊本地震が発生	68.4
5位	消費増税、再延期	54.1
6位	金融庁がベンチマーク	52.4
7位	パナマ文書流出	47.4
8位	日銀、金融政策を量から金利へ	43.4
9位	偽造カードで 18 億円引き出し	39.5
10位	広島東洋カープ、25 年ぶりリーグ優勝	37.4

2015年

順位	ニュース	得票率(%)
1位	改正マイナンバー法成立	84.4
2位	郵政3社株公開	83.2
3位	株価2万円突破	79.5
4位	年金機構で個人情報流出	67.7
5位	東芝の不正会計問題	62.4
6位	TPP交渉、大筋合意	60.7
7位	世界にチャイナショック	58.3
8位	相続税制改正	49.0
9位	北陸新幹線が開業	43.8
10位	首相、「1億総活躍」発表	34.0

2014年

順位	ニュース	得票率(%)
1位	消費税8%に	90.5
2位	NISAスタート	90.3
3位	日銀、金融緩和拡大	88.8
4位	衆議院解散、総選挙	78.7
5位	地域銀行、再編本格化	62.5
6位	振り込み、24時間365日対応へ	61.9
7位	経営者保証ガイドライン適用	45.1
8位	ビットコインのMTGOX破たん	41.8
9位	御嶽山噴火、金融機関職員も被災	32.6
10位	顧客情報流出、社会問題に	29.0

2013年

順位	ニュース	得票率(%)
1位	みずほ銀、「反社」で行政処分	87.5
2位	NISA口座巡り争奪戦	86.2
3位	20年五輪、東京に決定	79.8
4位	黒田氏、日銀総裁に就任	71.4
5位	日銀、異次元の金融緩和	69.2
6位	円安・株高が進行	68.4
7位	政府、8%へ消費増税	66.3
8位	でんさいネット開始	63.9
9位	金融円滑化法が終了	52.9
10位	教育資金非課税スタート	45.2

CONTENTS

2019年のトピックス10　　19

デジタル化する銀行	20	地域銀行の有価証券運用	30
銀行再編の選択肢	22	働き方改革と業務効率化	32
金融庁改革のインパクト	24	持続可能な開発目標（SDGs）と金融	34
多様化する店舗戦略	26	求められるマネロン対策	36
広がるQRコード決済	28	改正相続法への対応	38

I　フィンテック・IT　　41

IoT	42	ロー・バリュー送金	56
ビッグデータ	43	モアタイムシステム	57
RPA	44	クラウドファンディング	58
ロボアドバイザー	45	トランザクションレンディング	59
PFM	46	ソーシャルレンディング	60
家計簿アプリ（クラウド会計）	48	AIスコアレンディング	61
オープンAPI	49	HFT（超高速取引）	62
電子決済等代行業者	50	トランザクション認証	63
モバイル決済	51	金融ISAC	64
ブロックチェーン	52	CSIRT	65
仮想通貨	53	アクセラレーター	66
法定デジタル通貨	54	レグテック	67
ICO	55		

II　業務・商品・サービス　　69

事業性評価	70	震災時元本免除特約付き融資	76
O&Dビジネス	72	電子記録債権担保融資	77
短期継続融資	73	ABL（動産・債権担保融資）	78
知的財産担保融資	74	環境格付け融資	79
コベナンツ条項付き融資	75	リバースモーゲージ	80

クロスボーダーローン	81	SRIファンド	99
ノンリコースローン	82	メザニンファンド	100
サブリース	83	バンクローンファンド	101
後見支援預金	84	REIT（不動産投資信託）	102
キャッシュアウト	85	ETF（上場投資信託）	103
デビットカード	86	NISA	104
民事信託	88	iDeCo	105
職域営業	90	ラップ口座	106
地震保険	91	トータル・エクスペンス・レシオ	107
少額短期保険	92	デリバティブ	108
特殊（スペシャルティ）保険	93	なでしこ銘柄	110
トンチン保険	94	プライベートエクイティー	111
健康増進型保険	95	ウェルスマネジメント	112
就業不能保険	96	CDO	113
節税保険	97	CDS	114
企業再生ファンド	98		

Ⅲ　市場環境と経営　　115

金融EDI	116	信用リスクデータベース	134
ALM	118	オムニチャネル	135
コンダクトリスク	119	ソーシャルリスニング	136
オペレーショナルリスク	120	日銀トレード	137
プリペイメントリスク	121	独立社外取締役	138
銀証連携	122	監査等委員会設置会社	139
BPR	124	無期転換ルール	140
共同店舗	125	プロセス評価	141
店舗内店舗	126	グリーンボンド	142
軽量型店舗	127	ESG投資	143
外国人持株比率	128	ポジティブ・インパクト・ファイナンス原則（PPIF）	144
DOE（株主資本配当率）	129	エクエーター原則（赤道原則）	145
集団的エンゲージメント	130	電子債権記録機関	146
利用分量配当制度	131	実質実効為替相場	147
暴力団排除条項	132	ローソン銀行	148
反社情報照会システム	133	特殊詐欺	149

Ⅳ　政策・行政　　151

異次元緩和	152	地方創生	174
マイナス金利	153	ストレステスト	176
イールド・カーブ・コントロール	154	ローカルベンチマーク	177
期待インフレ率	155	経営革新等支援機関	178
フォワードガイダンス	156	中小企業再生支援協議会	179
テーパリング	157	よろず支援拠点	180
マネタイゼーション	158	RESAS（地域経済分析システム）	181
リバーサルレート	159	6次産業化	182
金融仲介機能のベンチマーク	160	事業引継ぎ支援センター	184
金融モニタリング	161	事業再生ADR制度	185
日本型金融排除	162	資本性借入金	186
フィデューシャリー・デューティー	163	生前贈与	187
フェア・ディスクロージャー・ルール	164	相続時精算課税制度	188
日本版スチュワードシップ・コード	165	成年後見制度	189
コーポレートガバナンス・コード	166	休眠預金	190
業務改善命令	168	自然災害債務整理ガイドライン	191
大口融資規制	170	東京国際金融都市構想	192
早期警戒制度	171	プライマリーバランス	193
店頭デリバティブ規制	172	産業革新投資機構	194

Ⅴ　世界情勢、国際化　　195

TLAC（総損失吸収能力）	196	ボンドコネクト（債券通）	209
G-SIFIs	197	LTRO（長期リファイナンスオペ）	210
リスクアペタイト・フレームワーク	198	FSB（金融安定理事会）	211
バーゼル3	200	FRB（米連邦準備制度理事会）	212
IRRBB（銀行勘定の金利リスク）	202	金融規制改革法（米）	213
LCR（流動性カバレッジ比率）	203	欧州銀行同盟	214
CRS（共通報告基準）	204	ECB（欧州中央銀行）	215
ヘッジファンド規制	205	MiFIDⅡ（第2次金融商品市場指令）	216
GDPR（EU一般データ保護規則）	206	バーゼル銀行監督委員会	217
ASEAN経済共同体（AEC）	207	外国口座税務コンプライアンス法（FATCA）	218
ABMI（アジア債券市場育成イニシアティブ）	208	現在予想信用損失（CECL）	219

ベイルイン	220	G20	223
ISO20022（金融ISO）	221	アジア開発銀行（ADB）	224
金融包摂	222		

Ⅵ　基礎用語　225

銀行法改正	226	官民ファンド	246
金融商品取引法	227	金融庁	247
金融機能強化法	228	金融審議会	248
中小企業等経営強化法	229	日本銀行	249
債権法	230	財務省	250
雇用保険法	231	証券取引等監視委員会	251
犯罪収益移転防止法	232	政策金融機関	252
プライムレート	233	監査法人	253
M&A	234	地域経済活性化支援機構	254
LBO	235	CSR	255
事業承継	236	ダイバーシティー経営	256
PFI	237	グリーフケア	257
FX（外国為替証拠金取引）	238	情報銀行	258
CRM	239	地域通貨	259
EBM	240	サイバーセキュリティー	260
インサイダー取引	241	多重債務問題	262
PBR（株価純資産倍率）	242	人生100年時代	264
OHR（粗利経費率）	243	農協改革	265
経営者保証	244	シェアリングエコノミー	266
ファイアウォール規制	245		

Ⅶ　特別資料　267

業態別金融機関計数	268	地域銀行の持ち株会社	276
全国銀行主要計数	270	金融界10大ニュース	278
全国信用金庫主要計数	272		
整理・削除項目（2016〜18年版掲載分）	284	2019年版の新規掲載項目	286

整理・削除項目（2016～2018年版掲載分）

本書は第30版となりますが、各版の作成に当たり、時宜にかなった200項目を厳選、掲載しています。下記の項目は2018年版、2017年版、2016年版に掲載しましたが、それぞれ次版で整理・削除したものです。2019年版と併せてご活用下さい。

■2018年版掲載、2019年版整理・削除

アリペイ
ビットコイン
SCCC（サプライチェーン資金循環速度）
空き家解体ローン
カバードボンド
販売金融
結婚・子育て支援信託
暦年贈与信託
教育資金贈与信託
遺言代用信託
跡継ぎ遺贈型受益者連続信託
現物給付保険
テレマティクス保険
ラップ型ファンド
バリュー平均法
バーベル戦略
攻めのIT投資経営銘柄

インフラファンド市場
金融リテラシー
基幹システム共同化
ココ債（偶発転換社債）
リキャップCB
株主コミュニティー制度
ジュニアNISA
つみたてNISA
サイバー犯罪対処協定
キャッシュレス決済
グローバル金融連携センター
指し値オペ
ヘリコプターマネー
BEI
金融所得課税
市中優先償還
グリーンファイナンス推進機構

東京版金融ビッグバン
賃上げETF
アウトライヤー規制
AIIB（アジアインフラ投資銀行）
シャドーバンキング
ブレグジット
プライムMMF
空き家対策特別措置法
TIBOR
プライベートバンキング
口座貸越（ゆうちょの件）
コミュニティーファンド
ゆうちょ銀行
CSV（共有価値の創造）
シムズ理論（物価水準の財政理論）
インバウンド

■2017年版掲載、2018年版整理・削除

デジタルウォレット
電子サイン
電子記帳台
フィンテック・ベンチャーに関する有識者会議
航空機ファイナンス
テロ保険

リキッド・オルタナティブ
RMBS（住宅ローン債権担保証券）
ミニ保険
PTS（私設取引システム）
特定調停スキーム
財産管理委任契約

ヘルスケアREIT
ラダー型投信
アベイラビリティリスク
ERM
EaR
RORA
SROI（社会的投資利益率）

TLAC債
21世紀金融行動原則
統合報告
内部統制報告制度
レバレッジ比率規制
フィデューシャリー・デューティー
経営者保証に関するガイドライン
官民ラウンドテーブル
金融仲介機能のベンチマーク
水平的レビュー

D－SIFIs
銀行等保有株式取得機構
日本版IFRS
ベンチャー創造協議会
GPIF
LEI（取引主体識別子）
カウンターシクリカル資本バッファー
ユニコーン企業
社会的インパクト投資
地政学リスク
ファンドパスポート
パナマ文書

ECAファイナンス
新開発銀行
人民元決済
銀聯カード
1世紀債
生涯積立上限
IEX
ノンプライム住宅ローン
アセットアロケーション
イスラム金融
信用保証制度
個人保証制度
個人型DC

■2016年版掲載、2017年版整理・削除

トランザクション型貸出
コミットメントライン契約
親子ローン
ストラクチャードファイナンス
デビットカード
家族信託
生命保険信託
特定寄付信託
旅行保険
マネージド・フューチャーズ
マイナス金利
ACH（小口決済システム）
JSCC（日本証券クリアリング機構）
JPX日経400
コア預金
利益相反管理体制
ソーシャルファイナンス

通貨スワップ協定
小規模企業振興基本法
金融ADR制度
TOB（株式公開買い付け）制度
高度プロフェッショナル労働制度
意向把握義務
アベノミクス
経済財政諮問会議
日本版CCRC
中小企業支援ネットワーク
暫定リスケ
サ高住（サービス付き高齢者向け住宅）
農林漁業成長産業化支援機構
マクロプルーデンス
FATF（金融活動作業部会）

GIF
インクルーシブ・ビジネス・ボンド
スタンドバイ・クレジット
SWF（ソブリン・ウェルス・ファンド）
大メコン経済圏
EBA（欧州銀行監督機構）
ギリシャ支援
地域密着型金融
クレジット投資
BCP（業務継続計画）
マネーロンダリング
ホスピタリティ
ソルベンシーマージン比率
証券取引等監視委員会
政策委員会
預金保険法
IT利活用促進法案

2019年版の新規掲載項目

　本書では毎年、項目を洗い替えることで新しい用語のタイムリーな掲載に努めています。今版に掲載の新規項目は下記の通りです。

ICO
アクセラレーター
電子決済代行業者
AIスコアレンディング
IoT
レグテック
ビッグデータ
なでしこ銘柄
健康増進型保険
O&Dビジネス
震災時元本免除特約付き融資
サブリース
電子記録債権担保融資
後見支援預金
デビットカード
節税保険
ウェルスマネジメント
BPR
コンダクトリスク
ALM
共同店舗
店舗内店舗
外国人持株比率
ソーシャルリスニング
ローソン銀行
NISA
サイバーセキュリティー

イールド・カーブ・コントロール
東京国際金融都市構想
金融仲介機能のベンチマーク
フィデューシャリー・デューティー
業務改善命令
無期雇用転換制度
産業革新投資機構
フォワードガイダンス
リバーサルレート
アジア開発銀行
G20
GDPR（EU一般データ保護規則）
ボンドコネクト（債券通）
ECB（欧州中央銀行）
MiFIDⅡ
債権法
多重債務問題
人生100年時代
ポジティブ・インパクト・ファイナンス原則（PPIF）
エクエーター原則
農協改革
生前贈与
情報銀行
シェアリングエコノミー
グリーフケア
プライマリーバランス

2019 年版 金融時事用語集

2018年12月13日　第30版第1刷発行

発行人／宮岸順一　　編集人／中野雅由

発行所　　株式会社　金融ジャーナル社

〒102-0074　東京都千代田区九段南4-4-9
電話 03（3261）8826　　FAX 03（3261）8839
https://www.nikkin.co.jp/journal/

定価：本体1,500円＋税　送料実費

印刷所　　株式会社　北進社

乱丁、落丁本はお取り替えします
ISBN978-4-905782-17-9 C2533　￥1500E

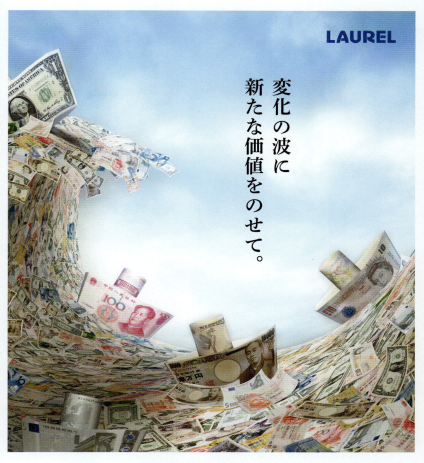

変化の波に
新たな価値をのせて。

ビジネス環境が大きく変化する現在、通貨に関わる環境において新たな価値が求められています。ホスピタリティーを損なうことなく効率的に。操作性・省エネ性にすぐれ、トータルな自動化で厳正化と効率化を同時に実現。キャッシュレス対応を含めた、複合的なソリューションの具現化にむけてローレルはお客様とのパートナーシップにより一層の強化を図り、更なる付加価値の創造に努めてまいります。

ローレルバンクマシン株式会社

本社 〒105-8414　東京都港区虎ノ門1-1-2　TEL 03(3502)3311
本部 〒542-0086　大阪市中央区西心斎橋1-15-8　TEL 06(6271)3171
http://www.lbm.co.jp